Criando um Segundo Cérebro

Criando um Segundo Cérebro

um método comprovado para
organizar sua vida digital e
desbloquear seu potencial criativo

TIAGO FORTE

Criando um Segundo Cérebro

Um método comprovado para organizar sua vida digital e desbloquear seu potencial criativo

TIAGO FORTE

Título original: *Building a Second Brain*
Copyright © 2022 por Tiago Forte
Copyright da tradução © 2023 por GMT Editores Ltda.

Todos os direitos reservados. Nenhuma parte deste livro pode ser utilizada ou reproduzida sob quaisquer meios existentes sem autorização por escrito dos editores.

tradução: Ângelo Lessa
preparo de originais: Beatriz Ramalho
revisão: Luis Américo Costa e Pedro Staite
diagramação: Ana Paula Daudt Brandão
ilustrações e diagramas: Maya P. Lim
capa: © Atria Books
adaptação de capa: Natali Nabekura
impressão e acabamento: Cromosete Gráfica e Editora Ltda.

CIP-BRASIL. CATALOGAÇÃO NA PUBLICAÇÃO
SINDICATO NACIONAL DOS EDITORES DE LIVROS, RJ

F846c

Forte, Tiago, 1985-
Criando um Segundo Cérebro / Tiago Forte ; tradução Ângelo Lessa. - 1. ed. - Rio de Janeiro : Sextante, 2023.
240 p. ; 23 cm.

Tradução de: Building a second brain
ISBN 978-65-5564-661-0

1. Capacidade criativa. 2. Pensamento. 3. Técnicas de autoajuda. I. Lessa, Ângelo. II. Título.

23-84185
CDD: 153.35
CDU: 159.954

Gabriela Faray Ferreira Lopes - Bibliotecária - CRB-7/6643

Todos os direitos reservados, no Brasil, por
GMT Editores Ltda.
Rua Voluntários da Pátria, 45 – Gr. 1.404 – Botafogo
22270-000 – Rio de Janeiro – RJ
Tel.: (21) 2538-4100 – Fax: (21) 2286-9244
E-mail: atendimento@sextante.com.br
www.sextante.com.br

*Dedicado a Nehemias Spereta Vassão, meu avô,
que me ensinou a arte de correr atrás da verdade
com um espírito de alegria e humor.*

SUMÁRIO

INTRODUÇÃO
A promessa de um Segundo Cérebro   9

PARTE UM
A base
Entendendo as possibilidades

1 Onde tudo começou   15
2 O que é um Segundo Cérebro?   23
3 Como funciona o Segundo Cérebro   37

PARTE DOIS
O método
As quatro etapas do CODE

4 Capturar: guarde o que repercute em você   55
5 Organizar: guarde para ter acionabilidade   79
6 Destilar: encontre a essência   107
7 Expressar: compartilhe seu trabalho   135

PARTE TRÊS
A mudança
Fazendo acontecer

8 A arte da execução criativa   161
9 Os hábitos essenciais dos organizadores digitais   181
10 O caminho da autoexpressão   203
11 Bônus: Como criar um sistema de tags que funcione   221

Recursos e diretrizes adicionais   230
Agradecimentos   231
Notas   235

Introdução

A promessa de um Segundo Cérebro

Quantas vezes você já tentou se lembrar de alguma coisa importante e teve a sensação de que estava quase lá, mas não conseguia acessar essa memória específica?

Talvez, no meio de uma discussão, você não tenha conseguido se lembrar de um argumento que validasse seu ponto de vista de forma convincente. Ou talvez aquela ideia brilhante que surgiu enquanto você dirigia tenha evaporado da sua cabeça assim que você chegou ao seu destino. Quantas vezes você precisou fazer um esforço enorme para se lembrar de algo que aprendeu em um livro ou um artigo?

Essas experiências têm se tornado cada vez mais comuns à medida que aumenta a quantidade de informações a que temos acesso. Nunca fomos tão bombardeados por dicas que prometem nos tornar mais inteligentes, saudáveis e felizes. Consumimos mais livros, podcasts, artigos e vídeos do que somos capazes de absorver. Mas o que realmente estamos fazendo com todo esse conhecimento? Quantas das grandes ideias que tivemos ou encontramos ao longo do caminho desapareceram da nossa memória antes de termos a chance de colocá-las em prática?

Passamos horas e mais horas lendo e ouvindo a opinião de pessoas sobre o que devemos fazer, como pensar e como viver, mas não nos esforçamos o suficiente para de fato nos apropriarmos desse conhecimento. Na maior parte do tempo, somos "acumuladores de informações", armazenando quantidades infinitas de conteúdos que são excelentes, mas que no fim das contas só nos deixam mais ansiosos.

O objetivo deste livro é mudar isso. Parte do conteúdo que você consome on-line, por meio de todos os tipos de mídia, é extremamente importante e valioso. O problema é que muitas vezes você consome esse conteúdo na hora errada.

Qual é a probabilidade de que o livro de negócios que você está lendo agora seja tudo de que você precisa neste momento? Será que as ideias que você teve enquanto escutava um podcast são instantaneamente acionáveis, podem ser colocadas em ação de imediato? Quais e-mails na sua caixa de entrada de fato exigem toda a sua atenção? Bem, é muito provável que alguns sejam importantes, mas a maioria não é relevante agora.

Para conseguir aproveitar as informações que mais valorizamos, precisamos descobrir um jeito de empacotá-las e enviá-las para o nosso eu futuro. Precisamos desenvolver um corpo de conhecimento que seja exclusivamente nosso. Assim, quando surgir a oportunidade – seja para mudar de emprego, fazer uma grande apresentação, lançar um novo produto, começar um negócio ou uma família –, teremos acesso à sabedoria necessária para tomar boas decisões e adotar as medidas mais eficazes. Tudo começa com o simples ato de anotar.

Vou mostrar como esse hábito simples é o primeiro passo de um sistema que desenvolvi chamado Segundo Cérebro, que é fundamentado em avanços recentes na área da Gestão do Conhecimento Pessoal (GCP).* Da mesma forma que o computador revolucionou nosso relacionamento com a tecnologia, as finanças pessoais mudaram a forma como administramos nosso dinheiro e a produtividade pessoal remodelou nossa forma de trabalhar, a GCP nos ajuda a aproveitar todo o potencial do nosso conhecimento. Embora as inovações tecnológicas e uma nova geração de aplicativos tenham criado novas oportunidades para nosso tempo, as lições que você

---

* A área da GCP surgiu na década de 1990 para ajudar universitários a lidar com o enorme volume de informações a que, de uma hora para outra, eles passaram a ter acesso em bibliotecas on-line. É a contraparte individual da Gestão do Conhecimento, que estuda como empresas e outras organizações utilizam o conhecimento que têm.

encontrará ao longo destas páginas são construídas a partir de princípios atemporais e imutáveis.

Com o Segundo Cérebro, você conseguirá:

- Encontrar, em questão de segundos, qualquer coisa que tenha aprendido, pensado ou acessado no passado.
- Organizar seu conhecimento e usá-lo para concluir projetos e metas de forma mais consistente.
- Guardar seus melhores pensamentos para não ter que recriá-los do zero no futuro.
- Conectar ideias e perceber padrões em diferentes áreas de sua vida, para aprender a viver melhor.
- Adotar um sistema confiável que o ajude a compartilhar seu trabalho com mais confiança e facilidade.
- Desligar-se do trabalho e relaxar, sabendo que pode contar com um sistema confiável que nunca perde nenhum detalhe.
- Gastar menos tempo procurando coisas e mais tempo trabalhando da maneira mais eficaz e criativa possível.

Quando conseguir transformar seu relacionamento com a informação, você começará a enxergar a tecnologia não apenas como um meio de armazenamento, mas como uma *ferramenta para pensar*. Será como uma bicicleta para a mente:* quando aprendemos a usá-la, ela pode aprimorar nossas habilidades cognitivas e nos fazer alcançar nossos objetivos muito mais rápido do que se tentássemos sozinhos.

Neste livro vou ensinar você a criar um sistema de gestão do conhecimento – um "Segundo Cérebro".** Pode chamar também de "nuvem pessoal", "anotações de campo" ou "cérebro exterior", como têm feito alguns dos

---

* Metáfora usada pela primeira vez por Steve Jobs para descrever o potencial de um computador.
** Outros termos populares para denominar o sistema: *Zettelkasten* (popularizado pelo influente sociólogo alemão Niklas Luhmann, significa algo como "caixa de notas"), *Memex* (cunhado pelo inventor americano Vannevar Bush) e *jardim digital* (cunhado pelo desenvolvedor de software americano Mark Bernstein).

meus alunos. No fundo, trata-se de um arquivo digital de suas memórias, ideias e conhecimentos mais valiosos, que vai ajudá-lo a fazer seu trabalho, gerir seus negócios e administrar sua vida sem ter que manter todos os detalhes guardados na cabeça. O Segundo Cérebro funciona como uma biblioteca pessoal de bolso, permitindo que você se lembre de tudo que quiser para alcançar o que deseja.

Acredito que a GCP é um dos desafios mais fundamentais – e ao mesmo tempo uma das oportunidades mais incríveis – no mundo de hoje. Precisamos desesperadamente de um sistema que nos ajude a gerir o volume de informações que chegam até nós. Já ouvi esse apelo de estudantes e executivos, empresários e gestores, engenheiros e escritores, e tantos outros que buscam uma relação mais produtiva e empoderada com as informações que consomem.

Aqueles que aprendem a usar a tecnologia e a dominar o fluxo de informações ao longo da vida conseguem alcançar todas as suas metas. Por outro lado, os que continuam dependendo de seus frágeis cérebros biológicos ficam cada vez mais sobrecarregados com a complexidade de suas vidas.

Passei anos estudando como escritores, artistas e pensadores prolíficos do passado geriam seu processo criativo. Fiquei horas pesquisando como os seres humanos podem usar a tecnologia para ampliar e aprimorar suas habilidades cognitivas naturais. Testei pessoalmente todas as ferramentas, truques e técnicas disponíveis para compreender as informações. Este livro é uma compilação das maiores descobertas que fiz enquanto ensinava milhares de pessoas ao redor do mundo a concretizar o potencial de suas ideias.

Com um Segundo Cérebro ao seu alcance, você será capaz de desbloquear todo o potencial de seus poderes secretos e instintos criativos. Você contará com um sistema que servirá de apoio quando esquecer algo e lhe dará liberdade quando estiver forte. Você será capaz de fazer, aprender e criar muito mais, com muito menos esforço e estresse do que antes.

No próximo capítulo vou contar a história de como criei meu Segundo Cérebro e as lições que aprendi sobre como você pode criar um para si.

PARTE UM

A base
Entendendo as possibilidades

Capítulo 1

Onde tudo começou

"Sua mente serve para ter ideias, não para armazená-las."
– David Allen, autor de *A arte de fazer acontecer*

Num certo dia de primavera, durante meu primeiro ano de faculdade, sem qualquer motivo aparente, comecei a sentir uma leve dor de garganta.

Pensei que era o primeiro sintoma de uma gripe, mas fui ao médico e ele não identificou nenhum sinal de doença. Ao longo dos meses, a situação foi piorando aos poucos e comecei a consultar outros especialistas. Todos chegaram à mesma conclusão: não tem nada de errado com você.

Mas a dor foi piorando cada vez mais, sem remédio à vista. A situação se agravou tanto que passei a ter dificuldade para falar, engolir e rir. Fiz todos os exames possíveis e imagináveis, buscando desesperadamente respostas que me explicassem por que eu me sentia daquele jeito.

Com o passar dos meses, e depois dos anos, comecei a perder a esperança de que um dia encontraria a cura para o meu problema. Passei a tomar um anticonvulsivante forte que aliviava a dor temporariamente, mas os efeitos colaterais eram horríveis, entre os quais sensação de entorpecimento em todo o corpo e grave perda da memória de curto prazo. Viagens inteiras, leituras e experiências preciosas com entes queridos foram totalmente apagadas da minha memória – foi como se nunca tivessem acontecido. Eu era um jovem de 24 anos com a mente de um idoso de 80 anos.

Conforme minha capacidade de me expressar foi se deteriorando, meu desânimo se transformou em desespero. Sem poder falar livremente, grande parte do que a vida tinha a me oferecer – amizades, namoros, viagens e uma carreira pela qual eu fosse apaixonado – parecia se distanciar de mim. A sensação era de que uma cortina escura descia sobre o palco da minha vida antes mesmo de eu ter a chance de começar a me apresentar.

Um ponto de inflexão pessoal: descobrindo o poder de anotar

Certo dia, sentado na sala de espera do consultório de algum médico aguardando atendimento, tive uma epifania. Percebi num estalo que estava numa encruzilhada. Eu podia assumir a responsabilidade por minha saúde e meu tratamento daquele dia em diante ou passar o resto da vida indo e voltando de médicos sem nunca encontrar uma solução para meu problema.

Peguei meu diário e comecei a escrever o que estava sentindo e pensando. Pela primeira vez pus no papel todo o histórico da minha condição, através de minhas lentes e com as minhas palavras. Listei quais tratamentos tinham ajudado e quais não surtiram efeito. Escrevi o que desejava e o que não desejava, o que estava disposto a sacrificar e o que não estava, e o que significaria, para mim, escapar do mundo de dor em que me sentia preso.

À medida que meu histórico de saúde tomava forma na página, eu soube o que precisava fazer. Eu me levantei de repente, fui até a recepcionista e pedi meu prontuário completo. Ela pareceu curiosa, mas, depois que respondi a algumas perguntas, pegou o documento no gaveteiro e fez algumas cópias.

Meu prontuário tinha centenas de páginas e eu sabia que nunca seria capaz de acompanhá-las ali, no papel, em formato físico. Assim, comecei a digitalizar tudo no computador de casa. Com isso, poderia reorganizar os dados, fazer pesquisas e anotações e compartilhar. Eu me transformei no gerente de projeto do meu problema de saúde, anotando detalhadamente tudo que meus médicos me diziam, testando todas as sugestões que faziam e gerando perguntas que seriam feitas na consulta seguinte.

Com todas essas informações num só lugar, os padrões começaram a surgir. Ajudado pelos médicos, descobri uma classe de doenças denominada "distúrbios da voz", que incluía problemas em qualquer um dos mais de cinquenta pares de músculos necessários para engolir alimentos adequadamente. Percebi que os medicamentos que estava tomando mascaravam os sintomas e, com isso, tornavam mais difícil ouvir o que esses músculos queriam me dizer. O que eu tinha não era uma doença ou infecção que podia tratar com alguns remédios – era uma condição funcional que exigia mudanças na forma como eu cuidava do corpo.

Fiz pesquisas sobre como a respiração, a nutrição, os hábitos vocais e até as experiências da infância podem se manifestar no sistema nervoso. Comecei a entender a conexão entre mente e corpo e de que forma meus pensamentos e sentimentos impactavam diretamente a forma como meu corpo se sentia. Então decidi criar um experimento: tentaria fazer algumas mudanças simples no estilo de vida – como melhorar a dieta e meditar regularmente – combinadas com uma série de exercícios vocais que aprendi com um fonoaudiólogo. Em choque, notei que aquilo começou a funcionar quase imediatamente. A dor não desapareceu por completo, mas se tornou muito mais controlável.*

Quando olho para trás, percebo que minhas anotações foram tão importantes para encontrar esse alívio quanto qualquer remédio ou procedimento médico. Elas me ajudaram a deixar um pouco de lado os detalhes da minha condição de saúde e a enxergar minha situação a partir de outra perspectiva. Tanto para o mundo exterior da medicina quanto para o mundo interior das sensações, minhas anotações me ajudaram a transformar qualquer nova informação que eu encontrasse em soluções práticas que pudesse usar.

Desde então, fiquei obcecado pelo potencial da tecnologia para canalizar as informações ao meu redor. Percebi que o simples ato de criar notas no computador era apenas a ponta de um iceberg. Isso porque, uma vez digitalizadas, elas não se limitavam mais a manuscritos curtos e cheios de garranchos – elas podiam assumir qualquer forma, incluindo imagens, links

---

* Contei com a ajuda da comunidade Quantified Self, uma rede de grupos em que as pessoas mostram como mantêm registros de sua saúde, sua produtividade, seu estado de espírito ou seu comportamento para aprender mais sobre elas mesmas.

e arquivos de qualquer formato e tamanho. No mundo digital, as informações podem ser moldadas e direcionadas à finalidade que se deseja, como uma força mágica e primordial da natureza.

Assim, comecei a usar registros digitais em outras partes da vida. Transformei pilhas de cadernos da faculdade caindo aos pedaços num acervo inteligente e fácil de pesquisar. Dominei o processo de anotar apenas os pontos mais importantes das aulas, revisá-los somente quando necessário e usá-los para escrever uma redação ou fazer uma prova. Sempre fui um aluno medíocre, com notas medianas. Meus primeiros professores viviam me mandando para casa com bilhetes para os meus pais, comentando que eu era um estudante desatento e distraído. Então você pode imaginar minha alegria quando me formei com coeficiente de rendimento perto de 10 e ainda recebi honras acadêmicas.

Tive a infelicidade de me formar num dos piores momentos possíveis para entrar no mercado de trabalho – logo após a crise financeira de 2008. Diante da falta de oportunidades de emprego nos Estados Unidos, decidi ingressar no Corpo da Paz, programa de voluntariado no exterior que envia americanos para servir em países em desenvolvimento. Fui aceito e designado para uma pequena escola no leste da Ucrânia, onde passaria dois anos ensinando inglês a alunos de 8 a 18 anos.

Como tinha poucos recursos e pouco apoio, meu sistema de anotações acabou me salvando mais uma vez. Eu reunia exemplos de lições e exercícios tirados de qualquer lugar – como livros didáticos, sites e pen drives que os professores passavam uns para os outros. Criei jogos com locuções, expressões idiomáticas e gírias em inglês para manter a empolgação dos meus animados alunos do terceiro ano. Aos alunos mais velhos ensinei os fundamentos da produtividade pessoal: como manter um cronograma, como fazer anotações em sala de aula, como definir metas e planejar os estudos. Jamais vou esquecer a gratidão que demonstraram à medida que se aperfeiçoavam e passavam a usar essas habilidades para tentar entrar em faculdades e no mercado de trabalho. Até hoje recebo regularmente mensagens de agradecimento pelas habilidades de produtividade que ensinei e que continuam dando frutos.

Voltei para os Estados Unidos após dois anos de serviços prestados e fiquei empolgado quando consegui um emprego como analista numa pequena empresa de consultoria em São Francisco. No entanto, por mais empolgado que estivesse para iniciar minha carreira, também me deparei com um grande desafio: o ritmo de trabalho era frenético e avassalador. Eu tinha saído da zona rural da Ucrânia direto para o epicentro do Vale do Silício, logo estava totalmente despreparado para a enxurrada constante de dados que é intrínseca aos locais de trabalho modernos. Todos os dias eu recebia centenas de e-mails, a cada hora recebia dezenas de mensagens e os sons de notificação de todos os dispositivos se fundiam numa melodia que me interrompia incessantemente. Eu me lembro de olhar para os meus colegas e me perguntar: "Como alguém consegue fazer alguma coisa num ambiente desses? Qual é o segredo dessas pessoas?"

Eu só conhecia um truque, e começava com anotações.

Passei a anotar tudo que estava aprendendo num aplicativo durante reuniões, telefonemas e pesquisas on-line. Anotava os fatos que descobria em artigos científicos e que poderiam ser usados nos slides que apresentávamos aos clientes. Anotava pequenas informações que encontrava nas redes sociais para compartilhar nas nossas redes. Anotava o feedback dos meus colegas mais experientes para ter certeza de que tinha entendido tudo. Sempre que iniciávamos um novo projeto, eu criava no meu computador uma pasta para guardar todas as informações relacionadas a ele, depois as organizava e as usava como base para decidir que plano de ação adotar.

Conforme a maré de informações diminuía, comecei a ganhar confiança na minha capacidade de encontrar exatamente o que precisava no momento certo. Eu me tornei a pessoa de confiança para achar determinado arquivo, desenterrar certo fato ou lembrar exatamente o que o cliente havia falado três semanas antes. Sabe aquela satisfação que você sente quando é o único na sala que se lembra de um detalhe importante? Essa sensação se tornou o prêmio na minha busca pessoal para tirar proveito de tudo que eu sabia.

Outra mudança: descobrindo o poder de compartilhar

Até então, sempre enxergara minha coletânea de anotações e arquivos como algo apenas para uso pessoal, mas, à medida que fui trabalhando em projetos de consultoria para algumas das organizações mais importantes do mundo, percebi que ela também poderia ser um recurso profissional.

Ao ler um dos relatórios que publicamos, descobri que o valor do capital físico dos Estados Unidos – terra, maquinário e edifícios, por exemplo – é de cerca de 10 trilhões de dólares, mas esse valor é pequeno perto do valor total do capital *humano*, que é entre cinco e dez vezes maior. O capital humano inclui "o conhecimento e o know-how dos seres humanos – sua formação, sua experiência, sua sabedoria, suas habilidades, seus relacionamentos, seu bom senso, sua intuição".[1]

Pensando nisso, me perguntei: seria possível que minha coletânea de anotações fosse um ativo de conhecimento que poderia crescer e se multiplicar com o passar do tempo? Comecei a enxergar meu Segundo Cérebro – que na época ainda não tinha recebido esse nome – não só como uma compilação, mas como um confidente leal e um parceiro de pensamento. Quando eu esquecia, ele sempre lembrava. Quando eu me perdia, ele me mostrava qual era o nosso destino. Quando eu ficava travado e sem ideias, ele me sugeria possibilidades e caminhos.

Alguns colegas pediram que eu lhes ensinasse meus métodos de organização. Percebi que praticamente todos já utilizavam diversas ferramentas de produtividade, como cadernos ou aplicativos, mas poucos o faziam de forma sistemática e organizada. Eles moviam informações de um lugar para outro ao acaso, reagindo às demandas do momento, nunca confiando que seriam capazes de reencontrá-las. Cada novo aplicativo de produtividade prometia uma inovação, mas em geral acabava se tornando mais uma coisa para gerir.

Os bate-papos casuais com meus colegas no horário de almoço se transformaram num clube do livro, depois numa oficina, e acabaram evoluindo para uma aula paga aberta ao público. À medida que fui ensinando o que sabia a mais e mais pessoas e via a diferença imediata que esses conhecimentos faziam no trabalho e na vida delas, me dei conta de que tinha descoberto algo muito especial. Minha experiência na gestão do meu problema crônico de saúde tinha me ensinado uma forma de me organizar que era ideal para resolver problemas e produzir resultados agora, no presente, e não num futuro distante. Aplicando essa abordagem em outras áreas da minha vida, descobri um modo de esquematizar as informações de forma abrangente – para qualquer propósito, projeto ou objetivo – em vez de apenas para tarefas pontuais. Mais que isso: descobri que podia ser generoso e ajudar as pessoas ao meu redor ao compartilhar essas informações de forma simples e variada.

As origens do sistema do Segundo Cérebro

Comecei a chamar de Segundo Cérebro o sistema que tinha desenvolvido e criei um blog para compartilhar minhas ideias sobre seu funcionamento. Essas ideias alcançaram um público muito maior do que eu esperava e meu trabalho acabou ganhando espaço em publicações como *Harvard Business Review*, *The Atlantic*, *Fast Company* e *Inc.*, entre outras. Um artigo que escrevi sobre como usar aplicativos para criar notas e aumentar a criatividade viralizou na comunidade de produtividade e rendeu convites para fazer palestras e workshops em empresas influentes como a Genentech e a Toyota e no Banco Interamericano de Desenvolvimento. No início de 2017, decidi elaborar um curso on-line para ensinar meu sistema em larga escala: Criando um Segundo Cérebro.* Desde então, o programa formou milhares de pessoas de mais de cem países e de todas as profissões, criando uma comunidade engajada e questionadora que ajudou a aprimorar e refinar os ensinamentos deste livro.

Nos próximos dois capítulos, vou mostrar como a construção de um Segundo Cérebro faz parte de um antigo legado de pensadores e criadores que vieram antes de nós – escritores, cientistas, filósofos, líderes e pessoas comuns que se esforçavam para lembrar e fazer mais. Em seguida, vou apresentar alguns princípios básicos e as ferramentas necessárias para você se preparar para o sucesso. A Parte Dois, "O método", apresenta cada uma das quatro etapas para você construir um Segundo Cérebro e começar a capturar e compartilhar ideias. E a Parte Três, "A mudança", aborda as melhores formas para você usar o Segundo Cérebro e aumentar sua produtividade, atingir seus objetivos e prosperar no trabalho e na vida pessoal.

Estou compartilhando minha história com você porque quero que saiba que este livro não busca a otimização perfeita de uma vida idealizada. Todos nós sentimos dor, cometemos erros e passamos por dificuldades em momentos da vida. Já encarei muitos desafios, mas em cada um deles tratei meus pensamentos como tesouros valiosos, e essa postura tem sido o elemento fundamental em todas as conquistas que alcancei e desafios que superei.

---

* Os leitores interessados podem saber mais sobre o curso em buildingasecondbrain.com/course (conteúdo em inglês).

Talvez você encontre este livro na prateleira da seção de autoajuda, mas, no fundo, ele é o oposto disso. O objetivo dele é ensinar você a otimizar um *sistema fora de você*, um sistema que não esteja sujeito às suas limitações e restrições. Com isso, você não precisa se manter otimizado e tem liberdade para dar asas à imaginação, para *desfrutar sem preocupação* de tudo que o faça se sentir vivo.

Capítulo 2

O que é um Segundo Cérebro?

"Para ultrapassar nossos limites não precisamos acelerar nosso cérebro como um motor ou fazê-lo crescer como um músculo, mas, sim, ampliar nosso mundo com matérias-primas valiosas e transformá-las em pensamentos."
– Annie Murphy Paul, autora de *The Extended Mind*

A informação é o alicerce fundamental de tudo que você faz.
Encontrar e utilizar as informações corretas são passos essenciais para concretizarmos aquilo que desejamos – seja executar um projeto no trabalho, conseguir um novo emprego, aprender uma nova habilidade ou começar um negócio. Seu sucesso profissional e sua qualidade de vida dependem diretamente de sua capacidade de gerenciar informações de forma eficaz.

De acordo com o *The New York Times*, atualmente o consumo diário médio de informações de uma pessoa chega a inacreditáveis 34 gigabytes.[1] Um outro estudo citado também pelo *The New York Times* estima que consumimos o equivalente a 174 jornais completos de conteúdo todos os dias, cinco vezes mais do que em 1986.[2]

Em vez de nos empoderar, esse dilúvio de informações nos oprime. A sobrecarga de informações se transformou em exaustão de informações, esgotando nossos recursos mentais e nos deixando constantemente ansiosos por achar que estamos esquecendo alguma coisa. O acesso instantâneo a todo o conhecimento do mundo por meio da internet deveria nos educar e nos informar, mas, em vez disso, criou uma pobreza de atenção em toda a sociedade.*

Uma pesquisa da Microsoft mostra que o funcionário americano médio gasta 76 horas por ano procurando anotações, itens ou arquivos perdidos.[3] E um relatório da International Data Corporation descobriu que um profissional do conhecimento em geral gasta 26% do dia procurando e consolidando informações espalhadas por diversos sistemas.[4] E, por incrível que pareça, apenas 56% das vezes eles conseguem encontrar as informações necessárias para trabalhar.

Em outras palavras, trabalhamos cinco dias por semana, mas gastamos, em média, o equivalente a mais de um desses dias procurando as informações necessárias para trabalhar. E em mais da metade das vezes não as encontramos.

É hora de atualizar nossa memória paleolítica. É hora de reconhecer que não podemos "usar a cabeça" para armazenar tudo que precisamos saber e de terceirizar para máquinas inteligentes o trabalho de lembrar. Precisamos reconhecer que as demandas cognitivas da vida moderna aumentam a cada ano, mas ainda estamos usando o mesmo cérebro de 200 mil anos atrás, quando os humanos modernos surgiram nas planícies da África Oriental.

Toda vez que gastamos energia nos esforçando para recordar coisas estamos deixando de utilizar a mente para aquilo que só os humanos são capazes de fazer: inventar coisas, elaborar histórias, reconhecer padrões, seguir a intuição, trabalhar em colaboração com outras pessoas, investigar novos assuntos, fazer planos, testar teorias. Cada minuto que desperdiçamos tentando mentalizar tudo que temos a fazer é um minuto a menos que temos para atividades mais importantes, como cozinhar, cuidar de nós mesmos, praticar hobbies, descansar e passar tempo com quem amamos.

---

* Herbert Simon, economista e psicólogo cognitivo americano, escreveu: "O que a informação consome é bastante óbvio: ela consome a atenção de seus destinatários. Portanto, riqueza de informações gera pobreza de atenção."

Só há um problema: toda mudança na forma de usar a tecnologia também requer uma mudança na forma de pensar. Para de fato aproveitar o poder de um Segundo Cérebro, precisamos ter um novo relacionamento com a informação, com a tecnologia e até com nós mesmos.

O legado do livro de lugar-comum

Para descobrir o que funciona hoje em dia, podemos olhar para o passado em busca de lições sobre o que funcionou em outras épocas. A prática de anotar os pensamentos para entender o mundo vem de longa data. No decorrer dos séculos, artistas e intelectuais, de Leonardo da Vinci a Virginia Woolf, de John Locke a Octavia Butler, têm anotado as ideias que consideram mais interessantes nos livros de lugar-comum.*

Popularizado num período anterior ao da sobrecarga de informações – a Revolução Industrial do século XVIII e o início do século XIX –, o livro de lugar-comum era mais do que um diário ou um lugar onde a pessoa anotava suas reflexões pessoais: era uma ferramenta de aprendizado que a classe escolarizada usava para entender um mundo em rápida mudança e compreender qual era o seu lugar nele.

Em *A questão dos livros*,[5] Robert Darnton, historiador e ex-diretor da Biblioteca da Universidade de Harvard, explica o papel dos livros de lugar-comum:

Ao contrário dos leitores modernos, que seguem o fluxo de uma narrativa do começo ao fim, os ingleses do início da era moderna liam de forma intermitente, pulando de um livro para outro. Dividiam os textos em fragmentos, que agrupavam em novos padrões ao transcrevê-los em seções diferentes de seus cadernos. Então liam de novo o que tinham copiado e recombinavam os padrões à medida que acrescentavam mais trechos. Assim, ler e escrever eram atividades inseparáveis. Pertenciam a um es-

---

* O termo "lugar-comum" remonta à Grécia Antiga, quando, em tribunais ou encontros políticos, o orador registrava os argumentos num "lugar comum", facilmente acessível por todos.

*forço contínuo de entender as coisas, pois o mundo era repleto de sinais: era possível transitar por ele usando a leitura e, ao registrar o que lia, você criava seu próprio livro, marcado com sua personalidade.**

As pessoas instruídas utilizavam os livros de lugar-comum como uma ferramenta para interagir com o mundo. Recorriam a eles durante as conversas e os usavam para conectar conhecimentos de diferentes fontes e inspirar o próprio pensamento.

Como sociedade, todos nós poderíamos nos beneficiar do equivalente moderno do livro de lugar-comum. Atualmente, a mídia foca no que é *novo* e *público* – a mais recente controvérsia política, o novo escândalo de alguma celebridade ou o meme do dia. Ressuscitar o livro de lugar-comum nos permite conter essa maré, alterando nosso relacionamento com a informação e passando a focar no que é *atemporal* e *privado*.

Em vez de consumir quantidades cada vez maiores de informação, poderíamos adotar uma abordagem mais paciente e ponderada que favorecesse a releitura, a reformulação e o trabalho com as implicações das ideias ao longo do tempo. Isso não só poderia levar a discussões mais civilizadas sobre os assuntos importantes do dia como também poderia preservar nossa saúde mental e evitar que nossa atenção fosse tão fragmentada.

Fazer isso não significa retornar ao passado. Agora nós temos a oportunidade de trazer a tradição dos livros de lugar-comum para a Era Moderna. Temos a chance de transformar essa prática histórica em algo muito mais flexível e conveniente.

---

* A prática de fazer anotações pessoais também surgiu em outros países, como o *biji* na China, que numa tradução aproximada significa "caderno" e podia conter anedotas, citações, reflexões aleatórias, críticas literárias, contos e qualquer outra coisa que a pessoa achasse válido registrar. No Japão, os *zuihitsu* (conhecidos como "livros de travesseiro") eram coleções de cadernos que as pessoas usavam para documentar a própria vida.

O livro de lugar-comum *digital*

Ao migrar para o mundo digital, nossas anotações e observações podem ser pesquisadas, organizadas e sincronizadas em todos os nossos dispositivos e armazenadas em backup na nuvem para proteção. Em vez de fazer anotações aleatórias em pedaços de papel e torcer para encontrá-las mais tarde, podemos desenvolver nosso próprio "cofre de conhecimento", para que sempre saibamos exatamente onde procurar.

Certa vez o escritor e fotógrafo Craig Mod escreveu: "Existe uma oportunidade escancarada de consolidar nossa miríade de marginália* num livro de lugar-comum ainda mais robusto. Ele seria pesquisável, acessível, facilmente compartilhável e incorporável ao texto digital que consumimos."[6]

Esse livro de lugar-comum digital é o que chamo de Segundo Cérebro. Pense nele como a combinação de um caderno de estudo, um diário pessoal e um bloco de rascunho para novas ideias. É uma ferramenta multiúso que pode se adaptar às suas necessidades ao longo do tempo. Nos estudos (seja na faculdade, no MBA ou em outro curso qualquer), pode ser usado para fazer anotações. No trabalho, pode ser usado para organizar projetos. Em casa, pode ser usado na administração doméstica.

Qualquer que seja sua forma de usar o Segundo Cérebro, ele funcionará como uma coletânea particular de conhecimentos projetada para servir a uma vida inteira de aprendizado e crescimento, e não só em um único caso de uso. É um laboratório onde você pode desenvolver e aperfeiçoar seu pensamento sozinho antes de compartilhá-lo com outras pessoas. Um ateliê onde você pode testar suas ideias até estarem prontas para serem postas em prática no mundo exterior. Um quadro-negro onde você pode rascunhar suas ideias e trabalhar em colaboração com outras pessoas.

Assim que você perceber que usamos ferramentas digitais naturalmente para estender nosso pensamento além dos limites da nossa cabeça, começará a enxergar Segundos Cérebros por toda parte.

Um aplicativo de calendário é uma extensão da capacidade do seu cérebro de lembrar eventos, garantindo que você nunca esqueça um com-

---

* "Marginália" é o conjunto de anotações feitas nas margens de um livro ou outro texto qualquer. Podem ser rabiscos, comentários, anotações, críticas, ilustrações, etc.

promisso. Seu celular é uma extensão da sua capacidade de se comunicar, permitindo que sua voz atravesse oceanos e continentes. O armazenamento em nuvem é uma extensão da memória do seu cérebro, permitindo que você guarde milhares de gigabytes e os acesse de qualquer lugar.*

É hora de adicionar as notas digitais ao nosso repertório e usar a tecnologia para aprimorar ainda mais as nossas capacidades naturais.

Repensando as notas como blocos de construção de conhecimento

Nos séculos passados, só a elite intelectual precisava de livros de lugar-comum – escritores, políticos, filósofos e cientistas que tivessem um motivo para sintetizar seus escritos ou pesquisas.

Hoje em dia, porém, quase todo mundo precisa de uma forma de gerir informações.

Mais da metade da força de trabalho atual pode ser considerada "profissionais do conhecimento" – pessoas para quem o conhecimento é o bem mais valioso e que passam a maior parte do tempo gerenciando grandes quantidades de informação. Além disso, não importa qual seja nossa profissão, todos temos que apresentar novas ideias, resolver novos problemas e nos comunicar com outras pessoas de forma eficaz. E temos que fazer tudo isso regularmente – não só uma vez ou outra – e de forma confiável.

Como profissional desse tipo, onde reside o seu conhecimento? Para onde ele vai quando é criado ou descoberto? O conceito de "conhecimento" pode parecer um pouco arrogante, reservado apenas para estudiosos e

---

* Você já perdeu seu celular ou não conseguiu acessar a internet e teve aquela sensação de que faltava uma parte fundamental de si mesmo? Isso é sinal de que uma ferramenta externa se tornou uma extensão da sua mente. Num estudo de 2004, Angelo Maravita e Atsushi Iriki descobriram que, quando macacos e humanos usam consistentemente uma ferramenta para estender seu alcance, como um ancinho para alcançar um objeto, certas redes neurais no cérebro mudam seu "mapa corporal" para incluir a nova ferramenta. Essa fascinante descoberta reforça a ideia de que ferramentas externas podem se tornar, e muitas vezes se tornam de fato, uma extensão natural da nossa mente.

acadêmicos, mas, na prática, ele começa com o hábito simples e consagrado de tomar notas.

Muitas pessoas aprenderam a fazer anotações ainda na escola. Provavelmente seu professor disse que você deveria anotar o que ele estava dizendo porque cairia na prova. Porém, logo após concluir a prova, você nunca mais voltava a essas anotações. Assim, a aprendizagem é tratada como algo essencialmente descartável – esse conhecimento nunca foi considerado útil a longo prazo.

Mas, quando você entra no mundo profissional, o nível de exigência de suas notas muda completamente. A abordagem que você aprendeu na escola não só se mostra obsoleta como é exatamente o oposto daquilo de que você precisa.

No mundo profissional:

- Não fica evidente o que se deve anotar.
- Ninguém lhe diz quando ou como as notas serão usadas.
- A "prova" pode vir a qualquer momento e de diferentes formas.
- Você pode recorrer às notas a qualquer momento, desde que as tenha feito.
- Espera-se que você aja de acordo com as notas que cria, e não apenas as regurgite para as pessoas à sua volta.

Ou seja, não são as mesmas anotações que você aprendeu a fazer na escola. Está na hora de elevar o status delas – de mera preparação para fazer provas para algo muito mais interessante e dinâmico. No ambiente profissional moderno, elas são "blocos de construção de conhecimento": individualmente, cada nota é uma unidade indivisível de informação interpretada através de sua lente única e armazenada fora de sua cabeça.

Com base nessa definição, uma nota pode incluir um trecho de um livro ou artigo que o inspirou; uma foto ou imagem da internet com suas impressões; uma lista de seus pensamentos sinuosos sobre determinado tema; uma citação de um filme que o emocionou; milhares de palavras que você copiou de um livro, entre muitos outros exemplos. O tamanho e o formato não importam: se um conteúdo foi interpretado através da sua lente, escolhido de acordo com o seu gosto, traduzido em suas próprias palavras ou extraído de sua experiência de vida e armazenado num local seguro, então se qualifica como nota.

Um bloco de construção de conhecimento é indivisível. Ele funciona por si só e tem valor intrínseco, mas pode também ser combinado a outros em algo muito maior: um relatório, um argumento, uma proposta, uma história.

Tal como os blocos de LEGO com os quais você brincava quando era criança, as notas podem ser rapidamente pesquisadas, recuperadas, movidas, montadas e remontadas de novas formas sem que você precise inventar nada do zero. Você só tem que se esforçar para criar a nota uma vez, depois poderá misturar e experimentar diferentes combinações até que algo dê certo.

A tecnologia não apenas torna as notas mais eficientes, mas também transforma a própria natureza delas. Não precisamos mais escrever nossos pensamentos em post-its ou bloquinhos de notas frágeis, fáceis de perder e sem a ferramenta de localização. Agora escrevemos notas na nuvem, que está sempre conosco. Não precisamos mais gastar inúmeras horas catalogando e transcrevendo meticulosamente nossos pensamentos para o papel. Agora coletamos blocos de construção de conhecimento e aproveitamos o tempo imaginando possibilidades, pensando no que esses blocos podem se tornar.

Um conto de dois cérebros

Permita-me contar como é um dia na vida de alguém que não tem um Segundo Cérebro e depois compará-lo com o dia de alguém que tem. Veja se alguma dessas descrições lhe soa familiar.

Nina acorda segunda de manhã e, antes mesmo de abrir os olhos, seu cérebro é inundado por pensamentos: coisas para fazer, coisas para pensar, coisas para decidir. Tudo brota ao mesmo tempo das profundezas de seu subconsciente, onde passou o fim de semana cozinhando em banho-maria.

Os pensamentos continuam a toda dentro do seu cérebro enquanto Nina se prepara para o trabalho. Tal como uma revoada de pássaros inquietos, os pensamentos dela voam de um lado para outro dentro da cabeça porque não têm onde pousar e descansar. Nina já está tão acostumada com esse zumbido constante causado pela ansiedade que isso se tornou algo normal, esperado. Quando isso acontece, ela se pergunta no que ela precisa se concentrar e o que pode estar esquecendo.

Depois de um começo de manhã agitado, Nina finalmente se senta para começar seu dia de trabalho, abre a caixa de entrada de e-mail e é imediatamente engolida por uma enxurrada de novas mensagens. Com remetentes importantes e assuntos urgentes, essas demandas provocam nela um pico de adrenalina. Ela sabe que sua manhã acabou, que seus planos foram por água abaixo, então deixa de lado o importante trabalho no qual queria se concentrar esta manhã e se prepara para responder à avalanche de e-mails.

Quando volta do almoço, Nina finalmente termina de lidar com as questões mais urgentes. É hora de focar nas prioridades que estabeleceu. Mas é aí que vem o choque de realidade: depois de passar a manhã inteira apagando incêndios, ela está muito distraída e cansada, não consegue se concentrar. Assim como tantas vezes antes, Nina reduz as próprias expectativas e se contenta em diminuir lentamente sua lista de tarefas cada vez maior, cheia de prioridades de outras pessoas.

Depois do trabalho, Nina tem uma última chance de se dedicar ao projeto em que ela sabe que vai usar seus talentos e alavancar sua carreira. Ela se exercita, janta e passa um tempo com os filhos. Quando eles vão para a cama, ela se anima – finalmente conseguiu um tempo para si mesma. Então, se senta diante do computador e as perguntas começam: "Onde parei da última vez? Onde coloquei esse arquivo? Onde estão minhas anotações?"

Quando finalmente está pronta para trabalhar, Nina já está cansada demais para fazer qualquer progresso. E esse padrão se repete dia após dia. Depois de inúmeras largadas queimadas, ela começa a desistir. Por que tentar? Por que continuar tentando fazer o impossível? Por que resistir à tentação de assistir a outro episódio da sua série favorita ou ficar nas redes sociais? Por que começar se não vai ter tempo nem energia para continuar com o projeto?

Nina é uma profissional competente, responsável e trabalhadora. Muitas pessoas adorariam estar no lugar dela. Não há nada de errado com seu trabalho nem com a vida que leva, mas, por baixo desse exterior respeitável, falta alguma coisa. Ela não está mantendo seu próprio padrão, alcançando o que sabe que é capaz de alcançar. Ela quer viver experiências pessoais e com a sua família, mas elas vivem sendo adiadas, esperando "um dia" em que, sabe-se lá como, terá tempo e disposição para realizá-las.

A experiência de Nina soa familiar? Todos os detalhes são reais – foram extraídos de mensagens que as pessoas me enviaram ao longo dos anos. As histórias delas transmitem um sentimento generalizado de descontentamento e insatisfação: ter que enfrentar uma avalanche interminável de demandas faz com que sua curiosidade e sua imaginação percam força sob o peso sufocante das obrigações.

Muitos de nós também temos essa sensação de que estamos cercados de conhecimento, mas, ao mesmo tempo, famintos de sabedoria. Apesar de todas as ideias geniais a que temos acesso, nossa capacidade de atenção só tem piorado. Estamos paralisados pelo conflito entre nossas responsabilidades e nossas paixões mais profundas, de modo que nunca conseguimos nos concentrar, mas também nunca conseguimos descansar.

Existe um caminho alternativo. Uma forma diferente de viver a manhã de segunda-feira. Também foi extraída dos relatos que recebi, mas dessa vez enviados por pessoas que criaram um Segundo Cérebro para si mesmas.

Você acorda segunda de manhã, ansioso para começar o dia e a semana. Sai da cama, toma banho e se veste, e então os pensamentos começam a chegar. Você tem tantas preocupações e responsabilidades quanto qualquer outra pessoa, mas também tem uma arma secreta.

No chuveiro, de repente percebe que existe uma maneira melhor de progredir no projeto no qual tem trabalhado. Quando sai do boxe e pisa no tapete, você registra a ideia no aplicativo de notas do celular. Durante o café da manhã com a família, se dá conta de que sua mente já está elaborando a nova estratégia, ponderando as implicações. Esses pensamentos também são anotados nos poucos minutos livres que você tem entre alimentar as crianças e mandá-las para a escola. Indo para o trabalho, você começa a perceber que não considerou alguns desafios, então grava um áudio no celular que é automaticamente transcrito e salvo nas suas notas.

A manhã de segunda é o turbilhão de sempre no escritório: e-mails, mensagens de chat e telefonemas chegando no ritmo frenético de sempre. À medida que você compartilha sua nova ideia com seus colegas, eles começam a fazer perguntas, apontar preocupações válidas e acrescentar as próprias contribuições. Nesses momentos, você está sempre pronto para salvar tudo em forma de notas no seu Segundo Cérebro. Você evita fazer julgamentos e procura apenas reunir a maior variedade possível de feedback antes de decidir o que fazer.

Quando menos percebe, é hora do almoço. Na pausa para comer, você começa a filosofar: "Qual é o objetivo final do projeto? Esse objetivo está sendo deixado de lado? Como esse projeto se encaixa na visão de longo prazo do produto que queremos construir? Qual é o impacto da nova estratégia sobre os acionistas, os clientes, os fornecedores e o meio ambiente?" Você só tem trinta minutos para almoçar e não tem tempo para refletir a fundo sobre essas questões, mas, mesmo assim, as anota para pensar nelas mais tarde.

Você está com o seu celular, assim como todo mundo, mas não fazendo o que os outros fazem. Em vez de matar o tempo, você está criando valor.

Quando chega para a reunião da tarde para apresentar a estratégia que criou, você já tem uma coletânea formidável de notas prontas: as ideias, as estratégias, os objetivos, os desafios, as perguntas, as preocupações, as contribuições e os lembretes que coletou em apenas algumas horas da manhã de segunda.

Antes do início da reunião, você leva dez minutos para organizar as notas. Cerca de um terço delas não é prioridade e você decide deixá-las de lado. Outro terço é de questões fundamentais e você as coloca na pauta da reunião. O restante é um meio-termo, então você as põe numa lista separada para consultá-las caso seja preciso.

A equipe se senta para discutir o projeto e a reunião começa. Você está preparado. Já pensou nos maiores problemas sob vários ângulos, mapeou diversas soluções possíveis e começou a pensar nas implicações gerais. Até recebeu feedback de alguns colegas e o incorporou às suas recomendações. Você defende seu ponto de vista, mas ao mesmo tempo permanece aberto aos apontamentos da sua equipe. Seu objetivo é se fazer presente e ao mesmo tempo conduzir a reunião rumo ao melhor resultado possível, tirando proveito do ponto de vista único de cada um dos presentes. Todas as reflexões importantes, as novas ideias e as possibilidades inesperadas que seus colegas apresentam também são registradas no seu Segundo Cérebro.

À medida que essa forma de trabalhar com a informação é usada ao longo de dias, semanas e meses, a maneira como sua mente funciona começa a mudar. Você enxerga padrões recorrentes no seu pensamento: por que faz as coisas, o que realmente deseja e o que considera fundamental. Seu Segundo Cérebro se transforma num espelho, ensinando-lhe sobre si mesmo e refletindo para você as ideias que valem a pena manter e colocar em prática. Sua mente começa a se entrelaçar com esse sistema, apoiando-se nele para lembrar mais do que você conseguiria sozinho.

Tudo isso não está só na sua cabeça: as pessoas percebem que há algo diferente em você, que você tem acesso a um vasto conhecimento e está disposto a compartilhá-lo a qualquer momento. Elas fazem comentários sobre sua memória incrível, mas o que não sabem é que você nunca tenta se lembrar de nada. Elas admiram sua incrível dedicação a desenvolver seu pensamento ao longo do tempo, mas na realidade você está apenas plantando sementes de inspiração e colhendo à medida que florescem.

Conforme você enxerga todo o conhecimento que adquiriu, percebe que já tem tudo de que precisa para alcançar o futuro que deseja. Você não precisa esperar até estar totalmente preparado. Não precisa consumir mais informações nem fazer mais pesquisas. Só lhe resta agir com base no que já sabe e já tem, e tudo que tem está diante dos seus olhos, nos mínimos detalhes.

Seu cérebro não é mais um obstáculo para você alcançar todo o seu potencial, portanto você é totalmente capaz de realizar qualquer tarefa com sucesso. Essa sensação de confiança na qualidade do seu pensamento lhe dá a liberdade de fazer perguntas mais complexas e a coragem de buscar desafios maiores. Até mesmo o fracasso lhe traz mais informações, que podem ser usadas como combustível para a sua jornada.

E é assim que você vai construir e aproveitar o poder do seu Segundo Cérebro.

Como usar a tecnologia como ferramenta de pensamento

Ao longo do século XX, diversos estudiosos e inovadores[7] apresentaram suas visões de como a tecnologia poderia mudar a humanidade para melhor. Eles sonhavam em criar uma "mente estendida" que ampliasse o intelecto humano e nos ajudasse a resolver os maiores problemas enfrentados pela sociedade.* A possibilidade de tamanha maravilha tecnológica brilhou como um farol para o futuro, prometendo destravar o conhecimento preso a livros velhos e empoeirados e torná-lo universalmente acessível e útil.**

Os esforços não foram em vão. Essas ideias inspiraram grande parte da tecnologia que usamos no dia a dia, mas, apesar de todas as invenções tecnológicas da Era da Informação, estamos mais longe do que nunca de sua visão original. Todos os dias passamos horas interagindo com postagens de redes sociais que serão esquecidas em minutos. Salvamos matérias para ler mais tarde, mas raramente encontramos tempo para isso. Criamos documentos que são usados uma única vez e depois abandonados no abismo das nossas caixas de e-mail ou pastas de arquivos. Grande parte da nossa produção intelectual – de brainstormings a fotos, de planejamentos a pesquisas – fica encalhada no nosso computador ou se perde na nossa nuvem.

Chegamos a um ponto em que a tecnologia está tão avançada e amigável que podemos integrá-la ao nosso cérebro biológico. Os computadores estão menores, mais poderosos e mais intuitivos, a ponto de serem inegavelmente um componente essencial da forma como pensamos.

Chegou a hora de concretizarmos a visão dos pioneiros da tecnologia, de que todos deveriam ter uma mente estendida não só para lembrar mais e aumentar a produtividade, mas para viver melhor.

---

* Avanços e descobertas recentes na área da "cognição estendida" lançaram uma nova luz sobre como pode ser prático e poderoso "pensar fora do cérebro". O foco deste livro não é a ciência por trás da ideia, mas, para uma excelente introdução à cognição estendida, recomendo *The Extended Mind*, de Annie Murphy Paul.
** Vannevar Bush escreveu sobre uma "estação de trabalho acadêmica" chamada "Memex", que era "um dispositivo no qual o indivíduo armazena todos os seus livros, registros e comunicações, e que é mecanizado, para que possa ser consultado com velocidade e flexibilidade. É um suplemento íntimo ampliado para a sua memória."

Capítulo 3

Como funciona o Segundo Cérebro

"É no poder da lembrança que consiste a liberdade essencial do eu. Sou livre porque me lembro."

– Abhinavagupta, filósofo e místico caxemiriano do século X

Pense no seu Segundo Cérebro como o melhor assistente pessoal do mundo.

Ele é totalmente confiável e consistente. Está sempre pronto, esperando para capturar qualquer informação que possa ser valiosa para você. Segue instruções, faz sugestões úteis e se lembra de tudo que é importante.

Como seria a descrição do trabalho de um assistente pessoal como esse? Que "trabalhos" você o contrataria para fazer no seu lugar? Da mesma forma que você cobraria de um assistente humano determinado padrão de desempenho, o mesmo se aplica ao seu Segundo Cérebro. Você precisa saber o que ele deve fazer por você para ter certeza se vale a pena mantê-lo.

Neste capítulo, veremos como as quatro capacidades principais de um Segundo Cérebro trabalham a seu favor, imediatamente e ao longo do tempo; a única ferramenta básica de que você precisa para começar; como seu Segundo Cérebro evoluirá para ajudá-lo no que você considera mais importante; e, por fim, uma introdução às quatro etapas do Método CODE, que está no centro de tudo.

Os superpoderes do Segundo Cérebro

Existem quatro capacidades essenciais que um Segundo Cérebro pode realizar por nós:

1. Materializar nossas ideias.
2. Revelar novas associações entre ideias.
3. Incubar as ideias ao longo do tempo.
4. Aguçar nossas perspectivas únicas.

Vamos analisar cada uma delas.

Superpoder nº 1 do Segundo Cérebro:
Materializar nossas ideias

Antes de fazermos qualquer coisa com nossas ideias, temos que "descarregá-las" da nossa mente e materializá-las. Só conseguimos pensar com clareza e trabalhar com ideias complexas de maneira eficaz quando fazemos uma faxina e as tiramos do cérebro.

Em 1953, o biólogo americano James Watson e o neurocientista inglês Francis Crick descobriram que o DNA tem a estrutura de uma dupla hélice. A grande descoberta foi construída sobre as bases estabelecidas por outros pioneiros, entre os quais Rosalind Franklin e Maurice Wilkins – que fizeram grandes avanços na cristalografia de raios X –, e marcou o início de uma era de ouro na biologia molecular e na genética.

A descoberta de Watson e Crick é bastante notória, mas há uma parte da sua história que pouca gente sabe: uma ferramenta importante que ajudou os pesquisadores a alcançar esse resultado foi a construção de modelos físicos, abordagem que eles copiaram do bioquímico americano Linus Pauling. Eles fizeram recortes de papelão para aproximar as formas das moléculas que sabiam fazer parte da composição do DNA e, tal qual um quebra-cabeça, experimentaram diferentes maneiras de montá-las. Foram mudando os modelos construídos nas mesas de trabalho, tentando encontrar uma forma que se encaixasse em tudo que sabiam sobre a disposição das moléculas. A estrutura de dupla hélice parecia funcionar em meio a todas as restrições conhecidas, permitindo que os pares de bases complementares se encaixassem perfeitamente ao mesmo tempo que respeitavam as proporções entre os elementos que haviam sido medidos anteriormente.[1]

Este é um aspecto curioso de uma das descobertas científicas mais famosas do século passado. No momento decisivo, até os cientistas altamente treinados e familiarizados com o pensamento matemático e abstrato recorreram ao meio mais básico e antigo disponível: o material físico.

As notas digitais não são físicas, mas são visuais. Transformam conceitos vagos em entidades tangíveis que podem ser observadas, reorganizadas, editadas e combinadas. Existem apenas virtualmente, mas ainda assim podemos enxergá-las com os olhos e movê-las com os dedos. Conforme descobriram os pesquisadores Deborah Chambers e Daniel Reisberg em suas pesquisas sobre os limites da visualização mental, "as habilidades que desenvolvemos para lidar com o mundo exterior vão além das que temos para lidar com o mundo interior".[2]

Superpoder nº 2 do Segundo Cérebro:
Revelar novas associações entre ideias

Na prática, criatividade significa conectar ideias, sobretudo ideias que não parecem estar ligadas.

A neurocientista Nancy C. Andreasen, em sua extensa pesquisa sobre pessoas altamente criativas – entre as quais cientistas, matemáticos, artistas e escritores talentosos –, chegou à conclusão de que "pessoas criativas são melhores em reconhecer relacionamentos, fazer associações e conexões".[3]

Quando mantemos dados dos mais diversos tipos num só lugar, facilitamos essa conectividade e aumentamos a chance de que uma associação incomum entre elas seja percebida.

Citações de um antigo livro de filosofia podem estar lado a lado com uma postagem inteligente nas redes sociais. Capturas de tela de um vídeo interessante do YouTube podem ser comparadas a cenas de filmes clássicos. Um áudio que você gravou pode ser salvo junto com os planos de um projeto, um link para um site útil e um PDF com as últimas descobertas da ciência. É possível combinar todos esses formatos de um modo que seria impossível no mundo físico.

Se você já jogou Scrabble, o jogo de palavras cruzadas de tabuleiro, sabe que a melhor maneira de criar palavras é misturar as letras nas mais diferentes combinações até que surja uma que exista. No nosso Segundo Cérebro podemos fazer o mesmo: misturar a ordem das ideias até que apareça algo inesperado. Quanto mais diversas e incomuns forem as opções, mais originais serão as conexões.

Superpoder nº 3 do Segundo Cérebro: Incubar as ideias ao longo do tempo

Muitas vezes, quando assumimos uma tarefa – planejar um evento, criar um produto ou liderar um projeto –, recorremos apenas às ideias a que temos acesso no momento. Chamo essa abordagem de "carga pesada": exige do cérebro resultados instantâneos sem dar a ele a chance de acessar um sistema de suporte.

Mesmo num brainstorming, só podemos contar com as ideias em que conseguimos pensar na hora. Qual a chance de você se lembrar imediatamente das abordagens mais criativas e inovadoras? Qual a chance de pensar de primeira na melhor maneira de progredir?

Essa tendência é conhecida na ciência como viés de recência.[4] Costumamos favorecer as ideias, soluções e influências mais recentes, independentemente de serem as melhores. Agora imagine como seria se você pudesse se libertar dos limites impostos pelo momento presente e aproveitar semanas, meses ou até anos de imaginação acumulada.

Chamo essa abordagem de "queima lenta" – permite que pensamentos fervam lentamente como uma deliciosa panela de ensopado no fogão. É uma abordagem mais calma e sustentável para a criatividade, baseada no acúmulo gradual de ideias, e não na agitação dos insights mais recentes. Ter um Segundo Cérebro para salvar muitas ideias permanentemente transforma a passagem do tempo em sua amiga ao invés de sua inimiga.

Superpoder nº 4 do Segundo Cérebro:
Aguçar nossas perspectivas únicas

Até agora falamos mais sobre como reunir as ideias alheias, mas o objetivo principal do Segundo Cérebro é fazer com que suas próprias ideias brilhem.

Um estudo recente da Universidade de Princeton descobriu que certo tipo de trabalho tem menor probabilidade de ser automatizado por máquinas nos próximos anos. Surpreendentemente, não eram os trabalhos que exigiam habilidades avançadas ou anos de treinamento, mas os que exigiam a capacidade de transmitir "não apenas informações, mas uma interpretação particular das informações".[5]

Em outras palavras, os trabalhos com maior probabilidade de continuar existindo são os que envolvem a promoção ou a defesa de uma perspectiva específica. Exemplos: um promotor de eventos de arrecadação de fundos que compartilha histórias sobre o impacto de sua organização sem fins lucrativos; um pesquisador que usa dados para interpretar um experimento; ou um gerente de projeto que utiliza precedentes importantes para defender certa decisão. Nossas carreiras e empresas dependem mais do que nunca da nossa capacidade de apresentar determinado ponto de vista e convencer outras pessoas a adotá-lo.[6]

E defender um ponto de vista não é apenas uma questão de carisma ou charme irresistível. É preciso contar com material de apoio.

Certa vez o jornalista, autor e cineasta americano Sebastian Junger escreveu sobre o "bloqueio de escrita": "Não é que eu esteja com esse bloqueio. É que não pesquisei o suficiente para escrever com propriedade sobre esse assunto. Isso não significa que não sou capaz de encontrar as palavras certas, mas, sim, que não tenho munição."[7]

Se você se sente travado nas suas atividades criativas, não há algo de errado com você. Você não perdeu o jeito ou a criatividade: apenas não tem matéria-prima suficiente para trabalhar ainda. Se você tem a sensação de que o poço da inspiração secou, é porque precisa de um poço mais profundo, cheio de exemplos, ilustrações, histórias, estatísticas, diagramas, analogias, metáforas, fotos, mapas mentais, anotações de conversas, citações – qualquer coisa que o ajude a fortalecer seu ponto de vista ou a lutar por uma causa na qual acredita.

Escolhendo um aplicativo de notas: o centro nevrálgico do seu Segundo Cérebro

A mesma tecnologia que alimentou uma explosão no volume de informações que chega até nós também forneceu as ferramentas para nos ajudar a gerenciá-las.

Embora seu Segundo Cérebro seja composto de todas as ferramentas que você usa para interagir com informações – incluindo lista de tarefas, calendário, e-mail e aplicativos de leitura, por exemplo –, existe uma categoria de software que considero a peça central do seu Segundo Cérebro: os aplicativos de notas.* Há diversas opções disponíveis, desde o aplicativo gratuito que vem pré-instalado no seu celular até softwares de terceiros que têm exatamente os recursos de que você precisa.

Todo aplicativo de notas – do Microsoft OneNote ao Google Keep, do Apple Notes ao Notion e ao Evernote – tem quatro características poderosas que os tornam ideais para a criação de um Segundo Cérebro. Eles são:

- **Multimídia:** Assim como um caderno de papel pode conter desenhos e rascunhos, citações e ideias – e até mesmo uma foto ou um post-it colados –, um aplicativo de notas pode armazenar uma grande variedade de tipos de conteúdo num só lugar, para que você nunca precise se perguntar onde deve colocar algo.
- **Informais:** As notas são confusas por natureza, então não precisa escrever tudo certinho, com a ortografia e a pontuação corretas, como se fosse fazer uma apresentação. Simplesmente vá anotando tudo no momento em que pensar. Isso é essencial para permitir que as ideias nasçam e cresçam.
- **Abertos:** Fazer anotações é um processo contínuo, nunca termina, e nem sempre você sabe aonde elas podem levá-lo. Ao contrário de alguns

---

* Muitas pessoas que seguem a metodologia CODE continuam fazendo anotações em papel. Muitos até descobrem que fazem *mais* anotações em papel quando descobrem um jeito de digitalizá-las e salvá-las num local seguro. Não precisa ser oito ou oitenta. O importante é escolher a ferramenta certa para o trabalho. O foco deste livro está no potencial das notas digitais.

tipos de software mais especializados, concebidos para produzir um tipo específico de output (como slides, planilhas, gráficos ou vídeos), você pode explorar as notas livremente antes de ter um objetivo claro.

- **Orientados para a ação:** Ao contrário de uma biblioteca ou um banco de dados de pesquisa, as notas não precisam ser abrangentes ou precisas. Elas são concebidas para ajudar o usuário a guardar rapidamente pensamentos dispersos enquanto mantém o foco na tarefa que está executando.

Essas quatro qualidades são compartilhadas também por blocos de notas de papel, mas, quando usamos aplicativos, podemos potencializar esses benefícios atemporais com os incríveis recursos da tecnologia – busca, compartilhamento, backup, edição, vinculação, sincronização entre dispositivos, etc. As notas digitais combinam a casualidade de um caderno do dia a dia com o poder científico dos softwares modernos.

Escolher aplicativos e ferramentas é uma decisão pessoal e depende de qual dispositivo móvel você usa, das necessidades de seu trabalho ou empresa e até de seu temperamento e gosto. O mundo dos aplicativos é muito dinâmico e está sempre mudando. Novos aplicativos são lançados a todo momento e os já existentes vivem lançando recursos inovadores. Para escolher um aplicativo de notas e outras ferramentas do Segundo Cérebro, acesse o guia gratuito e sempre atualizado no link buildingasecondbrain.com/resources (conteúdo em inglês).

Você sempre usará muitos softwares para gerir informações e executar seu trabalho – de processadores de texto a plataformas de mensagens e ferramentas de gestão de projetos usados na sua empresa –, mas seu aplicativo de notas foi projetado exclusivamente para facilitar a Gestão do Conhecimento Pessoal.

Um bom primeiro passo é checar os aplicativos que você já tem e talvez já esteja até usando. Comece com os mais básicos e depois vá atualizando conforme suas necessidades forem ficando mais sofisticadas.*

---

* A maioria dos aplicativos de notas fornece maneiras de exportar as anotações em formatos-padrão que podem ser importados por outros aplicativos. Eu mesmo já mudei de plataforma duas vezes (do Microsoft Word para o Google Docs e depois para o Evernote) e espero mudar para novas plataformas no futuro, à medida que a tecnologia evoluir.

E o mais importante de tudo: não caia na armadilha do perfeccionismo. Não vale a pena insistir em ter o aplicativo "perfeito", com diversos recursos, antes mesmo de criar uma única nota. O essencial é ter um conjunto *confiável* de ferramentas, sabendo que pode substituí-las mais tarde.

Lembrar, conectar, criar: os três estágios da GCP

Quando as pessoas iniciam sua jornada com o Segundo Cérebro, costumo citar – e até incentivar – três estágios de progresso. São eles: *lembrar, conectar* e *criar*. Leva tempo para o usuário realmente valorizar as ferramentas digitais e, assim, aprimorar e ampliar sua capacidade mental, mas existem outros benefícios que vão surgindo a cada etapa do caminho.

A primeira forma de usar o Segundo Cérebro é como auxiliar de memória. As pessoas utilizam as notas digitais para salvar informações e ideias que teriam dificuldade de lembrar: conclusões de reuniões, citações de entrevistas ou detalhes de um projeto, por exemplo.

Camille é cofundadora e designer-chefe de uma startup em Quebec, Canadá. Ela usa o Segundo Cérebro para salvar trechos de diversos relatórios de pesquisa e estudos que lê como parte de seu trabalho, que é projetar estações de recarga de veículos elétricos para grandes edifícios residenciais. A maioria desses relatórios é publicada em PDF, formato inflexível e difícil de usar, mas Camille importa as descobertas que considera mais importantes para seu aplicativo de notas e depois pode acrescentar quantas anotações e comentários quiser.

A segunda maneira de usar o Segundo Cérebro é para conectar ideias. O Segundo Cérebro das pessoas evolui, deixando de ser uma ferramenta de *memória* para se tornar uma ferramenta de *pensamento*. O conselho de um mentor é bastante útil numa situação semelhante vivida por outra equipe. Uma metáfora inspiradora tirada de um livro é utilizada numa apresentação. As ideias que as pessoas capturam no Segundo Cérebro começam a se aproximar e se conectar.

Fernando é oncologista num hospital mundialmente renomado e usa seu Segundo Cérebro para organizar as anotações sobre seus pacientes. Ele resume os pontos-chave do histórico de saúde de cada paciente com foco no período em que tiveram a doença, em quais tratamentos fizeram e nas principais características do tumor. Fernando usa o Segundo Cérebro para *conectar* o que sabe de seu treinamento e sua pesquisa às necessidades de seus pacientes, com o objetivo de tratá-los com mais eficácia.

A terceira e última forma de usar o Segundo Cérebro é para criar coisas. Com o tempo as pessoas percebem que têm muito conhecimento sobre determinado assunto e decidem transformá-lo em algo concreto e compartilhável. Ao verem tanto material de apoio pronto, se sentem estimuladas a expor suas ideias e causar um impacto positivo nos outros.

Terrell é um jovem pai de três filhos que tem um cargo exigente numa grande empresa de tecnologia no estado do Texas. Depois de fazer meu curso, ele usou seu Segundo Cérebro para criar um canal no YouTube, no qual compartilha histórias e dicas sobre como criar os filhos. Por exemplo, ele grava vídeos sobre como fazer viagens internacionais com crianças e como solicitar licença-paternidade, e compartilha clipes de viagens de fim de semana que faz com a família.

A capacidade de registrar e acompanhar todas as ideias de vídeo e detalhes de produção num aplicativo, e não na sua cabeça, tem sido fundamental para que Terrell equilibre esse trabalho paralelo com a carreira em tempo integral e a criação dos filhos. Ele usa o Segundo Cérebro para se expressar e *criar* o conteúdo que deseja ver no mundo.

Esses três indivíduos aproveitaram a tecnologia para lembrar, conectar e criar com muito mais eficácia do que se tivessem que fazer isso sozinhos.[8] Eles utilizam o Segundo Cérebro para complementar o momento atual de suas vidas. À medida que esses momentos mudam, eles mudam a forma de usar as notas, para que elas continuem sendo relevantes e úteis.

Apresentando o Método CODE: as quatro etapas para lembrar o que importa

Para guiar você no processo de criação do seu Segundo Cérebro, desenvolvi um método simples e intuitivo de quatro etapas chamado "CODE" – Capturar, Organizar, Destilar, Expressar. (Em inglês, "code" significa "código".)

C O D E

Capturar	Organizar	Destilar	Expressar
Guarde o que repercute em você	Guarde para ter acionabilidade	Encontre a essência	Compartilhe seu trabalho

Essas são as etapas não só para construir o Segundo Cérebro, mas também para trabalhar com ele daqui para a frente. Cada uma delas representa um princípio atemporal encontrado ao longo da história da humanidade, desde as primeiras pinturas rupestres, passando pelas oficinas artesanais do Renascimento e chegando às áreas modernas mais avançadas. Essas etapas são flexíveis e funcionam em qualquer sistema operacional ou tecnologia. Assim, podem ser usadas por pessoas de qualquer profissão, função ou carreira e em conjunto com qualquer método e aplicativo de notas de sua preferência. E vou além: aposto que você já faz isso de alguma forma, quer perceba ou não.

O Método CODE é um mapa para você se orientar em meio aos fluxos intermináveis de informações com os quais se depara todos os dias. É uma abordagem moderna para a criação de um livro de lugar-comum adaptado às necessidades da Era da Informação.

Da mesma forma que o código genético determina nossa altura e cor dos olhos, temos um código *criativo* embutido na nossa imaginação. Ele molda a forma como pensamos e interagimos com o mundo. É espelhado no código de software que executa os aplicativos que usamos para administrar as informações e tem sido um código *secreto* durante a maior parte da história. Mas agora finalmente chegou a hora de revelar como ele funciona.*

Vamos conhecer um pouco cada uma das quatro etapas do Método CODE – Capturar, Organizar, Destilar e Expressar – e depois mergulhar nos detalhes nos capítulos seguintes.

Capturar: Guarde o que repercute em você

Toda vez que ligamos o celular ou o computador, mergulhamos imediatamente no fluxo de conteúdo que eles nos apresentam. Muitas dessas informações são úteis e interessantes: artigos que nos ensinam a ser mais produtivos, podcasts com especialistas compartilhando lições conquistadas a duras penas ou fotos inspiradoras de lugares que podemos querer visitar nas férias.

Mas eis o problema: não somos capazes de consumir todo esse fluxo de informações. Se tentarmos, ficaremos rapidamente exaustos e sobrecarregados. Precisamos agir como um curador, nos afastando do rio caudaloso de informações e começando a tomar decisões pensadas sobre quais informações vamos querer na nossa mente.

Tal qual um cientista que captura apenas as borboletas mais raras para levar ao laboratório, nosso objetivo deve ser "capturar" apenas as ideias que consideramos verdadeiramente dignas de nota. Mesmo que não façamos nada, o conteúdo tende a se acumular ao nosso redor. Enquanto você lê isto, provavelmente há e-mails enchendo sua caixa de entrada, atualizações aparecendo nos feeds das suas redes sociais e notificações proliferando no seu celular.

As informações já estão disponíveis, mas nossa tendência é capturá-las ao acaso, na melhor das hipóteses. Você pode enviar um e-mail para si mesmo com uma nota curta, criar um documento para fazer um brainstorming ou realçar citações de um livro que está lendo, mas provavelmente essas

---

* Numa coincidência maravilhosa, uma pesquisa recente dos neurofisiologistas May-Britt Moser e Edvard Moser, da Universidade Norueguesa de Ciência e Tecnologia, aponta que o cérebro humano se lembra de informações usando um "código de grade" – uma parte do cérebro envolvida em raciocínio espacial. Eles especulam que "o código de grade poderia, portanto, ser um tipo de sistema métrico ou de coordenadas" capaz de "representar muitas informações de forma única e eficiente".

informações vão permanecer desconectadas e dispersas. As ideias que você teve como resultado de um grande esforço mental permanecem em pastas esquecidas ou flutuando na nuvem.

A solução é *guardar apenas aquilo que repercute em você* num lugar confiável, sob controle, e eliminar o resto.

Quando algo repercute em você, é como se a sua intuição se ativasse. Muitas vezes, são as ideias mais incomuns, contraintuitivas, interessantes ou possivelmente úteis. Não é para tomar decisões analíticas nem tentar entender exatamente por que o pensamento repercute em você, toca você, "cala fundo". Apenas olhe para dentro de si em busca de um sentimento de prazer, curiosidade, admiração ou empolgação e permita que esse seja o seu sinal para capturar uma passagem de um livro, uma imagem, uma citação ou um fato.

Quando desenvolvemos a capacidade de perceber se algo repercute em nós, ampliamos não só o nosso potencial de criar notas melhores, mas também nossa compreensão de nós mesmos e do que nos motiva. É uma forma de aumentar o volume da nossa intuição e ouvir melhor a sabedoria que ela nos oferece.

Adotar o hábito de capturar conhecimento traz benefícios imediatos para a saúde mental. Ficamos mais tranquilos e não precisamos mais ter medo de que a nossa memória falhe num momento fundamental. Em vez de sair correndo a cada nova manchete e notificação, podemos optar por consumir informações que agregam valor à nossa vida e conscientemente deixar todo o resto de lado.

Organizar: Guarde para ter acionabilidade

Depois de começar a tomar notas sobre as ideias que repercutem em você, em algum momento você começará a sentir necessidade de organizá-las.

É muito tentadora a ideia de se antecipar a esse momento e criar uma hierarquia perfeita de pastas para organizar todas as notas possíveis. Mas, mesmo que essa abordagem fosse possível, ela consumiria muito tempo e exigiria muito esforço, afastando você do que lhe interessa agora.

A maioria das pessoas tende a organizar as informações por assunto, como o sistema de classificação decimal de Dewey que você provavelmente já viu em qualquer biblioteca. Por exemplo, os livros são categorizados num amplo espectro de assuntos, como "Arquitetura", "Negócios", "História", "Geologia", etc.

Quando o assunto são notas digitais, podemos usar formas muito mais fáceis de organização. Como nossas prioridades e metas podem mudar a qualquer momento – e provavelmente mudarão –, é melhor evitar métodos de organização excessivamente rígidos e prescritivos. A melhor maneira de organizar suas notas é *organizar para a ação*, de acordo com os projetos nos quais você está trabalhando no momento. Pense nas novas informações com foco na *utilidade* e faça a si mesmo a seguinte pergunta: "Como isso vai me ajudar a progredir em um dos meus projetos atuais?"

Surpreendentemente, quando você se concentra em agir, a grande quantidade de informações disponíveis é radicalmente otimizada e simplificada. Poucas coisas são acionáveis e importantes a qualquer momento, logo você pode filtrar e ignorar todo o resto.

Organizar para a ação lhe dá uma tremenda sensação de clareza, porque assim você entende que tudo que está guardando tem um propósito. Você sabe que só salvou coisas que se alinham com seus objetivos e prioridades. Em vez de atrapalhar, a organização passa a contribuir para a sua produtividade.

Destilar: Encontre a essência

Depois que você começa a guardar as ideias num único lugar e organizá-las para a ação, inevitavelmente percebe padrões e conexões entre elas.

Um artigo sobre jardinagem lhe fornecerá um insight sobre como aumentar sua base de clientes. Um depoimento improvisado de um cliente lhe dará a ideia de criar uma página com todos os depoimentos de seus clientes. Um cartão de visita vai lembrá-lo de uma conversa fascinante que teve com algum colega de profissão com quem você poderia entrar em contato para tomar um café.

A mente humana é como uma panela fumegante de associações – atire os grãos de milho e eles explodirão em novas ideias como pipoca. Cada nota é um grão de milho – ou seja, uma ideia –, que serve para lembrá-lo do que você já sabe e pensa sobre determinado assunto.

Existe uma ótima maneira de facilitar e acelerar esse processo de associação rápida: *extrair a essência das suas notas*.

Toda ideia tem uma "essência": o cerne do que está tentando comunicar. Talvez sejam necessárias centenas de páginas e milhares de palavras para explicar completamente uma ideia complexa, mas sempre há uma forma de transmitir a mensagem principal em apenas uma ou duas frases.

Einstein ficou famoso por resumir sua nova e revolucionária teoria da física com a equação $E = mc^2$. Se ele foi capaz de destilar todo o seu pensamento numa equação tão refinada, você certamente conseguirá resumir os pontos principais de qualquer artigo, livro, vídeo ou apresentação de modo que fique fácil identificar seu argumento principal.

Por que é tão importante saber identificar facilmente o argumento principal de uma nota? Porque no meio de um dia de trabalho agitado você não vai ter tempo de revisar dez páginas de anotações num livro que leu ano passado – você precisa ser capaz de encontrar rapidamente apenas os pontos essenciais.

Se já realçou os trechos mais importantes durante a leitura, conseguirá se lembrar de tudo que aprendeu sem ter que passar horas relendo página por página.

Sempre que criar uma nota, pergunte-se: "Como posso tornar isso o mais útil possível para usar no futuro?" Você começará a anotar as palavras e frases que explicam por que criou a nota, em que estava pensando e o que exatamente chamou sua atenção.

Suas notas serão inúteis se você não conseguir decifrá-las no futuro ou se forem tão longas que você não vai sequer tentar. Pense em si mesmo não apenas como alguém que *toma* notas, mas também como alguém que *dá* notas – porque você está dando ao seu eu futuro o dom do conhecimento que é fácil de encontrar e de compreender.

Expressar: Compartilhe seu trabalho

Todas as etapas anteriores – capturar, organizar e destilar – são voltadas para um propósito final: compartilhar suas ideias, sua história e seus conhecimentos com os outros.

Para que serve o conhecimento se ele não ajuda ninguém nem produz nada?* Quer seu objetivo seja perder peso, ser promovido no trabalho, co-

---

* A palavra "produtividade" tem origem no verbo latino "producere", que significa "produzir". Ou seja, se você não é capaz de mostrar algum tipo de produção ou resultado que produziu, fica a dúvida se foi de fato produtivo.

meçar um negócio paralelo ou fortalecer sua comunidade local, a GCP existe para apoiar a tomada de decisões – tudo mais não passa de distração.

Um desafio muito comum para as pessoas que são curiosas e adoram aprender é que podemos adquirir o hábito de nos alimentarmos continuamente com mais e mais informações, mas nunca dar o passo seguinte: colocá-las em prática. Compilamos toneladas de pesquisas, mas nunca apresentamos uma ideia própria. Reunimos inúmeros estudos de caso de negócios, mas nunca fazemos um pitch para um cliente em potencial. Estudamos todos os conselhos sobre relacionamento que encontramos, mas nunca chamamos ninguém para sair.

É muito fácil atrasar e adiar indefinidamente as experiências que tanto enriqueceriam nossa vida. Achamos que não estamos preparados. Temos medo de não estar preparados. Não suportamos a ideia de que nos falta uma mísera informação que faria toda a diferença.

Não é assim que devemos viver a vida. A informação só se torna *conhecimento* – pessoal, incorporado, verificado – quando é utilizada. Você só ganha confiança naquilo que sabe quando tem certeza de que funciona. Antes disso, tudo não passa de teoria.

É por isso que recomendo que você invista seu tempo e seu esforço em criar.* Todos nós temos o desejo natural de criar – de dar vida a algo bom, verdadeiro ou belo.[9] Faz parte da nossa essência. Criar é não só uma das coisas mais recompensadoras que podemos fazer, mas também pode ter um impacto positivo sobre outras pessoas – inspirando, entretendo ou instruindo.

O que você deve criar?

Depende de suas habilidades, seus interesses, sua personalidade. Se você é uma pessoa extremamente analítica, pode avaliar as muitas opções de equipamentos de camping, por exemplo, e criar uma lista de produtos recomendados para compartilhar com seus amigos. Se gosta de ensinar, pode gravar sua receita de sobremesa favorita e publicá-la nas redes sociais ou

---

* O consumo excessivo de informações – a ideia de que mais é melhor, de que nunca temos o suficiente e de que aquilo que temos não é bom o bastante – está no cerne da insatisfação de muitas pessoas com a forma como elas gastam seu tempo na internet. Em vez de tentar encontrar "o melhor" conteúdo, recomendo mudar o foco e passar a fazer coisas, o que é muito mais satisfatório.

num blog. Se você se preocupa com uma causa local, como a manutenção dos parques públicos, pode criar um plano para pressionar a câmara municipal e obter mais fundos com esse objetivo.

Todas essas ações – avaliar, compartilhar, ensinar, gravar, postar, fazer lobby* – são sinônimos do ato de se expressar. Recorrem a fontes externas de matéria-prima, envolvem um processo prático de refinamento ao longo do tempo e causam um impacto em alguém ou algo importante para você.

A informação está sempre fluindo e é sempre um trabalho em andamento. Como nada na vida é definitivo, você não precisa esperar para começar. Pode colocar no ar um site simples agora mesmo e ao longo do tempo ir adicionando conteúdo. Pode escrever um rascunho de texto agora e revisá-lo mais tarde, quando tiver mais tempo. Quanto mais cedo começar, mais cedo dará seus primeiros passos no caminho do aperfeiçoamento.

Apresentei muitos conceitos e termos novos e talvez você esteja se sentindo um pouco sobrecarregado. Pode parecer que precisa aprender e fazer muitas coisas novas para criar um Segundo Cérebro. Mas a verdade surpreendente é: você já está fazendo a maior parte do trabalho necessário.

Você já está aprendendo coisas novas – e esse é um processo inevitável. Você já consome ideias interessantes – dê uma olhada nas dezenas de guias que provavelmente abriu no navegador durante a leitura deste livro. Você já fez um grande esforço para acompanhar todas as informações necessárias para seus estudos, seu trabalho ou seus negócios. Agora só precisa de uma forma um pouco mais organizada de gerir essas informações, além de alguns hábitos práticos para garantir que isso aconteça.

Na Parte Dois, vou mostrar como usar as etapas do Método CODE para expandir radicalmente sua memória, sua inteligência e sua criatividade. Para cada etapa, vou compartilhar um conjunto de técnicas que você pode implementar hoje e que começarão a beneficiá-lo amanhã. Elas não requerem nenhuma tecnologia avançada, apenas os dispositivos e aplicativos do dia a dia que você tem no bolso e na mesa neste exato momento.

---

* Outros sinônimos: publicar, falar, apresentar, executar, produzir, escrever, desenhar, interpretar, criticar, traduzir.

PARTE DOIS

O método

As quatro etapas do CODE

Capítulo 4

Capturar: guarde o que repercute em você

"Tudo que não for salvo será perdido."
– Mensagem da Nintendo exibida ao sair do jogo

Informação é alimento para o cérebro. É claro que precisamos de comida e água para sobreviver. Mas o que talvez não esteja tão evidente é que também precisamos de informações para viver: para entender e nos adaptarmos ao nosso ambiente; para manter relacionamentos e trabalhar em cooperação; e para tomar boas decisões que favoreçam nossos interesses.

Informação não é luxo – é a base da nossa sobrevivência.

Assim como acontece com os alimentos que ingerimos, temos o direito e a responsabilidade de escolher nossa dieta de informações. Cabe a nós decidir quais informações são boas para nós, quais queremos receber em maior ou menor quantidade e, por fim, o que fazemos com elas. Você é o que você consome, e isso vale tanto para comida quanto para informações.

Um Segundo Cérebro nos oferece uma forma de filtrar o fluxo de informações e guardar num local privado e confiável apenas as melhores ideias que encontramos. Pense nisso como plantar seu próprio "jardim do conhecimento", onde você é livre para cultivar suas ideias e desenvolver seus pensamentos longe do barulho ensurdecedor das opiniões alheias.

A qualidade desse jardim do conhecimento vai depender da qualidade das suas sementes, por isso é importante semeá-lo apenas com as ideias mais interessantes, perspicazes e úteis que pudermos encontrar.

É possível que você já consuma muito conteúdo de diversas fontes, mas talvez nunca tenha refletido sobre o que fazer com ele depois. Talvez já seja uma pessoa organizada, mas se tornou um "acumulador digital", adquirindo um hábito que não enriquece a sua vida. Mas, se para você tudo isso for uma grande novidade, é possível começar do zero.

Vamos começar do início – como colocar em prática a primeira etapa do Método CODE e dar os primeiros passos na construção de sua coleção privada de conhecimento.

Como construir uma coleção privada de conhecimento

Taylor Swift é um ícone da música pop e uma das artistas que mais venderam álbuns na história. Seus álbuns alcançaram o topo das paradas, vendendo mais de 200 milhões de cópias em todo o mundo, e lhe renderam uma longa lista de prêmios, incluindo onze estatuetas do Grammy. Hoje em dia ela é tão influente que seu nome aparece não apenas nas listas dos maiores cantores e compositores de todos os tempos como também nas listas das celebridades mais influentes, como a Time 100 e a Forbes Celebrity 100.[1]

Ao longo da carreira, Taylor Swift lançou cinco documentários revelando seu processo criativo de composição. Em todos ela é vista com a orelha grudada no celular. Como ela diz: "Eu mergulho no meu celular porque é nele que guardo as minhas anotações e é nele que edito."[2] Nas notas ela pode escrever (e reler, editar e rimar) qualquer trecho de letra ou melodia que surja na sua mente. Ela pode levar suas anotações para qualquer lugar, acessá-las de onde quiser e enviá-las em segundos para uma ampla rede de produtores e colaboradores que usem o mesmo aplicativo. Qualquer feedback que eles enviem também pode ir direto para o app.

Numa entrevista sobre como escreveu o hit "Blank Space",[3] Swift diz: "Eu estava fazendo as minhas tarefas do dia a dia quando de repente pensei: 'Caramba, então a gente só tem duas opções nos relacionamentos... ou vai ser para sempre, ou vai acabar em chamas.' Então anotei isto: 'It's gonna be forever or it's gonna go down in flames.' Também criei um verso que achei legal, que foi 'Darling, I'm a nightmare dressed like a daydream' ('Querida, sou um pesadelo vestido como um devaneio'). Depois coloquei esse verso onde achei que se encaixava e construí uma ponte com outros versos que criei ao longo dos últimos anos. Então 'Blank Space' foi a combinação de todos os meus melhores versos em sequência."

Para Swift, escrever músicas não é uma atividade isolada que ela só pode realizar em determinados momentos e lugares. É um efeito colateral da maneira como sua mente funciona, criando metáforas e frases nos momentos mais inesperados: "Eu me sinto inspirada a compor a qualquer hora do dia, seja quando estou passando por alguma coisa ruim ou quando a poeira baixou e já superei. Pode ser qualquer coisa. Às vezes estou apenas lavando a louça ou algo assim, ou no meio de uma entrevista, e aí tenho uma ideia e penso: 'Isso pode ser um gancho, pode ser um pré-refrão, esse é o primeiro verso.'" Ela prossegue e explica por que considera tão importante capturar esses pensamentos fugazes assim que surgem: "Eu meio que preciso tirar proveito da empolgação que estou sentindo ao ter essa ideia e então ir até o fim com ela, porque senão vou deixá-la para trás e achar que ela não era tão boa assim."

Mesmo depois de todo o seu sucesso, até Taylor Swift precisa de um sistema para conduzir suas ideias do início à conclusão. Ao integrar suas anotações ao seu dia a dia, ela é capaz de usar uma linguagem e analogias enraizadas em sentimentos e experiências cotidianas, estabelecendo uma ligação poderosa com os fãs. Ouvir os álbuns de Taylor Swift é como segui-la numa jornada de autodescoberta, em que ela narra o que estava vivendo e quem está se tornando em cada capítulo de sua vida.

Essa história mostra como até mesmo as pessoas mais criativas, bem-sucedidas e prolíficas precisam de sistemas de suporte para exercer seu ofício. A questão não é ser talentoso. Esse talento precisa ser canalizado e desenvolvido para se tornar algo mais do que uma centelha momentânea. O ator e comediante Jerry Seinfeld, indiscutivelmente o comediante mais influente de sua geração, escreveu em seu livro *Será que isso presta?*:

Sempre que eu inventava alguma coisa engraçada, fosse num palco, numa conversa ou trabalhando no blocão de folhas amarelas – meu lugar pre-

ferido para anotar coisas –, guardava numa daquelas pastas sanfonadas antigas [...] Muitas pessoas pareciam surpresas quando eu dizia que guardava aquele monte de anotações. Não entendo por que pensam assim. E também não entendo por que eu guardaria qualquer outra coisa além das minhas anotações. O que poderia ser mais valioso que elas?

Pense no seu atleta, músico ou ator favorito. Por trás da persona pública, eles seguem um processo para transformar regularmente novas ideias em produção criativa. O mesmo vale para inventores, engenheiros e líderes competentes. Inovação e impacto não acontecem por acidente ou acaso. A criatividade depende de um *processo criativo*.

A criação de um banco de conhecimento: como gerar juros compostos a partir dos seus pensamentos

No Capítulo 2 conhecemos a história dos livros de lugar-comum, criados por intelectuais e escritores nos séculos passados. Para eles, o propósito da informação era evidente: enriquecer escrita, fala e conversação. Saber como utilizar as ideias deu-lhes uma lente poderosa para ver quais delas valia a pena anotar.

Hoje em dia as pessoas criativas continuam com essa prática. Os compositores são conhecidos por compilar *hook books* cheios de letras e riffs que podem ser incorporados a canções futuras. Os engenheiros de software constroem "bibliotecas de código" para facilitar o acesso a partes úteis dos códigos. Os advogados organizam "arquivos de casos" com detalhes de casos anteriores aos quais podem se referir no futuro. Profissionais de marketing e anunciantes mantêm *swipe files* com exemplos de anúncios atrativos que podem usar como base para seus trabalhos.

O desafio para o resto de nós é como usar essa mesma lente poderosa no trabalho que fazemos diariamente. Que tipo de informação vale a pena preservar, tendo em vista que não sabemos exatamente como vamos utilizá-la? Atualmente o mundo muda muito mais rápido do que no passado e a maioria das pessoas não trabalha com nenhum meio criativo. Então, se não temos ideia do que o futuro nos reserva, como decidir o que salvar?

Para responder a essa pergunta, temos que expandir radicalmente nossa definição de "conhecimento".

Conhecimento não são apenas citações sábias de filósofos gregos de togas brancas mortos há milênios. Não são só os ensinamentos encontrados em livros enormes escritos por acadêmicos com pós-doutorado. No mundo digital em que vivemos, muitas vezes o conhecimento surge como "conteúdo" – trechos de um texto, prints, artigos favoritados, podcasts ou outros tipos de mídia. Isso inclui o conteúdo que você coleta de fontes externas, mas também o que cria ao redigir e-mails, elaborar planos de projeto, fazer brainstormings e registrar seus pensamentos.

Não estamos falando de itens aleatórios sem valor, mas de "ativos de conhecimento" que cristalizam tudo que você sabe numa forma concreta.*

O conhecimento nem sempre é algo que está "lá fora", que você precisa sair para buscar e encontrar. Ele está em toda parte: enterrado nos e-mails da sua caixa de entrada, escondido nos arquivos da sua pasta de documentos, esperando na nuvem. Capturar conhecimento é explorar a riqueza da leitura que você já está fazendo e da vida que já está vivendo.

Às vezes esses ativos são mundanos – a pauta do planejamento financeiro externo do ano passado reaproveitada para a reunião deste ano, por exemplo. Em outras ocasiões, esse conhecimento é elevado e grandioso – suas notas detalhadas sobre um livro de história que pode mudar sua forma de pensar o mundo. Ou qualquer outro item entre esses dois extremos. Um ativo de conhecimento é qualquer coisa que possa ser usada no futuro para resolver um problema, economizar tempo, explicar um conceito ou aprender com a experiência passada.

Os ativos de conhecimento podem vir do mundo exterior ou de seus pensamentos interiores. Entre os tipos de conhecimento exterior temos:

---

* Em seu livro *Why Information Grows*, César Hidalgo, economista do MIT, descreve como os produtos físicos – que ele chama de "cristais da imaginação" – nos permitem transformar o que sabemos em objetos concretos que outras pessoas podem acessar: "Cristalizar nossos pensamentos em objetos tangíveis e digitais é o que nos permite compartilhar nossos pensamentos com os outros." E em outro momento: "Nossa capacidade de cristalizar a imaginação [...] nos dá acesso aos usos práticos do conhecimento e do know-how que residem no sistema nervoso de outras pessoas."

- **Destaques (highlights):** passagens elucidativas de livros ou artigos.
- **Citações:** Trechos memoráveis de podcasts ou audiolivros.
- **Bookmarks e favoritos:** Links para conteúdos interessantes que você encontra na internet ou postagens favoritadas nas redes sociais.
- **Gravações de voz:** Áudios gravados como "notas pessoais".
- **Notas de reuniões:** Anotações que você faz sobre o que foi discutido durante reuniões.
- **Imagens:** Fotos ou vídeos que você considera inspiradores ou interessantes.
- **Aprendizados:** Lições de cursos, conferências ou apresentações dos quais você participou.

Olhe ao seu redor e perceba que você já tem muitos desses ativos. Talvez estejam desorganizados, espalhados em vários lugares e salvos em diversos formatos, mas eles estão aí, à sua volta. Apenas perceba que você já se esforçou para criá-los ou adquiri-los. Agora basta reuni-los e plantá-los como as primeiras sementes do seu jardim do conhecimento. Vou lhe ensinar a fazer isso mais adiante.

À medida que você começa a coletar esse material do mundo exterior, muitas vezes desperta novas ideias e realizações em seu mundo interior. Você também pode capturar esses pensamentos! Nessa categoria estão:

- **Histórias:** Suas histórias favoritas, quer elas tenham acontecido com você ou com outra pessoa.
- **Insights:** Suas pequenas (e grandes) percepções.
- **Memórias:** Experiências da sua vida que você não quer esquecer.
- **Reflexões:** Pensamentos pessoais e lições que você escreveu num diário.
- **Devaneios:** Aquelas ideias aleatórias que você tem de repente quando está tomando banho ou fazendo qualquer outra coisa.

Muitas vezes o significado de um pensamento, um insight ou uma memória não é compreensível de imediato. Precisamos anotá-los, revisitá-los e enxergá-los de uma perspectiva diferente para digerir o que significam para nós. É extremamente difícil fazer isso dentro dos limites da nossa cabeça.

Precisamos de um meio externo para ver nossas ideias de outro ponto de vista, e a escrita é o meio mais eficaz e conveniente já inventado.

Talvez você tenha certo receio de escrever seus pensamentos pessoais num aplicativo em vez de usar um diário particular. É claro que você decide o que deseja anotar, mas lembre-se de que seu Segundo Cérebro é privado. Pode compartilhar algumas de suas notas se quiser, mas só você tem permissão para ler tudo que está ali.

Por ora, escolha de dois a três tipos de conteúdo exterior e interior que você já tem em quantidade e valoriza. Algumas pessoas preferem fontes interiores, enquanto outras tendem a escolher fontes do mundo exterior, mas a maioria das pessoas opta por um meio-termo. Com o tempo, você aprenderá a capturar informações de dezenas de fontes, mas é importante começar de baixo e molhar só os pés antes de mergulhar o corpo inteiro.

O que *não* guardar

Os exemplos que compartilhei podem parecer tão abrangentes que talvez você esteja se perguntando se há algo que *não deveria* guardar no Segundo Cérebro. Pela minha experiência, há quatro tipos de conteúdo que você não deveria salvar no seu aplicativo de notas:

- **São informações confidenciais que quer manter em segurança?** O conteúdo que você salva pode ser facilmente consultado de qualquer dispositivo, o que é ótimo em termos de acessibilidade, mas não de segurança. Informações como imposto de renda, documentos oficiais, senhas e registros de saúde não devem ser salvas nas suas notas.
- **O arquivo tem um formato especial que só pode ser aberto por um aplicativo específico?** Existem arquivos que só abrem em determinados programas, como de Photoshop ou de vídeo. Você pode até salvá-los no aplicativo, mas, no fundo, não há por que mantê-los se não conseguirá abri-los.
- **O arquivo é muito grande?** Os aplicativos de notas são feitos para guardar textos curtos e imagens pequenas e leves, e o desempenho deles provavelmente cairá se você tentar salvar arquivos muito grandes.

- **O arquivo precisa ser editado de forma colaborativa por mais de uma pessoa?** Os aplicativos de notas são perfeitamente adequados para uso individual e privado. Por isso, não são bons para colaboração. Você pode compartilhar notas individuais ou até conjuntos de notas com outras pessoas, mas se um documento precisar ser editado de forma colaborativa, em tempo real, você precisará usar outra plataforma.

Doze Problemas Favoritos: a abordagem de um ganhador do Prêmio Nobel

Com tanto conteúdo ao redor, às vezes é difícil saber exatamente o que vale a pena salvar, mas existe um exercício perspicaz para ajudar as pessoas a tomar essa decisão. Eu o chamo de "Doze Problemas Favoritos", inspirado por Richard Feynman, físico ganhador do Prêmio Nobel.

Feynman era conhecido por seus gostos ecléticos e variados. Quando criança, já mostrava talento para a engenharia – certa vez construiu um sistema de alarme doméstico funcional apenas com peças sobressalentes enquanto seus pais cuidavam da casa e trabalhavam. Durante um tempo de sua agitada vida, Feynman passou um tempo no Brasil ensinando física, aprendeu a tocar bongô e conga bem o suficiente para se apresentar com orquestras e viajou pelo mundo, explorando outras culturas.

Claro que Feynman é mais conhecido por suas descobertas inovadoras nas áreas da física teórica e da mecânica quântica, pelas quais recebeu o Prêmio Nobel em 1965. Em seu tempo livre, ele também publicou seis livros e desempenhou papel fundamental na comissão que investigou o desastre do ônibus espacial *Challenger*.

Como uma pessoa pode fazer tantas contribuições em tantas áreas? Como Feynman teve tempo para levar uma vida tão plena e interessante e ao mesmo tempo se tornou um dos cientistas mais reconhecidos de sua geração?

Ele revelou sua estratégia numa entrevista:[4]

Você tem que manter doze dos seus problemas favoritos constantemente presentes na sua mente, mesmo que na maior parte do tempo eles permaneçam adormecidos. Sempre que você souber de um novo truque ou resultado, teste-o em cada um dos seus doze problemas para ver se ajuda. De vez em quando você vai ter sucesso e as pessoas dirão: "Como ele fez isso? Ele deve ser um gênio!"

Em outras palavras, a abordagem de Feynman era manter uma lista de doze questões em aberto. Quando surgia uma nova descoberta científica, ele a testava em cada uma de suas questões para ver se lançava alguma nova luz sobre o problema. Essa abordagem interdisciplinar lhe permitiu fazer conexões entre assuntos aparentemente não relacionados e seguir seu senso de curiosidade.

Em seu livro *Genius: The Life and Science of Richard Feynman*,[5] James Gleick relata que, certa vez, Feynman teve uma inspiração para um problema de física num acidente durante um almoço:

[...] ele estava comendo no refeitório da Universidade Cornell quando alguém sem querer atirou um prato no ar – um prato do refeitório da universidade com o brasão da instituição gravado na borda. Nesse meio-tempo em que o prato permaneceu no ar, Feynman vivenciou o que muito tempo depois considerou ser uma epifania. O prato não apenas girava no ar como também balançava. Ao prestar atenção no brasão, Feynman se deu conta de que a taxa de rotação do brasão não estava em sincronia exata com a taxa de oscilação do prato. No entanto, nesse exato instante ele teve a percepção – ou foi sua intuição de físico entrando em ação? – de que a rotação e a oscilação estavam relacionadas.

Depois de resolver o problema no papel, Feynman descobriu uma proporção de 2 para 1 entre a oscilação e a rotação do prato, uma relação evidente que sugeria a existência de um princípio subjacente mais profundo em funcionamento.

Quando um colega físico e mentor de Feynman lhe perguntou qual era a utilidade dessa percepção, ele respondeu: "Não tem nenhuma importância, para mim não faz diferença se uma coisa tem importância. Não é engraçado?" Ele estava apenas seguindo sua intuição e sua curiosidade. Mas aquilo acabou se tornando relevante: a pesquisa sobre as equações subjacentes à rotação teve impacto no trabalho que lhe rendeu o Prêmio Nobel.

A abordagem de Feynman o incentivava a seguir seus interesses aonde quer que eles o levassem. Ele fazia perguntas e, em suas leituras, conversas e vida cotidiana, estava sempre à procura de soluções para problemas antigos. Quando encontrava, conseguia fazer uma conexão que, para outros, parecia um lampejo de brilhantismo inigualável.

Pergunte a si mesmo: "Quais são as perguntas que sempre me interessaram?" Elas podem ser nobres e abrangentes, como "De que modo podemos tornar a sociedade mais justa e igualitária?", ou práticas, como "O que posso fazer para criar o hábito de me exercitar todos os dias?". Podem ser sobre relacionamentos, como "O que fazer para ter relacionamentos mais próximos com as pessoas que amo?", ou sobre produtividade, como "De que modo posso passar mais tempo fazendo um trabalho de alto valor?".

Eis alguns exemplos de problemas muito citados pelos meus alunos:

- Como viver menos no passado e mais no presente?
- Como construir uma estratégia de investimento alinhada com meus objetivos e compromissos de médio e longo prazos?
- Como passar do consumo irracional para a criação consciente?
- Como ir para a cama cedo em vez de ficar vendo TV até tarde depois que as crianças vão dormir?
- Como meu ramo de atividade pode se tornar mais ecologicamente sustentável e, ao mesmo tempo, se manter lucrativo?
- Como superar meu medo de assumir mais responsabilidades?
- Como minha escola pode fornecer mais recursos para alunos com necessidades especiais?
- Como faço para ler os livros que já tenho em vez de comprar cada vez mais?
- Como posso acelerar e relaxar ao mesmo tempo?
- Como podemos tornar o sistema de saúde mais sensível às necessidades das pessoas?
- O que posso fazer para ter uma alimentação saudável?
- Como tomar decisões com mais confiança?

Observe que algumas dessas questões são abstratas, enquanto outras são concretas. Algumas expressam anseios profundos, enquanto outras são mais como interesses espontâneos. Muitas são questionamentos sobre como viver uma vida melhor, ao passo que outras estão focadas no sucesso profissional. A chave para o exercício é fazer perguntas *abertas* que não tenham necessariamente uma única resposta e que evoquem um estado de admiração e curiosidade sobre o incrível mundo em que vivemos.

O poder dos seus problemas favoritos é que eles tendem a se manter consistentes ao longo do tempo. O enquadramento exato de cada pergunta talvez mude, mas mesmo quando trocamos de projeto, emprego, relacionamento e carreira, nossos problemas favoritos tendem a nos acompanhar ao longo dos anos. Faça o seguinte: pergunte a seus familiares ou amigos de infância pelo que você era obcecado quando criança. Esses mesmos interesses ainda devem estimular sua imaginação na vida adulta, portanto todo conteúdo que você consome relacionado a eles provavelmente também será importante no futuro.

Quando criança, eu era apaixonado por LEGOs, os blocos de construção modulares adorados por gerações de crianças. Meus pais perceberam que eu não brincava com LEGOs como as outras crianças, montando coisas. Em vez disso, passava o tempo organizando e reorganizando as peças. Eu vivia tentando criar ordem a partir do caos de milhares de peças de todas as formas e tamanhos. Inventava novos esquemas organizacionais – por cor, tamanho, tema – e ficava obcecado com a ideia de que, se conseguisse encontrar o sistema certo, finalmente seria capaz de construir minha *magnum opus* – uma nave espacial LEGO como as que apareciam nos filmes de ficção científica que eu adorava.

Esta mesma pergunta – como a criatividade pode emergir do caos? – ainda me motiva até hoje. Só que agora é na forma de organizar informações digitais em vez de LEGOs. Perseguir a resposta para essa questão me ensinou muita coisa ao longo dos anos, em diversos momentos da minha vida. O objetivo não é dar a resposta definitiva a essa pergunta, mas usar a pergunta como um norte para o meu aprendizado.

Agora reserve um momento para anotar alguns dos seus problemas favoritos. Eis as minhas recomendações para guiá-lo nessa tarefa:

- Pergunte a pessoas próximas o que o deixava obcecado na infância (talvez você ainda seja fascinado pelas mesmas coisas na vida adulta).

- Não se preocupe em chegar a exatamente doze respostas, tal qual Feynman (o número exato não importa, mas tente listar pelo menos algumas).
- Não se preocupe em deixar a lista perfeita (é só uma lista inicial, que estará sempre evoluindo).
- Formule as perguntas de forma aberta, para que possam ter várias respostas (ou seja, evite perguntas que possam ter apenas "sim" ou "não" como resposta).

Use a lista para tomar decisões sobre o que capturar – qualquer coisa possivelmente relevante para respondê-las. Escolha uma das ferramentas de captura que recomendarei mais adiante neste capítulo ou no Second Brain Resource Guide, em buildingasecondbrain.com/resources (conteúdo em inglês).

Critérios de captura: como evitar salvar de mais (ou de menos)

Depois de identificar os tipos de pergunta que você quer que seu Segundo Cérebro responda, é hora de escolher quais serão as informações mais úteis.

Imagine que se deparou com uma postagem de blog detalhando como um especialista em marketing que você respeita executa suas campanhas. Você fica fascinado: esse é exatamente o tipo de material que estava procurando! Finalmente o mestre revela seus segredos!

Seu primeiro instinto pode ser salvar o artigo na íntegra. Ele está recheado de informações de alta qualidade, então por que não salvar tudo? O problema é que é um artigo detalhado e enorme. Mesmo que você gaste vinte ou trinta minutos para lê-lo agora, no futuro terá que gastar todo esse tempo relendo-o, pois já terá esquecido a maioria dos detalhes. Você também não quer apenas favoritar o link para só ler mais tarde porque não sabe o que ele contém, para começo de conversa.

É nesse ponto que a maioria das pessoas trava. Ou elas mergulham de cabeça no primeiro conteúdo que veem, lendo tudo de uma só vez mas rapidamente esquecendo todos os detalhes, ou abrem dezenas de abas no navegador e sentem uma pontada de culpa por todo o conteúdo interessante que não foram capazes de consumir.

Existe uma saída para essa situação. O primeiro passo é entender que *o valor de um conteúdo nunca é distribuído uniformemente ao longo dele*. Sempre há certas partes mais interessantes, úteis ou valiosas para cada um. Quando percebe isso, a solução é óbvia. Você pode extrair apenas as partes mais relevantes e salvá-las como uma nota sucinta.

Não salve capítulos inteiros de um livro, mas apenas trechos selecionados. Não salve transcrições completas de entrevistas: apenas algumas das melhores citações. Não salve sites inteiros: só prints das partes mais interessantes. Os melhores curadores são exigentes na hora de selecionar o que entra em suas coleções, e você também deve ser. Com um aplicativo de notas, você sempre pode salvar links para o conteúdo original completo se, no futuro, precisar revisar suas fontes ou se aprofundar nos detalhes.

A maior armadilha em que vejo as pessoas caindo quando começam a criar notas digitais é a de salvar coisas demais. Se você tentar guardar tudo que encontra, corre o risco de gerar uma montanha de informações irrelevantes para si mesmo no futuro. Com isso, seu Segundo Cérebro será tão útil quanto navegar nas redes sociais.

É por isso que é tão importante adotar a Perspectiva do Curador – de que somos os juízes, editores e intérpretes das informações que escolhemos absorver. Pensar como um curador significa assumir o controle do seu fluxo de informações em vez de permitir que ele tome conta de você. Quanto mais econômico você for na hora de capturar, menos tempo e esforço serão necessários para organizar, destilar e expressar – as três próximas etapas do Método CODE.*

Eis os quatro critérios que sugiro para ajudá-lo a decidir exatamente quais trechos vale a pena salvar:

---

* Se você quer uma resposta mais precisa sobre quanto conteúdo deve capturar nas suas notas, recomendo não mais do que 10% da fonte original. Ao ultrapassar esse limite, fica muito difícil checar todo o material no futuro. Aliás, o limite que a maioria dos e-books permite que você exporte como destaque também é de 10% do texto total.

Critério de captura nº 1: Isso me inspira?

A inspiração é uma das experiências mais raras e preciosas da vida. É o combustível essencial para fazer o melhor trabalho possível, mas inspiração não é algo que você tem quando quer. Você pode entrar no Google e pesquisar a resposta para uma pergunta, mas não pode pesquisar um sentimento.

Existe uma forma de se sentir inspirado com mais frequência: mantendo uma coletânea de citações, fotos, ideias e histórias inspiradoras. Sempre que precisar de uma pausa, uma nova perspectiva ou uma pitada de motivação, você pode dar uma olhada nela e ver o que desperta a sua imaginação.

Eu, por exemplo, mantenho uma pasta cheia de depoimentos de clientes que recebi ao longo dos anos. Sempre que penso que o que estou fazendo não tem importância ou não é bom, só preciso abrir a pasta e minha perspectiva muda da água para o vinho.

Critério de captura nº 2: Isso é útil?

Carpinteiros costumam guardar algumas tralhas num canto da oficina – diversos tipos de prego e arruela, pedaços de madeira cortados de tábuas maiores e pequenos objetos de metal. Não custa nada manter essas sobras por perto e, por incrível que pareça, muitas vezes elas acabam contendo a peça que falta num projeto futuro.

Da mesma forma, às vezes você se depara com uma informação que não é necessariamente inspiradora, mas sabe que ela pode ser útil no futuro. Uma estatística, uma referência, uma descoberta de pesquisa ou um diagrama útil – esses são os equivalentes das sobras que um carpinteiro guarda em sua oficina.

Eu, por exemplo, mantenho uma pasta cheia de fotos, gráficos e ilustrações que encontro on-line e off-line. Sempre que preciso de uma imagem para colocar num conjunto de slides ou num site, ou para ter novas ideias, posso contar com um grande banco de imagens que já passaram por esse filtro inicial, foram consideradas boas o suficiente e estão prontas para uso.

Critério de captura nº 3: Isso é pessoal?

Um dos tipos mais valiosos de informação a se guardar são as informações pessoais – seus pensamentos, reflexões, memórias e lembranças. Assim como a antiga prática de manter um diário, podemos usar as notas para documentar nossa vida e entender melhor como nos tornamos quem somos.

Ninguém mais tem acesso à sabedoria que você adquiriu numa vida inteira de conversas, erros, vitórias e lições aprendidas. Ninguém valoriza os pequenos momentos dos seus dias como você.

Costumo salvar prints de mensagens de familiares e amigos. Os breves momentos de calor humano e bom humor que surgem nessas conversas são preciosos para mim, já que nem sempre posso estar com todos pessoalmente. Leva apenas alguns segundos, e adoro saber que sempre terei lembranças das minhas conversas com as pessoas que amo.

Critério de captura nº 4: Isso é surpreendente?

Já percebi que as pessoas costumam anotar ideias que já conhecem, com as quais já concordam ou que poderiam ter tido. Nós, seres humanos, temos a tendência natural de buscar evidências que confirmem o que já acreditamos ser verdade, um fenômeno conhecido como "viés de confirmação".[6]

Não é para isso que serve o Segundo Cérebro. O renomado teórico da informação Claude Shannon, cujas descobertas abriram caminho para a tecnologia moderna, tinha uma definição simples para "informação": aquilo que surpreende.[7] Se você não está surpreso com alguma coisa, é porque em algum nível já sabia dela. Se é esse o caso, então por que criar uma nota? A surpresa é um excelente termômetro para informações que não se encaixam perfeitamente no nosso entendimento atual, o que significa que ela é capaz de mudar a forma como pensamos.

Às vezes você se depara com uma ideia que não é nem inspiradora, nem pessoal, nem obviamente útil, mas que o surpreende. Talvez não consiga identificar o motivo, mas ela entra em conflito com seu ponto de vista de uma forma que faz seu cérebro despertar e prestar atenção. Essas são as ideias que você deve capturar.

Seu Segundo Cérebro não deve ser apenas mais uma forma de confirmar o que você já sabe. Já estamos cercados por algoritmos que nos mostram apenas aquilo em que já acreditamos e por redes sociais que reforçam continuamente nossos pontos de vista.

Nossa capacidade de capturar ideias de qualquer lugar nos leva numa direção diferente: ao guardar ideias contraditórias e que não necessariamente confirmam nossas crenças, podemos nos treinar para obter informações de diferentes fontes em vez de tirar conclusões precipitadas. Ao brincarmos com as ideias – combinando-as de todas as maneiras possíveis –, perdemos o apego à forma como elas foram originalmente apresentadas e podemos usar certos aspectos ou elementos delas no nosso trabalho.

Se aquilo que você está capturando não o faz mudar de ideia, por que capturar?

O fundamental é guardar o que repercute em você

Acabei de apresentar quatro critérios para ajudá-lo a decidir que informações se deve guardar, mas, se existe uma grande lição a tirar deste capítulo, é que você deve guardar o que repercute em você.

Tomar decisões de forma analítica, com checklists, é uma tarefa desgastante e estressante. É o tipo de pensamento que mais exige energia. Quando você gasta muita energia fazendo anotações, sobra pouca para as etapas seguintes, que agregam muito mais valor: fazer conexões, imaginar possibilidades, formular teorias e criar ideias. Isso sem contar que, se você transformar a leitura e o aprendizado em experiências desagradáveis, com o tempo passará a evitá-las. O segredo para transformar a leitura num hábito é torná-la fácil e agradável.

Ao consumir qualquer conteúdo, preste atenção e veja se surge um sentimento interior de comoção ou surpresa com a ideia que você está absorvendo. Esse sentimento especial de "repercussão", "ressonância" – como um eco na sua alma –, é a sua intuição lhe dizendo que algo é digno de nota. Você não precisa descobrir o motivo disso. Apenas preste atenção nos sinais: talvez seus olhos se arregalem, seu coração palpite, sua garganta fique seca e sua noção de tempo perca a força à medida que o mundo ao seu redor desaparece. Essas são pistas de que é hora de clicar em "salvar".

Sabemos por pesquisas neurocientíficas que "as emoções não interrompem, mas, sim, organizam o pensamento racional".[8] Quando algo repercute dentro de nós, nossa mente intuitiva, baseada em emoções, está nos dizendo que isso é interessante antes que nossa mente lógica possa explicar o motivo. Quando isso acontece comigo, muitas vezes não consigo expor a razão no momento e então só compreendo o verdadeiro potencial do conteúdo que salvei tempos depois.

Existem evidências científicas de que a nossa intuição sabe o que está fazendo. Segundo o livro *Designing for Behavior Change*, de Stephen Wendel:[9]

> *Os participantes de um estudo famoso receberam quatro baralhos viciados – alguns que os fariam ganhar dinheiro e outros que os fariam perder. Quando começaram a jogar, eles não sabiam quais baralhos eram viciados. Conforme foram jogando, porém, o corpo das pessoas começou a mostrar sinais de "estresse" físico quando suas mentes conscientes estavam prestes a usar um baralho viciado que as faria perder dinheiro. O estresse foi uma resposta automática que ocorreu porque a mente intuitiva percebeu que algo estava errado muito antes de a mente consciente notar que de fato havia algo de errado.*

A conclusão do autor: "A mente intuitiva aprende e reage mesmo sem a nossa percepção consciente."

Se você ignorar a voz interior da intuição, com o tempo ela se acalmará e desaparecerá. Se praticar a escuta ativa do que essa voz diz, ela ficará mais forte e você começará a ouvi-la em todo tipo de situação. Ela o guiará na hora de fazer escolhas e decidirá quais oportunidades valem a pena. Ela vai alertá-lo de se afastar de pessoas e situações que não são adequadas para você. Falará e defenderá suas convicções mesmo quando você estiver com medo.

Não consigo pensar em nada mais importante para sua vida criativa – e sua vida em geral – do que aprender a ouvir a voz da intuição. Ela é a fonte da sua imaginação, sua confiança e sua espontaneidade. Você pode se treinar para ouvi-la todos os dias. Basta tomar nota do que ela diz.

Além de tomar nota do que repercute em nós, existem outros tipos de detalhe que valem a pena salvar. Uma boa ideia é capturar informações importantes sobre a origem de uma nota, como o endereço da página, o título do artigo, o autor e a data em que foi publicado.* Muitas ferramentas de captura podem até identificar e salvar essas informações automaticamente. Além disso, em geral é útil guardar títulos de matérias ou de capítulos de livros e listas de tópicos, pois elas ajudam a estruturar suas notas e representam a destilação já realizada pelo autor original.

Além do aplicativo de notas: como escolher as ferramentas certas para fazer a captura

Agora que você sabe o que salvar no Segundo Cérebro, é hora de entrar no cerne da questão: como exatamente funciona a captura?

Exemplo: você está lendo um artigo de marketing detalhado e conclui que um conselho específico é fundamental para seus planos. A maioria dos aplicativos de notas conta com recursos integrados que lhe permitem capturar trechos de fontes externas; além disso, você pode apenas copiar e colar o texto diretamente numa nota nova. Também existe uma variedade de "ferramentas de captura" mais especializadas, projetadas para tornar a tarefa fácil e até divertida.

- aplicativos de leitura posterior
- aplicativos de notas básicas
- redes sociais
- web clippers
- aplicativos de leitura de e-books
- aplicativos de transcrição de áudio/vídeo

→ Seu Segundo Cérebro

---

* Mesmo que a página original desapareça, muitas vezes você pode usar essas informações para localizar a versão arquivada usando o Wayback Machine, um projeto do Internet Archive que preserva o registro de sites: https://archive.org/web.

Entre as opções mais comuns estão:

- Aplicativos de leitura de e-books, que geralmente permitem que você exporte seus destaques (highlights) ou notas de uma só vez.
- Aplicativos de leitura posterior, que lhe permitem salvar o conteúdo on-line para ler mais tarde (no caso de podcasts ou vídeos, para ouvir ou assistir depois).
- Aplicativos para fazer notas básicas, que em geral vêm pré-instalados nos dispositivos móveis e são concebidos para capturar pequenos trechos de texto.
- Aplicativos de redes sociais, que normalmente permitem que você "favorite" um conteúdo e o exporte para um aplicativo de notas.
- Web clippers, que permitem salvar partes de páginas (geralmente incluídos como um recurso integrado de aplicativos de notas).
- Aplicativos de transcrição de áudio/vídeo, que criam transcrições a partir de palavras faladas.
- Outros serviços, integrações e plug-ins de terceiros que automatizam o processo de exportação de conteúdo de um aplicativo para outro.

Algumas dessas ferramentas são gratuitas, enquanto outras não, embora sejam baratas. Algumas são 100% automatizadas e trabalham silenciosamente em segundo plano (por exemplo, sincronizando os trechos que você destaca no aplicativo de e-book com seu aplicativo de notas), enquanto outros exigem um pouco de esforço manual (como tirar fotos de cadernos de papel para salvá-los digitalmente).* Seja como for, o ato de capturar a informação leva poucos segundos – é o tempo de clicar em compartilhar, exportar ou salvar –, e *voilà*, você preservou no seu Segundo Cérebro as melhores partes de tudo aquilo que estiver consumindo.

Mas não se engane: você continuará usando diversos tipos de software para gerir informações – pastas de computador, unidades de armazena-

---

* O mundo dos softwares vive mudando, por isso criei um guia de recursos que sempre é atualizado, no qual recomendo as melhores ferramentas de captura, gratuitas e pagas, para diversos dispositivos e sistemas operacionais. Acesse buildingasecondbrain.com/resources (conteúdo em inglês).

mento em nuvem e plataformas para compartilhar documentos e trabalhar de forma colaborativa. Pense nas suas ferramentas de captura como seu sistema nervoso estendido, que abarca o mundo e permita que você sinta o que está ao seu redor. Mesmo que use muitos tipos de software, não deixe todo o conhecimento que eles contêm espalhado por dezenas de lugares que você nunca pensará em procurar. Mantenha suas melhores descobertas sempre disponíveis e reunidas no seu aplicativo de notas, para ter acesso a todas juntas e tomar decisões baseadas nelas.

Eis algumas das maneiras mais populares de usar ferramentas de captura:

- **Capturar trechos de e-books:** A maioria dos aplicativos de leitura de e-books facilita muito o realce de trechos durante a leitura. No Kindle, basta arrastar o dedo na frase ou no parágrafo que deseja destacar. Em seguida, use o menu de compartilhamento para exportar todos os destaques do livro de uma só vez para seu aplicativo de notas. Você também pode acrescentar comentários ao longo do texto conforme lê, o que o ajudará a lembrar o que achou interessante sobre determinada passagem.
- **Capturar trechos de artigos ou sites:** Quando você encontrar um artigo ou uma postagem de blog que deseja ler, salve-o num aplicativo para ler mais tarde. Funciona como um porta-revistas digital com tudo que você pretende ler (ou assistir ou ouvir) em algum momento. Sempre que tiver um tempo livre (por exemplo, nos intervalos de aulas ou do trabalho, ou à noite, após voltar para casa), veja o que salvou e escolha um texto. Assim como nos e-books, você pode criar highlights e eles também podem ser exportados automaticamente para seu aplicativo de notas.
- **Capturar citações de podcasts:** Muitos aplicativos de reprodução de podcasts permitem que você marque ou "recorte" trechos de episódios enquanto ouve. Alguns até transcrevem o áudio, para que você possa exportá-lo e pesquisá-lo nas suas notas.
- **Capturar gravações de voz:** Use um aplicativo de gravação de voz que lhe permita pressionar um botão, falar diretamente para o celular e ter cada palavra transcrita em texto e exportada para suas notas.
- **Capturar partes de vídeos do YouTube:** Este é um recurso pouco

conhecido, mas quase todos os vídeos do YouTube são acompanhados por uma transcrição gerada automaticamente. Basta clicar no botão "..." abaixo do vídeo, depois em "Mostrar transcrição"; uma janela será aberta do lado direito do vídeo. Com isso você pode copiar e colar trechos em seu aplicativo de notas.

- **Capturar trechos de e-mails:** Os aplicativos de notas mais populares podem encaminhar qualquer e-mail para um endereço especial, e o texto completo desse e-mail (incluindo anexos) será adicionado às suas notas.
- **Capturar conteúdo de outros aplicativos:** Você pode editar fotos num aplicativo específico, fazer esboços num aplicativo de desenho ou curtir postagens num aplicativo de rede social. Se esse aplicativo tem um botão "compartilhar" ou permite copiar textos, você pode salvar tudo que criou na segurança do seu aplicativo de notas.

Os benefícios surpreendentes de externalizar nossos pensamentos

Muitas vezes temos ideias nos momentos mais aleatórios – durante o trajeto para o trabalho, vendo TV, brincando com nossos filhos ou no chuveiro.

Seu Segundo Cérebro lhe dá um lugar para guardar a confusão de pensamentos que passam pela sua cabeça e deixá-los numa área de espera segura. Mas o simples ato de anotá-los lhe proporciona muitos outros benefícios além de preservá-los ao longo do tempo.

Primeiro, é muito mais provável que você se lembre das informações que escreveu com suas palavras. Pesquisadores descobriram que, quando as pessoas geram ativamente uma série de palavras, como ao falar ou escrever, mais partes do cérebro são ativadas, em comparação com a simples leitura das mesmas palavras. Esse é o conhecido "efeito de geração".[10] Escrever é uma forma de "ensaiar" suas ideias, é como treinar os passos de uma dança ou praticar arremessos no basquete. A chance de as informações permanecerem na sua memória é muito maior.

Mas essa melhoria na memória é só uma das vantagens. Quando você expressa uma ideia por escrito, não é só uma questão de transferir o conteúdo exato da sua mente para o papel ou o formato digital. Escrever cria um novo conhecimento que não existia antes. Cada palavra desencadeia cascatas mentais e associações interiores, levando a novas ideias, que podem aparecer na página ou na tela.*

Funciona como uma via de mão dupla: por um lado o pensamento produz a escrita; por outro, a escrita enriquece o pensamento.

Existem fortes evidências de que expressar nossos pensamentos por escrito pode trazer benefícios até para nossa saúde e nosso bem-estar.[11] Um dos artigos de psicologia mais citados da década de 1990 descobriu que "traduzir eventos com alta carga emocional em palavras leva a profundos impactos sociais e psicológicos e a mudanças neurais".

Uma ampla gama de estudos revelou que escrever sobre as experiências interiores nos faz ir menos ao médico, melhora nosso sistema imunológico e reduz o sofrimento. Alunos que escreveram sobre suas emoções melhoraram suas notas, profissionais que haviam sido demitidos encontraram novos empregos mais rápido e funcionários faltaram menos ao trabalho. E o mais surpreendente dessas descobertas é que elas não dependiam da participação de terceiros. Ninguém precisava ler ou responder ao que essas pessoas escreviam – os benefícios vinham do simples ato de escrever.

Talvez o benefício mais imediato de transpor o conteúdo da nossa mente e capturá-lo externamente seja escapar do que chamo de "ciclo de reatividade" – o looping infinito de urgência, indignação e sensacionalismo tão comum na internet. O momento em que você se depara com uma ideia pela primeira vez é o pior para decidir o que ela significa. Nesse momento você precisa deixar a ideia um pouco de lado e ser objetivo.

Nesse sentido, o Segundo Cérebro atua como um escudo contra a tempestade de notícias da imprensa e você não precisa mais reagir a tudo imediatamente nem correr o risco de perder uma ideia para sempre. Você pode

---

* Isso é chamado de "detachment gain" [em tradução livre, ganho do afastamento], conforme explicado em *The Detachment Gain: The Advantage of Thinking Out Loud*, de Daniel Reisberg. Refere-se à "vantagem funcional de externalizar seus pensamentos", como a fala ou a escrita, levando à "possibilidade de novas descobertas até então impossíveis". Quem já precisou escrever uma palavra para lembrar como soletrá-la vivenciou isso.

deixá-la de lado e acessá-la mais tarde, quando estiver mais calmo, com os pés no chão. É possível dar um tempo para absorver lentamente as novas informações e integrá-las ao nosso pensamento, livres das demandas urgentes do momento. Sempre me surpreendo quando revisito algo que salvei para ler mais tarde e me dou conta de que grande parte do que parecia tão importante na hora é obviamente trivial e desnecessário.

Fazer anotações é a maneira mais simples e fácil de externalizar nossos pensamentos. É uma ação que não requer qualquer habilidade especial, é privada e pode ser executada a qualquer hora e em qualquer lugar. Quando os pensamentos estão fora da nossa cabeça, podemos analisá-los, brincar com eles e melhorá-los. É como um atalho para perceber todo o potencial dos pensamentos que fluem na nossa mente.

Agora é a sua vez: e se a captura de ideias fosse fácil?

Ao longo deste capítulo apresentei diversas ideias, e sei que é muita informação para absorver. Existem inúmeras maneiras de capturar conhecimento, mas no início esse excesso de opções pode parecer intimidante.

Agora quero fazer uma pergunta que ajudará você a dar os primeiros passos nessa jornada: e se a captura de ideias fosse uma tarefa fácil?

Pense no que gostaria de capturar mais (ou menos). Como seria? Com que tipos de conteúdo você já tem familiaridade suficiente para que seja fácil começar a salvá-los agora mesmo? Como seria a captura hoje ou esta semana? Em média, eu faço apenas duas notas por dia. Então lhe pergunto: quais são as duas ideias, insights, observações, perspectivas ou lições que você encontrou hoje e que poderia anotar agora?

É importante que a captura exija pouco esforço, porque é apenas o primeiro passo. Você precisa executá-la com frequência para que se torne um hábito. Com isso, você economiza tempo e energia para as etapas posteriores, nas quais vai liberar todo o valor dessas ideias.

Você não deve se concentrar em capturar o máximo possível, mas em fazer anotações sobre as experiências que está tendo, espremer mais suco do fruto da vida, saborear cada momento ao máximo, prestando mais atenção nos detalhes.

Não se preocupe se está capturando "corretamente". Não existe uma forma certa de capturar, portanto também não existe forma errada. O único modo de saber se você está capturando as melhores ideias é tentar colocá-las em prática na vida real. Falaremos disso em breve, mas, por ora, teste alguns aplicativos de notas e ferramentas de captura para ver quais se encaixam no seu estilo. E não se esqueça de acessar o guia de recursos que montei para ajudá-lo a fazer sua escolha.

Se em algum momento você se sentir travado ou sobrecarregado, dê um passo para trás e lembre-se de que nada é permanente no mundo digital. O conteúdo digital é infinitamente maleável, portanto você não precisa se comprometer com nenhuma decisão para sempre. Embora cada etapa do Método CODE complemente as outras, você pode usá-las uma de cada vez. Comece com as partes que repercutem em você e então vá expandindo, conforme sua confiança cresce.

No próximo capítulo, direi o que fazer com os ativos de conhecimento que você reuniu no Segundo Cérebro.

Capítulo 5

Organizar: guarde para ter acionabilidade

"Seja metódico e organizado em sua vida para poder ser impetuoso e original em sua obra."
– Gustave Flaubert, escritor francês

Twyla Tharp é uma das coreógrafas mais célebres e inventivas da atualidade. Seu currículo de trabalho é composto por mais de 160 peças, incluindo 129 danças, doze especiais de TV, seis grandes filmes de Hollywood, quatro balés completos, quatro shows da Broadway e duas rotinas de patinação artística.

A dança pode parecer o meio criativo que menos poderia se beneficiar da "organização". É sempre executada ao vivo, usando principalmente o corpo dos próprios dançarinos, e muitas vezes parece improvisada e espontânea. No entanto, em seu livro *The Creative Habit*,[1] Tharp revelou que uma técnica de organização simples está no cerne de um processo criativo que a impulsionou ao longo de uma carreira incrivelmente prolífica de seis décadas.

Tharp chama sua abordagem de "a caixa". Toda vez que inicia um novo projeto, ela pega uma caixa de arquivo e a etiqueta com o nome dele, geralmente o nome da coreografia que está criando. Esse ato lhe dá um senso de propósito nesse momento inicial: "A caixa me faz sentir que estou organizada mesmo quando ainda não sei que direção estou tomando. Também representa um compromisso. O simples ato de escrever o nome do projeto na caixa significa que comecei a trabalhar."

Dentro da caixa ela coloca tudo relacionado ao projeto, como um caldeirão de energia criativa. Sempre que encontra um novo material – como "cadernos, recortes de notícias, CDs, fitas de vídeo minhas trabalhando sozinha no meu estúdio, vídeos dos dançarinos ensaiando, livros, fotografias e peças de arte que podem ter me inspirado" –, ela sabe onde colocá-lo. Tudo vai para a caixa. Isso significa que, sempre que ela for trabalhar nesse projeto e precisar de algo, saberá exatamente onde procurar: na caixa.

Em seu livro, Tharp conta a história de um projeto em que a caixa se mostrou inestimável: uma colaboração com o ícone do pop rock Billy Joel para transformar uma coletânea de suas canções numa performance de dança completa. Foi uma ideia ousada, algo entre um show e um musical, mas ao mesmo tempo bem diferente de ambos. Ela não sabia como os personagens de diferentes canções, que não foram escritas como parte da mesma história, poderiam ser combinados em uma narrativa.

Mesmo sendo tão aberto, o projeto começou da mesma forma que todos os outros – com os objetivos de Tharp: "Acredito que devemos iniciar cada projeto com um objetivo declarado. Às vezes, o objetivo nada mais é do que um mantra pessoal, como 'simplicidade', 'perfeição' ou 'economia', para me lembrar do que eu estava pensando no início, caso eu me perca em algum momento. Então escrevo esse mantra num pedaço de papel e é a primeira coisa que vai para a caixa."

Para a colaboração com Billy Joel, Tharp tinha dois objetivos: o primeiro era entender e dominar o papel da narrativa na dança, um antigo desafio criativo que despertara sua curiosidade. O segundo era muito mais prático, mas não menos motivador: pagar um bom cachê a seus dançarinos. Ela disse: "Então escrevi meus objetivos para o projeto, 'contar uma história' e 'pagar um bom cachê', em dois cartões azuis e deixei cair, flutuando até o fundo da caixa de Billy Joel. E lá eles ficaram enquanto eu escrevia ao longo de meses de pesquisa, como uma âncora que me mantém conectada ao meu impulso original."

Depois disso, todas as pesquisas e ideias possivelmente relevantes para o projeto foram para a caixa. Gravações de videoclipes de Billy Joel, apresentações ao vivo, palestras, fotografias, recortes de notícias, listas de músicas e anotações sobre essas músicas. Ela reuniu notícias e filmes sobre a Guerra do Vietnã, livros importantes da época e até material de outras caixas, incluindo pesquisas de um projeto abandonado que nunca chegou ao palco.

Os artefatos que Tharp coletou não eram apenas para uso próprio. Viraram faíscas de inspiração para sua equipe: um par de brincos e um colete de macramê compartilhados com a figurinista; livros sobre eventos de iluminação psicodélica para inspirar o designer de iluminação; fotografias de outros shows e da casa onde Billy Joel morou na infância, em Long Island, para discutir com o designer de produção.

Toda essa matéria-prima criativa acabou preenchendo doze caixas, mas toda essa coleta do mundo exterior não significa que Tharp não tenha adicionado sua criatividade. Por exemplo, ela encontrou um elaborado conjunto de anotações de uma das primeiras canções de Billy Joel chamada "She's Got a Way", que era cheia de inocência e doçura, e decidiu mudar seu significado: "Nas minhas notas, você pode ver a música se tornando mais pesada, por fim se transformando em duas cenas de bar repugnantes, uma no Vietnã e outra nos Estados Unidos. Eu me senti obrigada a mostrar ao Billy, avisando: 'Isso vai destruir a música.' Ele não pareceu preocupado. 'Vai em frente', disse."

A caixa proporcionou a Twyla Tharp diversas vantagens poderosas no início de sua jornada criativa, além de segurança para se aventurar e correr riscos: "Para mim, a caixa é como o solo onde pisamos: básica, terrena, primitiva. É o meu lar. É para onde sempre posso voltar quando preciso me reorientar. Saber que a caixa está sempre ali me dá a liberdade de me aventurar, de ousar, de criar coragem para cair de cara no chão."

A caixa proporcionou a Tharp uma forma de guardar os projetos para poder revisitá-los mais tarde: "A caixa faz com que me sinta conectada a um projeto. Sinto isso mesmo quando deixo um projeto em segundo plano: posso guardar a caixa numa prateleira, mas sei que ela está lá. O nome do projeto escrito na caixa, com letras pretas e garrafais, funciona como um lembrete constante de que certa vez tive uma ideia e posso voltar a ela muito em breve."

Por fim, a caixa proporcionou a Tharp uma forma de relembrar suas vitórias passadas: "Existe um último benefício da caixa: ela dá a você a chance de olhar para trás. Muitas pessoas não percebem a importância disso. Quando concluem um projeto, ficam aliviadas. Estão prontas para se afastar dele e já querem partir para a próxima ideia. A caixa lhe dá a oportunidade de refletir sobre seu desempenho. Escave as caixas como um arqueólogo e você verá o início de um projeto. Isso pode ser instrutivo. Como você trabalhou? Alcançou seu objetivo? Evoluiu? O projeto mudou ao longo do caminho? Você poderia ter sido mais eficiente?"

A caixa de Twyla Tharp revela o verdadeiro valor de um simples recipiente: é fácil de usar, de entender, de criar e de manter. Pode ser levada de um lugar para outro sem perder seu conteúdo. Você não precisa se esforçar para identificá-lo, compartilhá-lo com outras pessoas ou armazená-lo quando não for mais necessário. Não precisamos de sistemas complexos e sofisticados para produzir obras complexas e sofisticadas.

O Efeito Catedral: como criar um espaço para suas ideias

Pense em quanto tempo gastamos concebendo e organizando nosso ambiente físico.

Compramos móveis bonitos, passamos semanas refletindo sobre a cor das paredes e mexemos na posição exata de plantas e livros. Sabemos que os detalhes de iluminação, temperatura e layout de um espaço afetam profundamente a forma como nos sentimos e pensamos.

Esse fenômeno tem um nome: Efeito Catedral.[2] Estudos mostram que o ambiente tem um enorme poder de moldar nosso pensamento. Quando estamos num ambiente com pé-direito alto, por exemplo – pense na arquitetura imponente de igrejas clássicas invocando a grandeza do céu –, tendemos a pensar de maneiras mais abstratas. Quando estamos numa sala com teto baixo, como uma pequena oficina, é mais provável que pensemos de forma concreta.

Ninguém questiona a importância de espaços físicos que nos deixem calmos e centrados, mas, quando se trata do espaço de trabalho digital, é provável que você tenha gastado pouco tempo – se é que gastou – para organizá-lo de modo a aumentar sua produtividade ou criatividade. Como profissionais do conhecimento, passamos muitas horas por dia em ambientes digitais – computadores, celulares e internet. Se você não assumir o controle desses espaços virtuais e moldá-los para dar suporte aos tipos de pensamento que deseja ter, cada minuto gasto nesses ambientes parecerá cansativo e incômodo.

Seu Segundo Cérebro não é apenas uma ferramenta – é um ambiente. É um jardim do conhecimento repleto de caminhos familiares e sinuosos, mas também de recantos secretos e ermos. Cada caminho é um ponto de partida para novas ideias e perspectivas. Jardins fazem parte da natureza, mas não surgem por acaso. Precisam de alguém para semear as plantas, tirar as ervas daninhas e moldar os caminhos que serpenteiam entre elas. É hora de nos dedicarmos mais aos ambientes digitais nos quais passamos tantas horas do dia.

Depois de criar esse ambiente, você saberá para onde ir quando precisar executar ou criar alguma coisa. Não sentirá mais a necessidade de se sentar e passar meia hora reunindo meticulosamente todo o material necessário para só então dar o primeiro passo. Seu Segundo Cérebro é como uma catedral da mente em que você pode entrar a qualquer momento para se isolar e imaginar um mundo só seu.

O passo seguinte na construção do seu Segundo Cérebro é pegar o que você começou a capturar e organizar num espaço onde possa pensar melhor.

Organizando-se para agir: quando 99% das pessoas travam (e como resolver esse problema)

À medida que você começa a capturar ideias de forma consistente, é provável que se empolgue com as informações que fluem ao seu redor.

Você começará a prestar mais atenção nos livros que lê, nas conversas que tem e nas entrevistas que ouve, sabendo que qualquer ideia interessante que encontrar poderá ser salva com segurança e utilizada posteriormente. Você não precisa mais torcer para se lembrar das suas melhores ideias – pode ter certeza de que não vai esquecê-las.

Mas depois de pouco tempo você vai se deparar com um novo problema: o que fazer com todo esse valioso material que reuniu? Quanto mais você capturar, maior será esse problema! Capturar notas sem uma forma eficaz de organizá-las e acessá-las só o deixará mais sobrecarregado.

Passei anos testando diferentes maneiras de organizar minha vida digital. Tentei técnicas de organização de espaços físicos, todo tipo de caderno formatado para isso e até o sistema decimal de Dewey, usado em bibliotecas. Tentei organizar meus arquivos por data, assunto, tipo e inúmeros outros esquemas elaborados, mas todos os métodos que tentei falharam logo.

O problema era que nenhum desses sistemas estava integrado à minha vida diária. Eles sempre exigiam que eu seguisse uma série de regras elaboradas que tiravam tempo das minhas outras prioridades. Assim, rapidamente ficavam desatualizados e obsoletos. Toda vez que eu deixava a organização de lado, voltava a colocar todas as minhas anotações e arquivos numa pasta para qualquer projeto em que estivesse focado no momento. Com isso, pelo menos sempre tinha tudo de que precisava para o meu trabalho atual imediatamente à mão – sem necessidade de aplicar tags, arquivar ou criar palavras-chave.

Foi então que, certo dia, tive um estalo: por que eu simplesmente não organizava meus arquivos dessa maneira o tempo todo? Se a organização por projeto era a maneira mais natural de gerenciar informações com esforço mínimo, por que não torná-la o padrão?

Foi o que fiz, e para minha grande surpresa funcionou. Com o tempo, refinei, simplifiquei e testei essa abordagem baseada na ação com milhares de alunos e seguidores. Acabei chamando esse sistema de organização de PARA,* que representa as quatro principais categorias de informação na nossa vida: Projetos, Áreas, Recursos e Arquivos. Essas quatro categorias são universais, abrangendo *qualquer* tipo de informação, de *qualquer* fonte, em *qualquer* formato, para *qualquer* finalidade.**

O PARA pode lidar com tudo, independentemente de sua profissão ou sua área de atuação, e isso ocorre por um motivo: ele organiza as informações com base na sua *chance de acioná-las*, e não de acordo com *o tipo de informação*. O projeto se torna a principal unidade de organização dos seus

---

* *Para* é uma palavra grega que significa "lado a lado", como em "paralelo"; essa conveniente definição nos faz lembrar que o nosso Segundo Cérebro trabalha "lado a lado" com nosso cérebro biológico.
** Como você provavelmente já percebeu, sou um grande fã de modelos de trabalho de quatro letras. Pesquisadores chamam essa tendência de "Mágico Número 4", porque esse é o número mais alto que podemos contar de relance e guardar na mente sem precisar fazer qualquer esforço adicional.

arquivos digitais. Em vez de ter que classificar suas notas de acordo com uma hierarquia complexa de tópicos e subtópicos, você só precisa responder a uma pergunta simples: "Em qual projeto isso será mais útil?" O sistema parte do pressuposto de que você está trabalhando num determinado conjunto de projetos e que suas informações devem ser organizadas para que sejam úteis de alguma forma.

Por exemplo, digamos que você encontre um artigo útil sobre como ser mais resiliente e decida capturá-lo. Você tem certeza de que essas informações serão úteis um dia, mas como saber onde guardá-las enquanto isso? Como se lembrar de onde procurar quando você de fato precisar desse conteúdo? Essa é uma decisão que pode provocar certa ansiedade – você talvez ache que vai fazer a escolha errada.

A maioria das pessoas salvaria essa nota por assunto dentro de uma pasta chamada "Psicologia". Parece uma escolha perfeitamente lógica. O problema é: o assunto "Psicologia" é muito amplo para ser útil. Imagine-se daqui a algumas semanas ou meses. No meio do seu dia de trabalho, quanto tempo você terá para pesquisar todas as suas notas sobre um assunto tão amplo? Talvez haja notas sobre dezenas e dezenas de artigos, livros e outros recursos na pasta "Psicologia", e grande parte delas não será acionável. Você demoraria horas só para descobrir o que está dentro da pasta.

Mas existe outra maneira. Vou mostrar como salvar as anotações de acordo com sua utilidade. Ao dar esse pequeno passo extra de colocar uma anotação numa pasta (ou de criar uma tag para ela)* para um projeto específico, como um artigo de psicologia que você está escrevendo ou uma apresentação que está criando, você encontrará essa ideia bem no momento em que ela é mais importante – nem um segundo antes, nem um segundo depois.

Se a nota não for útil para nenhum projeto atual, temos outras opções de onde colocá-la, incluindo locais dedicados a cada uma das principais "áreas" da sua vida, e "recursos", que é como uma biblioteca pessoal de referências, fatos e inspirações. Com o tempo, conforme conclui projetos, domina novas habilidades e progride em direção a seus objetivos, você vai descobrir

---

* Vou usar o termo "pasta" para me referir à principal unidade de organização utilizada pela maioria dos aplicativos de notas; alguns softwares usam tags, que funcionam igualmente bem como rótulos e etiquetas.

que alguns recursos e notas deixam de ser acionáveis. Vou mostrar como movê-los para seus "arquivos" e mantê-los fora de vista, mas de uma forma que seja fácil de acessar.

Essas quatro categorias – Projetos, Áreas, Recursos e Arquivos – compõem o PARA. Exploraremos cada uma delas em breve.

Em vez de exigir muito tempo organizando meticulosamente seu mundo digital, o PARA mostra como classificar rapidamente suas ideias de acordo com o que realmente importa: seus objetivos.

Uma das maiores tentações da organização é ser muito perfeccionista e tratar o processo todo como um fim em si mesmo. Existe algo inerentemente satisfatório na ordem, e é fácil se deter nela em vez de seguir em frente para desenvolver e compartilhar o conhecimento. Precisamos estar sempre atentos para evitar acumular informações de mais. Do contrário, corremos o risco de passar o tempo todo apenas gerindo as informações em vez de colocá-las em prática no mundo exterior.

Em vez de inventar um esquema organizacional completamente diferente para cada local onde você armazena informações – o que cria um enorme atrito quando temos que lidar com as inconsistências e diferenças desses diferentes locais –, o PARA pode ser usado em qualquer lugar, em qualquer software, plataforma ou ferramenta de notas. Você pode usar o mesmo sistema com as mesmas categorias e os mesmos princípios na sua vida digital.

Mas sempre precisará usar diversas plataformas para tocar seus projetos. Nenhuma plataforma é capaz de fazer tudo sozinha. A intenção não é usar um único software, mas usar um único *sistema de organização*, que seja consistente quando você alternar entre aplicativos várias vezes ao dia. O projeto será o mesmo, seja no aplicativo de notas, no sistema de arquivos do computador ou na unidade de armazenamento em nuvem, permitindo que você passe de um para outro sem qualquer dificuldade e sem perder a linha de raciocínio.

Ao estruturar suas notas e arquivos com foco na conclusão dos projetos ativos, seu conhecimento pode trabalhar por você em vez de acumular poeira como um "cemitério de ideias". A promessa do PARA é transformar a "organização", deixando de ser um esforço hercúleo e interminável e se tornando uma tarefa simples a ser superada para que você possa passar para um trabalho mais importante em seguida.

Como funciona o PARA: preparando sua mente (e suas notas) para uso

Com o sistema PARA, todas as informações que você deseja salvar são colocadas em apenas quatro categorias:

Projetos	Esforços de curto prazo, em seu trabalho ou na vida pessoal, nos quais você está trabalhando agora
Áreas	Responsabilidades de longo prazo que você deseja gerir ao longo do tempo
Recursos	Temas ou interesses que podem ser úteis no futuro
Arquivos	Itens inativos das outras três categorias

Projetos: no que estou trabalhando agora

Projetos incluem resultados de curto prazo pelos quais você está trabalhando ativamente agora.

Os projetos têm características que os tornam uma forma ideal de organizar o trabalho moderno. Primeiro, têm começo, meio e fim, ocorrem durante um determinado período e depois terminam. Segundo, têm um resultado específico que precisa acontecer para que sejam considerados completos, como "finalizar", "autorizar", "lançar" ou "publicar".

As artes criativas e cênicas têm uma forma de trabalhar naturalmente centrada no projeto. Os pintores têm pinturas, os dançarinos têm danças, os músicos têm canções e os poetas têm poemas. Trata-se de trabalhos claramente identificáveis e distintos. Essa abordagem centrada é cada vez mais utilizada entre os profissionais do conhecimento, uma tendência denominada "modelo Hollywood" em homenagem à forma como os filmes são feitos.

Como explica uma matéria do *The New York Times*,[3] "um projeto é identificado; uma equipe é montada; ela trabalha junto durante o tempo necessário para completar a tarefa; e então a equipe é desfeita. Atualmente o modelo Hollywood é usado para construir pontes, projetar aplicativos e abrir restaurantes". Hoje em dia é cada vez mais comum trabalhar com diferentes equipes, departamentos e até mesmo empresas para executar projetos colaborativos e, ao fim, cada um seguir seu caminho.

Exemplos de projetos:

- **Projetos em andamento:** criar o design de um site; criar um conjunto de slides para apresentar numa conferência; elaborar o cronograma de um projeto; planejar uma campanha de recrutamento.
- **Projetos pessoais:** concluir o curso de espanhol; planejar as férias; comprar móveis novos para a sala; encontrar uma oportunidade de voluntariado no seu bairro.
- **Projetos paralelos:** publicar uma postagem num blog; lançar uma campanha de crowdfunding; pesquisar o melhor microfone para podcast; completar um curso on-line.

Ao estruturar seu trabalho como projetos específicos e concretos, você verá um forte e repentino aumento na produtividade. Não importa se você é autônomo, trabalha numa multinacional ou vive entre esses dois extremos: todos nós estamos progredindo em direção a um mundo de trabalho baseado em projetos. Saber com quais projetos você está comprometido no momento é fundamental para poder ter em mente o que é prioridade na semana, planejar seu progresso e dizer não a coisas que não são importantes.

Áreas: com que estou comprometido a longo prazo

Por mais importante que sejam os projetos, nem tudo é um projeto.

Por exemplo, a área "Finanças" não tem uma data de término definida. É algo que precisamos administrar e sobre o qual temos que refletir a todo momento, de uma forma ou outra, enquanto estivermos vivos. Não há um objetivo final. Mesmo que você ganhe na loteria, ainda terá que administrar suas finanças (e, se isso acontecer, provavelmente essa tarefa exigirá muito mais atenção!).

Na vida profissional temos várias áreas contínuas pelas quais somos responsáveis, como "desenvolvimento de produtos", "controle de qualidade" ou "recursos humanos". Essas são as responsabilidades que fomos contratados para assumir. Ao longo do tempo, às vezes surgem outras das quais passamos a cuidar, oficialmente ou não.

Juntas, essas responsabilidades formam a segunda categoria principal do PARA. Seja no âmbito pessoal ou profissional, as áreas exigem que certas informações sejam tratadas de maneira eficaz, mas elas são diferentes de projetos.

PROJETO	ÁREA
Perder 5 quilos	Saúde
Publicar um livro	Escrita
Poupar o equivalente a três meses de despesas	Finanças
Criar o mockup de um aplicativo	Design de produtos
Desenvolver um modelo de contrato	Jurídico

No caso das finanças, você pode guardar as notas criadas durante reuniões com seu consultor financeiro, recibos ou faturas de compras empresariais, seu orçamento familiar mensal, entre muitos outros tipos de informação. Também pode ter dados mais especulativos para gerir, como projeções financeiras, pesquisas sobre softwares de finanças pessoais e apontamentos sobre tendências de investimento que você está acompanhando.

Para uma área relacionada ao trabalho, como "desenvolvimento de produtos", pode ser necessário salvar especificações do produto, descobertas de P&D, notas de entrevistas de pesquisa com clientes e índices de satisfação. Você também pode ter fotos de produtos que admira, *blueprints* ou paletas de cor para usar como inspiração de design. Tudo depende do seu relacionamento com essa área da sua vida e de como deseja administrá-la ou fazê-la evoluir.

Exemplos de áreas de sua vida pessoal:

- **Atividades ou locais sob sua responsabilidade:** casa/apartamento; cozinha; viagem; carro.
- **Pessoas pelas quais você é responsável ou a quem deve consideração:** amigos; filhos; cônjuge; animais de estimação.
- **Padrões de desempenho pelos quais você é responsável:** saúde; crescimento pessoal; amizades; finanças.

No seu trabalho ou negócio próprio:

- **Departamentos ou funções pelos quais você é responsável:** gestão de contas; marketing; operações; desenvolvimento de produtos.
- **Pessoas ou equipes pelas quais você é responsável:** subordinados diretos; gerente; conselho administrativo; fornecedores.
- **Padrões de desempenho pelos quais você é responsável:** desenvolvimento profissional; vendas e marketing; relacionamentos e networking; recrutamentos e contratações.

Mesmo que as áreas não tenham um resultado final, ainda é importante geri-las. Na verdade, observando as listas anteriores, você verá que são áreas essenciais para sua saúde, felicidade, segurança e satisfação pessoal.

Embora não haja uma meta a ser alcançada, existe um *padrão* que você deseja manter em cada uma dessas áreas. Para finanças, esse padrão pode ser sempre pagar as contas em dia e cuidar das necessidades básicas de sua família. Para a saúde, se exercitar certo número de vezes por semana e manter o colesterol abaixo de determinado valor. Para a família, pode ser dar atenção a todos à noite depois do trabalho e nos fins de semana.

Só você pode decidir quais são esses padrões, mas uma coisa é fato: é extremamente útil ter um lugar dedicado a cada um deles. Dessa forma, você sempre terá onde colocar qualquer pensamento, reflexão, ideia ou informação útil e relevante para cada aspecto importante de sua vida.

Recursos: coisas que quero usar como referência no futuro

Essa categoria serve basicamente para tudo que não pertence a um projeto ou área. Pode incluir qualquer assunto sobre o qual você queira reunir informações. Exemplos:

- **Em que assuntos você está interessado?** Arquitetura; design de interiores; literatura inglesa; fabricação de cerveja.
- **Que assuntos você está pesquisando?** Formação de hábitos; criação de notas; gestão de projetos; nutrição.
- **Que informações úteis você deseja usar como base no futuro?**

Roteiros de férias; objetivos de vida; banco de imagens; depoimentos sobre produtos.
- **Quais são seus hobbies ou paixões?** Café; filmes clássicos; hip-hop; anime.

Qualquer um desses assuntos pode se tornar uma pasta de recursos. Você também pode pensar neles como "pesquisa" ou "materiais de referência". São tendências que você está acompanhando; ideias relacionadas ao seu trabalho ou sua área de atuação; hobbies e interesses secundários; e temas sobre os quais você está apenas curioso. As pastas são como os cadernos que você tinha na escola: um para biologia, outro para história, outro para matemática, etc. Qualquer nota ou arquivo que não seja relevante ou acionável para um projeto ou área atual pode ser colocado na pasta Recursos para uma possível referência futura.

Arquivos: coisas que concluí ou suspendi

Por fim, os arquivos. Neles ficam quaisquer itens das três categorias anteriores que não estejam mais ativos. Exemplos:

- Projetos concluídos ou cancelados.
- Áreas de responsabilidade com as quais você não está mais comprometido (quando um relacionamento acaba ou você muda de casa, por exemplo).
- Recursos que não são mais importantes (hobbies pelos quais você perdeu o interesse ou assuntos com os quais não se importa mais).

Os arquivos são uma parte importante do sistema PARA, porque não deixam que uma pasta sobrecarregue seu espaço de trabalho, mantendo-a em segurança para sempre, caso você precise no futuro. Ao contrário do que acontece com sua casa ou garagem, não há problema em guardar coisas digitais para sempre, desde que elas não distraiam seu foco no dia a dia. Se você precisar acessar novamente essas informações no futuro – por exemplo, se um dia assumir um projeto semelhante a outro concluído no passado –, poderá encontrá-las em segundos.

Como é o sistema PARA: um retrato dos bastidores

O PARA é um sistema universal de organização projetado para funcionar em todo o seu mundo digital. Não funciona em apenas um lugar, exigindo que você use esquemas de organização completamente diferentes em cada um dos inúmeros lugares onde guarda suas coisas. Ele pode e deve ser usado em todos os lugares, como na pasta de documentos do computador, nas unidades de armazenamento em nuvem e, claro, no seu aplicativo de notas.

Vamos ver como funciona.

Eis um exemplo de como são as pastas no meu aplicativo de notas, de acordo com o sistema PARA:

TÍTULO
▸ 1 PROJETOS (11)
▸ 2 ÁREAS (36)
▸ 3 RECURSOS (45)
▸ 4 ARQUIVOS (216)
▸ 5 CAIXA DE ENTRADA (0)

Dentro de cada uma dessas pastas principais, tenho pastas individuais para os projetos, áreas, recursos e arquivos específicos que compõem a minha vida. Eis as pastas de alguns dos meus projetos ativos:

TÍTULO
▾ 1 PROJETOS (11)
▸ Artigo Cognição Externa (5)
▸ Criando um Segundo Cérebro 13 (14)
▸ Criando um Segundo Cérebro – lançamento do livro (43)
▸ Criando um Segundo Cérebro – manuscrito (202)
▸ Direção do curso (4)
▸ Home studio (27)
▸ Imposto de renda 2021 (2)
▸ Plano de saldo de caixa (2)

Dentro dessas pastas estão as anotações reais que contêm as minhas ideias. Uma pessoa costuma ter, em média, de cinco a quinze projetos ativos. Perceba que o número de notas dentro de cada projeto (indicado pelo número entre parênteses após o título) varia muito, de apenas duas a mais de duzentas – que são sobre o livro que você está lendo agora.

Eis as notas de uma pasta de projeto típica para um projeto de médio porte – neste caso, a reforma que estamos fazendo na garagem para transformá-la num home studio (projeto sobre o qual nos aprofundaremos nos próximos capítulos):

Home studio (27 notas)

Fotos para inspirar reforma da garagem

Calls com organizadores de eventos
Aparência do studio, a sensação de estar ali dentro, a música tocando
Começar com o básico: internet de fibra óptica (1 Gbps)

Notas sobre gerador de energia
Não é recomendado que ultrapasse 80% da capacidade da unidade
Botão para mutar/entrar: segurar por três segundos + apertar o botão para silenciar o alarme

Post novo: Como construir um home studio para a era de trabalho remoto
Quem é o público-alvo? Um pequeno número de profissionais que querem usar o Zoom de maneira eficaz

Conversa por e-mail: próximos passos para o home studio
Foi ótimo falar com vocês. Continuamos falando sobre o assunto e estamos muito empolgados

Recomendação de Lucas para a empreiteira
Segue minha melhor recomendação de moldureiro. Falei com ele sobre o escopo do seu projeto

Home studio (27 notas)

Fotos para inspirar reforma da garagem

A parte esquerda da janela exibe uma lista das 27 notas dentro da pasta. Ao clicar numa nota, como a que contém as fotos que usamos como inspiração para nossa reforma, revelamos seu conteúdo na parte direita da janela.

E é isso: apenas três níveis de hierarquia para abranger os milhares de notas que acumulei ao longo dos anos: as categorias PARA, a pasta do projeto em si e as próprias notas.

Veja algumas das minhas áreas:

TÍTULO
▼ 2 Áreas (36)
▶ Caio (8)
▶ Carro (5)
▶ Culinária (2)
▶ Finanças (19)
▶ FL: Admin (12)
▶ FL: Betheny (20)
▶ FL: Checklists/templates (12)
▶ FL: Clientes (12)
▶ FL: Conteúdo do Criando um Segundo Cérebro (190)
▶ FL: Marketing do Criando um Segundo Cérebro (45)
▶ Roupas (2)

Cada uma dessas pastas contém as notas relevantes para cada uma dessas áreas ativas da minha vida. As áreas relacionadas ao meu negócio começam com "FL", de Forte Labs, então aparecem juntas em ordem alfabética.

Veja no primeiro diagrama da página seguinte algumas notas na área "Saúde" (que não consta na imagem acima).

Em Recursos, tenho pastas para cada um dos assuntos que me despertam interesse (veja um exemplo no segundo diagrama da página seguinte). Essas informações não são acionáveis no momento, por isso não quero que atrapalhem meus projetos, mas estarão disponíveis caso eu precise delas um dia.

Saúde (34 notas)

Abdominal miotático (4 horas para o corpo)
Comece com os braços esticados sobre a cabeça o mais alto possível (eu sobreponho as mãos como se estivesse prestes a mergulhar).

Atualizações sobre a configuração do plano de saúde
Como acessar os detalhes do plano de saúde

Notas sobre cuidados com o cabelo
1. Seque o cabelo com batidinhas leves em vez de secá-lo de forma agressiva
2. Evite lavar o cabelo com água muito quente
3. Tente pentear

Por que a respiração profunda pode nos acalmar
Nesse estudo recente publicado na última edição da *Science*, ver conclusões dos pesquisadores

Planejamento da preparação dos alimentos
Cereais com frutas
Leite
Bacon
Tomate
Abacate

Jejum intermitente
16 horas de jejum, janela de 8 horas para comer
"Faxina geral" das células
Diminui a insulina e a pressão arterial

Saúde (34 notas)

Abdominal miotático (4 horas para o corpo)
Comece com os braços esticados sobre a cabeça o mais alto possível (eu sobreponho as mãos como se estivesse prestes a mergulhar). Mantenha os braços atrás ou perto das orelhas durante todo o exercício.

Abaixe-se lentamente durante quatro segundos até que seus dedos toquem o chão, o tempo todo tentando afastar cada vez mais as mãos da bola.

Pare nessa posição por dois segundos, tentando o alongamento máximo.

Suba lentamente e pare no alto, na posição de contração total durante dois segundos.

TÍTULO
▼ 3 Recursos (42)
▶ Arte e filosofia (39)
▶ Cartões de visita (70)
▶ Cultura e criatividade (80)
▶ Curso de marketing (22)
▶ Design (245)
▶ Identidade de marca/logos (31)
▶ Livros e escrita (14)
▶ Mudanças climáticas (1)
▶ Negócios e estratégia (146)
▶ Presentes de Natal (3)
▶ Revisões anuais (21)

Por fim, os arquivos contêm qualquer pasta das três categorias anteriores que não esteja mais sendo usada. Quero que elas fiquem completamente fora da minha vista e da minha mente, mas que permaneçam preservadas, para o caso de eu precisar acessar pesquisas, aprendizados ou materiais do passado.

TÍTULO
▼ 4 Arquivos (198)
▶ Acesso SF (21)
▶ Anticlube do Livro v3 (3)
▶ Avaya (3)
▶ Barings (3)
▶ Black Friday (5)
▶ Busca de apartamento (1)
▶ Criando um Segundo Cérebro 13 (6)
▶ Contatos Amazon (2)
▶ Promoção AE (1)
▶ Queixa roubo de bicicleta (5)
▶ Webinar AJ (10)

O PARA pode ser usado em todos os lugares onde você armazena informações, o que significa que você pode usar as mesmas categorias e as mesmas regras, não importa onde guarde o conteúdo. Por exemplo, eis a pasta de documentos no meu computador:

Documentos
Nome
▶ 📁 1 Projetos
▶ 📁 2 Áreas
▶ 📁 3 Recursos
▶ 📁 4 Arquivos

E as pastas dos meus projetos ativos:

1 Projetos
Nome
▶ ■ Artigo Cognição Externa
▶ ■ Criando um Segundo Cérebro 13
▶ ■ Criando um Segundo Cérebro – lançamento do livro
▶ ■ Criando um Segundo Cérebro – manuscrito
▶ ■ Direção do curso
▶ ■ Home studio
▶ ■ Imposto de renda 2021
▶ ■ Keystone 2
▶ ■ Novo site
▶ ■ Plano de saldo de caixa
▶ ■ Retiro de inverno 2022

Dentro dessas pastas estão os arquivos que utilizo para executar cada projeto. Eis a pasta de projeto dedicada ao livro que você está lendo:

Criando um Segundo Cérebro – manuscrito
Nome
▶ ■ Capítulo bônus
▶ ■ Contratos
▶ ■ Grupo de análise do livro
▶ ■ Mapas mentais
▶ ■ Pesquisa
▶ ■ Proposta para o livro
▶ ■ Recursos
▶ ■ Slides e imagens
▶ ■ Versões do manuscrito

Onde eu coloco isso? Como decidir onde salvar as notas

Configurar pastas é uma tarefa relativamente fácil. A pergunta mais difícil e que deixa todo organizador com medo é: "Onde é que eu coloco isso?"

Os aplicativos facilitaram absurdamente a tarefa de capturar conteúdo – basta um clique ou um toque na tela. Mas não recebemos nenhuma orientação sobre o que fazer depois. Para onde vai uma nota depois de criada? Qual é o local correto para um arquivo recebido? Quanto mais notas você acumula, mais urgente e estressante se torna esse problema.

Quando começamos a capturar notas surge a questão: para onde elas devem ir e o que significam? O problema é que, como já dito, o momento em que você captura é a pior hora para definir o que fazer com ela. Primeiro porque você acabou de se deparar com esse conteúdo e ainda não teve tempo de refletir sobre seu propósito final, e segundo – e mais importante – porque ao se obrigar a tomar decisões toda vez que captura algo você acaba acrescentando atrito ao processo. Com isso, a experiência se torna mentalmente desgastante e, portanto, menos provável de se repetir no futuro.

Por isso é tão importante separar a captura e a organização em duas etapas distintas: "guardar o que repercute" no momento é uma decisão distinta de escolher guardar algo a longo prazo. A maioria dos aplicativos de notas conta com uma seção de "caixa de entrada" ou "notas diárias", onde as anotações novas são salvas até que você possa revisitá-las e decidir onde armazená-las. Pense nisso como uma sala de espera onde novas ideias permanecem até que você esteja pronto para digeri-las no seu Segundo Cérebro. Separar a captura da organização ajuda o usuário a permanecer presente, perceber o que realmente repercute nele e deixar a decisão sobre o que fazer com essas notas para outro momento (por exemplo, para uma "Revisão Semanal", assunto que abordarei no Capítulo 9).

Após capturar as notas, é hora de organizá-las, e é nesse momento que o sistema PARA entra em ação. As quatro categorias são ordenadas por acionabilidade (a capacidade de serem acionadas), o que facilita ao máximo a decisão de onde guardar as notas:

- Os projetos são os mais acionáveis porque você está trabalhando neles agora e tem um prazo concreto em mente.

- As áreas têm um horizonte de tempo mais longo e não são tão imediatamente acionáveis.
- Os recursos podem ser acionáveis dependendo da situação.
- Os arquivos permanecem inativos, a menos que sejam necessários.

Essa ordem nos fornece um checklist muito prático que nos ajuda a decidir onde colocar uma nota, começando no topo da lista e descendo:

1. Em qual projeto essa nota ou arquivo será mais útil?
2. *Se não for útil em nenhum projeto:* em que área essa nota ou arquivo será mais útil?
3. *Se não for útil em nenhuma área:* a qual recurso pertence?
4. *Se não pertencer a nenhum recurso:* coloque nos arquivos.

Em outras palavras, seu objetivo é colocar a nota ou o arquivo não só onde será útil, mas onde será útil *o quanto antes*. Ao colocar a nota numa pasta de Projeto, você garante que a verá na próxima vez que for trabalhar no projeto. Ao colocá-la numa pasta de Área, você a encontrará na próxima vez que estiver pensando nessa parte de seu trabalho ou sua vida. Ao colocá-la na pasta de Recursos, você a verá apenas se e quando decidir mergulhar nesse tópico e fazer alguma leitura ou pesquisa. Ao colocá-la em Arquivos, você nunca mais precisará vê-la, a menos que queira.

Quando a vida fica agitada é fácil deixar nossos projetos e objetivos caírem no esquecimento. Projetos pessoais e metas de longo prazo parecem especialmente flexíveis, como se sempre fosse possível realizá-los mais tarde. Notas, páginas favoritadas, highlights e pesquisas que trabalhamos duro para encontrar afundam cada vez mais nos nossos sistemas de arquivos, até que em dado momento simplesmente esquecemos que existem.

Organizar por acionabilidade neutraliza nossas tendências de procrastinar constantemente e adiar nossas aspirações para um futuro distante. O sistema PARA traz esses sonhos distantes para o presente e nos ajuda a enxergar que já temos muitas informações necessárias para começar. O objetivo de organizar nosso conhecimento é fazer progresso na busca dos objetivos, e não fazer um doutorado em criação e organização de notas. O melhor jeito de aplicar o conhecimento é por meio da execução, o que significa que tudo que não ajuda você a progredir nos seus projetos provavelmente é prejudicial.

A organização de informações como uma cozinha: o que estou fazendo?

Existe um paralelo entre o sistema PARA e a organização de cozinhas.

Tudo numa cozinha é projetado e organizado para dar suporte a um resultado: preparar uma refeição da maneira mais eficiente possível. Os arquivos são como o freezer: os itens ficam armazenados até que sejam necessários, o que pode ocorrer num futuro distante. Os recursos são como a despensa: podem ser usados em qualquer refeição que você fizer, mas enquanto não são necessários ficam guardados. As áreas são como a geladeira – itens que você planeja usar em breve e que deseja verificar com mais frequência. E os projetos são como as panelas e frigideiras no fogão – os itens que você está preparando no momento. Cada tipo de alimento é armazenado de acordo com a necessidade dele para o preparo das refeições que você deseja.

Imagine que absurdo seria organizar uma cozinha por *tipo de alimento*: frutas frescas, frutas secas, sucos de frutas e frutas congeladas seriam armazenados no mesmo lugar, só porque todos são feitos de frutas. O problema é que é exatamente assim que a maioria das pessoas organiza seus arquivos e notas – mantendo todas as notas de livros juntas só porque elas são de livros ou todas as citações juntas só porque são citações.

Em vez de organizar as ideias de acordo com *a origem*, recomendo organizá-las de acordo com sua *utilidade* – especificamente, os resultados que elas podem ajudá-lo a alcançar. Para saber se determinado conhecimento é valioso, o que importa mais não é ver se ele está perfeitamente organizado e bem rotulado, mas perceber se é capaz de impactar alguém ou algo importante para você.

O PARA não é um sistema de arquivamento; é um sistema de produção. Não adianta tentar encontrar o "lugar perfeito" para uma nota ou arquivo. Esse lugar não existe. Todo o sistema está em constante mudança de forma sincronizada com a sua vida, que também está em constante mudança.

Muitas pessoas têm dificuldade para entender essa ideia. Estamos acostumados com sistemas organizacionais estáticos e fixos. Esperamos encontrar um conjunto fixo de regras que nos diga exatamente para onde vai cada item, como os números de registro numa biblioteca.

Porém, para nosso conhecimento pessoal, esse local não existe. Estamos organizando as informações para acioná-las, e "o que é acionável" está sempre mudando. Às vezes recebemos uma mensagem de texto ou um e-mail capaz de mudar completamente o nosso dia. Como nossas prioridades podem mudar a qualquer momento, temos que reduzir ao mínimo o tempo gasto arquivando, aplicando tags, renomeando e fazendo a manutenção das notas digitais. Não podemos correr o risco de desperdiçar todo esse esforço.

Qualquer informação (seja um documento de texto, uma imagem, uma nota ou uma pasta inteira) pode e deve ter mobilidade para fluir entre as categorias. Você pode salvar uma nota sobre técnicas de coaching numa pasta de projeto chamada "Aula de coaching", para um curso que está fazendo. Mais tarde, quando for promovido a gerente e precisar treinar seus subordinados diretos, pode mover essa anotação para uma pasta de área chamada "Subordinados diretos". Em algum momento, você pode deixar a empresa, mas ainda assim continuar interessado no conteúdo e, assim, passar a nota para Recursos. E um dia você pode perder completamente o interesse nesse assunto e movê-la para os Arquivos. No futuro, essa nota pode voltar aos Projetos, quando você decidir começar a trabalhar como coach empresarial, tornando esse conhecimento acionável novamente.

O propósito de uma nota – ou de um grupo de notas – pode mudar, e de fato muda, ao longo do tempo, conforme suas necessidades e seus objetivos também mudam. Todos nós passamos por diferentes fases na vida, e as notas digitais devem mudar junto com elas, como águas que são agitadas e trazem à tona novos insights vindos das profundezas de sua experiência.

Os projetos concluídos são o oxigênio do seu Segundo Cérebro

O processo de captura de conteúdo será muito mais fácil e eficaz se você souber para que serve esse conteúdo. Usar o sistema PARA não é apenas criar um monte de pastas e colocar coisas dentro, mas identificar a estrutura do seu trabalho e da sua vida – com que você está comprometido, o que deseja mudar e para onde quer ir.

Aprendi essa lição da maneira mais difícil. Trabalhei em meio período numa Apple Store em San Diego no fim da faculdade. Na época, era uma das cinco Apple Stores mais movimentadas do mundo: milhares de pessoas passavam pelas nossas portas todos os dias. Foi lá que tive o primeiro gostinho do que era ensinar as pessoas a usar computadores com mais eficiência.

Dei aulas para pequenos grupos que tinham acabado de comprar seu primeiro Mac e também ofereci sessões de consultoria individuais. Foi a era de ouro do conjunto de softwares criativos iLife da Apple: cada Mac vinha com aplicativos pré-instalados fáceis de usar para criar sites, gravar músicas, imprimir álbuns de fotos e editar vídeos. Era como ter um estúdio multimídia completo ao seu alcance, sem nenhum custo adicional.

Eu me sentava com os clientes e respondia a todas as perguntas que eles faziam sobre o computador que haviam acabado de comprar. Na maioria dos casos, eles tinham acabado de migrar todos os seus arquivos do Windows e precisavam lidar com anos de documentos acumulados espalhados pela área de trabalho e pelas pastas de documentos.

No início, tentei orientá-los a organizar um documento de cada vez, mas em pouco tempo percebi que esse método não funcionava. As sessões individuais duravam apenas uma hora, o que não era suficiente para ajudá-los a organizar centenas ou mesmo milhares de arquivos. O tempo não era bem gasto, porque a maioria desses documentos era antiga e não tinha importância para os objetivos ou interesses atuais dos clientes.

Eu sabia que precisava de uma nova abordagem. Comecei a fazer perguntas e ouvir o que essas pessoas tinham a dizer, e acabei percebendo que elas não precisavam de um computador organizado ou simplesmente não queriam. Tinham gastado todo esse dinheiro e tempo mudando para um Mac porque desejavam criar ou alcançar algo.

Elas queriam fazer um vídeo para a festa de aniversário de seus pais, um site para sua loja de cupcakes ou um álbum com as músicas de sua banda. Queriam pesquisar a genealogia de sua família, se formar na faculdade ou conseguir um emprego melhor. Todo o resto era apenas um obstáculo a ser superado.

Então, decidi adotar outra estratégia: peguei todos os arquivos que elas migraram do Windows e os movi para uma nova pasta intitulada "Arquivo" mais a data (por exemplo, "Arquivo 05-02-2021"). No início, as pessoas sempre ficavam com certo medo, hesitantes. Não queriam que nada se perdesse, mas, quando percebiam que poderiam acessar aqueles arquivos antigos a qualquer hora, rapidamente se animavam com as possibilidades abertas.

Eram pessoas que já haviam adiado suas ambições criativas muitas vezes, que pensavam em retomar esses planos num futuro distante e mítico, quando, sabe-se lá como, tudo estaria perfeitamente em ordem. Quando deixamos de lado essa ideia de perfeita ordem e nos concentramos apenas no que elas realmente queriam fazer no presente, de repente elas passaram a ter um tremendo senso de clareza e motivação.

Durante um tempo achei que essa decisão de criar uma pasta de arquivos e colocar tudo ali dentro voltaria para me assombrar. Acreditava que em algum momento aquelas pessoas iriam querer organizar todos aqueles arquivos antigos. Vez ou outra via as mesmas pessoas voltando à loja. Eu ficava ansioso, na expectativa de alguém me acusar de perder todos os seus arquivos antigos.

Vou lhe dizer uma coisa: isso nunca aconteceu.

Ninguém nunca voltou à loja e disse: "Quer saber? Fiquei com vontade de organizar todos aqueles arquivos do meu computador antigo." Na verdade, essas pessoas me contavam sobre o impacto de seus projetos criativos: em suas famílias, seus negócios, suas notas, suas carreiras. Uma pessoa organizou uma campanha de arrecadação de fundos para um amigo que tinha acabado de ser diagnosticado com leucemia. Outra elaborou um pedido bem-sucedido de empréstimo para uma pequena empresa com o objetivo de abrir um estúdio de dança. Uma aluna me disse que só conseguiu concluir a graduação – e se tornar a primeira pessoa da família com diploma – depois de organizar o caos do seu mundo digital. Os detalhes de como eles organizavam o computador ou criavam as notas eram triviais, mas o impacto da criatividade em suas vidas e na vida dos outros não tinha nada de trivial.

Tirei algumas lições dessa experiência.

A primeira é que as pessoas precisam de espaços de trabalho limpos para poder criar. Não somos capazes de alcançar o ápice do raciocínio ou trabalhar da melhor forma possível quando nosso espaço está lotado de "coisas" do passado. Por isto a etapa de arquivamento é tão crucial: você não perde nada e pode encontrar o que quiser pesquisando, mas precisa tirar tudo que não vai usar da sua frente e da sua mente.

A segunda é que criar coisas é o que realmente importa. Eu via uma chama se acender nos olhos das pessoas quando elas cruzavam a linha de chegada e publicavam aquela apresentação, exportavam aquele vídeo ou imprimiam aquele currículo. Eu via nelas uma inconfundível sensação de autoconfiança recém-descoberta quando saíam da loja com a certeza de que tinham tudo de que precisavam para fazer progresso.

Aprendi que projetos criativos concluídos são o fluxo sanguíneo do seu Segundo Cérebro. Eles mantêm todo o sistema nutrido, atualizado e pronto para agir. Não importa quão organizado, esteticamente agradável ou impressionante seja o seu sistema de notas. Somente o fluxo de vitórias concretas pode trazer esse sentimento de determinação, ímpeto e realização. Não importa se a vitória é pequena. Um avanço mínimo pode se transformar num trampolim para um futuro mais criativo e interessante do que você poderia imaginar.

Agora é a sua vez: avance a passos curtos e procure o caminho de menor resistência

Certa vez, uma mentora me deu um conselho que sigo até hoje: avance a passos curtos e procure o caminho de menor resistência.

Ela viu que minha abordagem-padrão para o trabalho era o uso da força bruta: ficar até tarde no escritório, preencher cada minuto com produtividade e encarar montanhas de trabalho como se minha vida dependesse daquilo. Mas esse não era o caminho para o sucesso; era o caminho para o *burnout*. Eu vivia com as minhas reservas mentais e físicas esgotadas, e minha forma de resolver os problemas não era muito eficaz. Não sabia definir meus objetivos, traçar uma estratégia e procurar um estímulo que me permitisse alcançar meus objetivos com o mínimo de esforço.

Foi quando minha mentora me aconselhou a procurar o caminho de menor resistência e progredir a passos curtos. E agora quero dar o mesmo conselho a você: não transforme a organização do seu Segundo Cérebro em mais uma obrigação pesada. Pergunte a si mesmo: "Qual é o passo mais curto e fácil que eu posso dar na direção certa?"

No sistema PARA, geralmente esse passo é criar pastas para cada um dos projetos ativos no seu aplicativo de notas e começar a preenchê-las com o conteúdo relacionado a eles. Quando você tem um lugar certo para alguma coisa, tende a encontrar mais assuntos relacionados a essa coisa. Comece se perguntando: "Neste momento, estou comprometido em progredir em quais projetos?" Em seguida, crie uma pasta para cada projeto. Eis algumas perguntas que você pode se fazer e que vão ajudá-lo a pensar nos seus projetos atuais:

- **Observe o que está na sua mente:** O que está preocupando você, mas ainda não foi identificado como um projeto? O que precisa acontecer, mas falta você trabalhar de forma consistente para que avance?
- **Olhe para o calendário:** Que *follow-ups* (acompanhamentos) você precisa fazer? O que precisa ser planejado e preparado para o futuro?
- **Verifique a sua lista de tarefas:** Quais ações você já está executando que fazem parte de um projeto maior que você ainda não identificou? Que ações de comunicação ou *follow-ups* já agendados fazem parte de um projeto maior?
- **Observe a área de trabalho do computador, a pasta de downloads, a pasta de documentos, os favoritos, os e-mails ou as guias abertas do navegador:** O que você tem mantido por perto porque faz parte de um projeto maior?

Eis alguns exemplos de projetos criados pelos meus alunos:

- Encontrar um novo médico que aceite meu plano de saúde.
- Planejar as metas e a agenda para o retiro anual da equipe.
- Elaborar uma lista de alimentos e configurar entregas recorrentes.
- Desenvolver a estratégia de conteúdo para o próximo trimestre.
- Analisar o rascunho da nova política de reembolso e dar feedback.
- Compartilhar ideias de colaboração com o parceiro de pesquisa.
- Pesquisar e redigir um artigo sobre igualdade na saúde.
- Terminar o curso on-line de escrita criativa.

Você também pode criar pastas para suas áreas e recursos, mas recomendo começar apenas com os projetos, para evitar que haja muitas pastas vazias. Você pode muito bem criar as pastas mais tarde, quando já tiver o que colocar dentro delas. Embora você possa e deva usar o sistema PARA em todas as plataformas onde armazena informações – as três mais comuns além do aplicativo de notas são a pasta de documentos no seu computador, as unidades de armazenamento em nuvem (como o Dropbox) e pacotes de aplicativos com possibilidade de colaboração on-line (como o Google Docs), recomendo começar apenas com seu aplicativo de notas.

Pratique a captura de notas, organizando-as em pastas e movendo-as de uma pasta para outra. Toda vez que concluir um projeto, mova a pasta inteira para os arquivos, e toda vez que iniciar um projeto, analise seus arquivos para ver se pode reaproveitar algum projeto antigo.

Ao criar essas pastas e mover as notas para dentro delas, não se preocupe em reorganizar ou "limpar" as notas existentes. Você não pode se dar ao luxo de desperdiçar muito tempo com conteúdo antigo do qual nem sabe se vai voltar a precisar um dia. Comece do zero, colocando suas anotações existentes nos arquivos, para protegê-las. Se um dia precisar delas, aparecerão nas suas pesquisas e estarão no mesmo lugar onde você os deixou.

Seu objetivo agora é limpar seu espaço de trabalho virtual e reunir todos os itens relacionados a cada projeto ativo num só lugar. Com isso, você ganhará confiança e a visão para agir com base nessas ideias em vez de deixá-las se acumular indefinidamente.

O mais importante a se ter em mente é que essas categorias não são definitivas. O sistema PARA é dinâmico, está em constante mudança. Seu Segundo Cérebro evolui a todo momento de acordo com as mudanças que surgem nos seus projetos e objetivos, portanto você nunca precisa se preocupar em aperfeiçoá-lo ou finalizá-lo.

No próximo capítulo veremos como destilar o conhecimento que reunimos e utilizá-lo de forma eficaz.

Capítulo 6

Destilar: encontre a essência

"Para obter conhecimento, acrescente coisas todos os dias. Para obter sabedoria, retire coisas todos os dias."
– Lao Tse, antigo filósofo chinês

Em 1969, os executivos do estúdio de cinema Paramount Pictures estavam desesperados para encontrar um diretor para um novo filme cujos direitos haviam comprado, um drama criminal sobre a máfia de Nova York.

Todos os principais diretores da época recusaram o projeto um após outro. Achavam sensacionalista demais. Os filmes de gângsters eram vistos como espalhafatosos, um antro de clichês, e no mesmo período tinham saído vários longas do gênero, todos fracassados.

Após esgotar todas as suas principais opções, os executivos do estúdio entraram em contato com um jovem diretor que havia trabalhado em alguns pequenos filmes independentes. Ele era relativamente novato, não tinha feito grandes longas-metragens de sucesso comercial. Além de tudo, era um forasteiro, trabalhava em São Francisco em vez de Hollywood, a capital da indústria cinematográfica. E era conhecido como um artista que queria testar novas ideias, e não como um diretor de filmes de grande orçamento.

O nome desse profissional era Francis Ford Coppola e o filme que ele foi convidado a fazer era, claro, *O poderoso chefão*.

A princípio, Coppola recusou o projeto. Segundo o *Hollywood Reporter*,[1] ele disse: "Era comercial e obsceno demais para o meu gosto." No entanto, seu sócio e protegido George Lucas (que viria a dirigir a famosa trilogia *Star Wars*) percebeu que a empresa deles estava quebrada. Sem uma grande injeção de dinheiro, em breve eles seriam despejados.

A pressão financeira cada vez maior e uma segunda leitura do romance no qual o filme foi baseado fizeram Coppola mudar de opinião, pois ele percebeu que poderia filmar *O poderoso chefão* como "uma metáfora do capitalismo americano na narrativa de um grande rei com três filhos".

O poderoso chefão viria a se tornar um dos maiores sucessos de crítica e bilheteria da história do cinema. Em 2007, o American Film Institute o apontou como o terceiro melhor filme americano de todos os tempos.[2] No fim das contas, o longa arrecadou US$ 245 milhões, ganhou três Oscars e deu origem a duas sequências e outros spin-offs consumidos por uma base de fãs obcecados pela história da família Corleone.

A estratégia de Coppola para fazer esse filme complexo e multifacetado se baseava numa técnica que ele aprendeu quando estudou teatro na Hofstra College, conhecida como "bíblia" (*prompt book*). Ele começou lendo o romance *O poderoso chefão* e capturando as partes que repercutiram nele, anotando-as num fichário – sua versão da caixa de Twyla Tharp. Mas a "bíblia" não serviu apenas para armazenamento: funcionou como ponto de partida para um processo de revisão e refinamento das fontes para transformá-las em algo novo.

Tratava-se de um fichário com três argolas no qual ele colava páginas recortadas do romance. Era projetado para durar, com ilhós reforçados para garantir que as páginas não rasgassem mesmo depois de muito manuseio. Ali ele poderia acrescentar as anotações e instruções que mais tarde seriam usadas para planejar o roteiro e a cenografia do filme.

Num documentário curto intitulado *Francis Coppola's Notebook*,[3] lançado em 2001, o diretor explicou seu processo. Ele começou com uma leitura do romance inteiro, anotando tudo que chamou sua atenção: "Acho importante registrar suas impressões na primeira leitura, porque esses são os instintos iniciais sobre o que você achou bom, não entendeu ou achou ruim."

Coppola então começou a adicionar suas próprias interpretações, destilando e construindo sua versão da história. Dividiu cada cena de acordo com cinco critérios-chave: uma sinopse (ou resumo) da cena; o contexto histórico; as imagens e o tom para determinar "o estilo geral" da cena; a intenção central; e possíveis armadilhas a serem evitadas – "Eu me esforcei para destilar a essência de cada cena em uma frase, expressando em poucas palavras qual era o objetivo dela."

Coppola descreveu seu fichário como "uma espécie de mapa rodoviário com várias camadas para eu dirigir o filme e conseguir revisar não só o texto original de Mario Puzo como todas as minhas anotações iniciais sobre o que achei importante ou senti que realmente estava acontecendo no livro." Nas margens ele escrevia comentários como "Hitchcock", para lembrá-lo de como o famoso diretor de filmes de suspense teria enquadrado uma cena, ou "Tempo congelado", para lembrá-lo de desacelerar uma sequência. Ele usou diferentes tipos de anotação para saber no futuro quais partes de uma cena eram as mais importantes: "Conforme eu lia o livro e anotava nas margens, usava cada vez mais canetas e réguas, e as partes onde as anotações eram mais tortas e cheias de garranchos sinalizavam que o nível de tensão e emoção era maior, então a quantidade de tinta na página me dizia quais cenas eram mais importantes."

O fichário de *O poderoso chefão* é um exemplo perfeito do processo criativo usado por profissionais de sucesso nos bastidores. Coppola considerou que a "bíblia" que surgiu desse processo foi o recurso mais importante na produção do filme, hoje um clássico: "No fundo o roteiro era desnecessário; não precisei de roteiro porque poderia ter feito o filme apenas com o fichário."

Até podemos imaginar que um filme saia direto da mente de um roteirista ou diretor para a telona, mas a verdade é que ele depende da coleta e do refinamento do material original. A história de Coppola mostra que podemos reunir blocos de construção de nossas leituras e pesquisas e que, em última análise, eles tornam o produto final mais rico, interessante e impactante.

Se Francis Ford Coppola confiou no seu processo de fazer anotações, nós também podemos confiar. Podemos usar nossas notas para detalhar a essência de histórias, pesquisas, exemplos e metáforas que compõem nosso material original. Esse é o terceiro passo do Método CODE, o D de Destilar. Esse é o momento em que começamos a transformar em nossa própria mensagem todas as ideias que capturamos e organizamos. Tudo começa e termina nas notas.

Notas quânticas: como criar notas para um futuro desconhecido

Até aqui eu mostrei como capturar ideias interessantes do mundo exterior ou dos seus próprios pensamentos. Talvez você já tenha começado a organizar suas notas de acordo com a acionabilidade e a relevância para seus projetos atuais.

Mas e agora?

É nesse ponto que até os mais dedicados aficionados por notas costumam parar. Eles não têm certeza do que fazer a seguir, qual é o próximo passo. Reuniram muitas informações interessantes, mas esse conhecimento não os levou a lugar algum. E nosso objetivo é usar as notas que criamos, não apenas colecioná-las.

Quando você captura alguma coisa, talvez tenha apenas alguns poucos segundos para colocá-la no seu Segundo Cérebro antes de entrar na sala para a próxima reunião, ser convocado para uma tarefa urgente ou ter que cuidar do seu filho que está chorando. Você não tem tempo para entender a fundo o que essa nota significa ou como usá-la. No momento em que você faz uma anotação, é como se ela fosse uma matéria-prima bruta. Precisa de um pouco mais de refinamento para se transformar em um ativo de conhecimento realmente valioso – como um químico destilando o composto mais puro. É por isso que separamos a captura e a organização das etapas seguintes: você precisa ser capaz de armazenar as notas rapidamente e deixar a tarefa de refiná-las para mais tarde.

Nesse sentido, criar notas é como viajar no tempo – você está enviando conhecimento para si mesmo no futuro.

Você provavelmente consome muitos livros, artigos, vídeos e postagens de redes sociais cheios de insights interessantes, mas qual é a chance de estar pronto para colocar esse conhecimento em prática no mesmo instante? Qual é a probabilidade de aparecer alguma distração, obrigando você a lidar com uma crise no trabalho, uma reunião urgente na escola de seu filho ou uma gripe inesperada? A vida está sempre nos afastando das nossas prioridades. Quanto mais determinados estivermos a focar em algo, mais agressivamente a vida vai criar emergências e atrasos para nos desafiar.

Você assiste a um vídeo no YouTube sobre reforma de casa, mas esse conhecimento só poderá ser usado daqui a alguns meses, quando você se mudar para seu novo imóvel. Você lê um artigo sobre técnicas de gestão de tempo, mas elas só serão úteis no fim do ano, quando seu filho nascer e de repente você passar a ter muito menos tempo livre. Você conversa com uma possível cliente sobre os objetivos e desafios dela, mas só vai poder usar as informações que adquiriu no ano que vem, quando ela começar a receber ofertas para firmar um novo grande contrato.

Isso vale para muitas das ideias e inspirações ao nosso redor. Muitas vezes uma ideia-chave surge e ficamos obcecados por ela. Temos certeza de que nunca mais vamos esquecê-la. Ela mudou nossa vida para sempre! Mas horas, dias ou semanas depois, ela começa a desaparecer da nossa memória. Em pouco tempo a lembrança dessa nova e empolgante ideia não passa de uma vaga lembrança de algo que sabíamos, que nos intrigava. Seu trabalho é preservar as notas que você cria sobre as coisas que descobre para que elas sobrevivam à jornada rumo ao futuro. Dessa forma, o entusiasmo pelo conhecimento aumenta com o tempo em vez de diminuir até desaparecer.

Discoverability: o elo que faltava para que as anotações sejam úteis

O fator mais importante para saber se as suas notas vão sobreviver à jornada para o futuro é a *discoverability* – a facilidade de descobrir o que as anotações contêm e acessar imediatamente seus pontos mais úteis.

Discoverability (em tradução literal, "descobribilidade", a capacidade de ser descobrível) é um termo da ciência da informação que se refere ao grau em que determinado conteúdo ou informação pode ser encontrado em uma pesquisa num arquivo, banco de dados ou outro sistema de informação. Os web designers levam a *discoverability* em conta ao criar os menus para os sites que você visita diariamente. Os funcionários das redes sociais trabalham duro para facilitar ao máximo que os usuários encontrem os melhores conteúdos em suas plataformas.

A *discoverability* é o elemento menos presente nas notas. É fácil salvar todo o conteúdo do mundo, mas torná-lo acessível no futuro é outra história. Para aumentar o fator de descoberta das notas, você pode recorrer a um hábito simples que tinha na escola: destacar os trechos mais importantes. Qualquer pessoa entende o motivo dos destaques, eles não exigem praticamente nenhum esforço e todo aplicativo de notas tem essa função.

Pense em si mesmo no futuro como um cliente exigente. Você certamente estará impaciente e muito ocupado. Não terá tempo para analisar página após página de detalhes para encontrar as melhores partes. Seu trabalho é criar notas agora para mostrar o que é mais importante ao seu eu futuro, que talvez tenha apenas alguns minutos livres antes de entrar numa reunião e use esse tempo escasso para pesquisar rapidamente suas notas em busca de uma referência. Nesse sentido, cada nota é como um produto que você está criando para ajudar o cliente futuro. Se ele não comprar o produto – se não achar que vale a pena fazer o esforço de revisitar as notas criadas no passado –, todo o valor do trabalho que você está fazendo agora será perdido.

Isso aponta para um paradoxo muito comum na criação de notas: quanto mais notas criadas, maior o volume de informações, maior o tempo e o esforço necessários para revisar tudo e menor o tempo para criar notas. Paradoxalmente, quanto mais notas são criadas, mais difícil é achá-las! Ao perceberem isso, muitas pessoas perdem o interesse em criar notas ou passam a usar outra ferramenta sempre que o volume de notas da anterior cresce demais. Com isso, perdem a maior parte dos benefícios do conhecimento acumulado ao longo do tempo.

O que você faz quando precisa falar com uma pessoa muito ocupada, muito impaciente e muito importante? Você destila sua mensagem com foco nos pontos-chave e nas ações. Quando envia um e-mail para seu chefe, você não esconde o seu pedido no fim de dezenas de linhas de texto. Logo no começo do e-mail já faz as perguntas mais urgentes que precisa que seu chefe responda. Ao fazer uma apresentação para os diretores da sua empresa, você não fica falando por horas – você deixa de fora detalhes desnecessários e vai direto ao ponto.

A destilação está no cerne de toda comunicação eficaz. Quanto mais importante for que seu público ouça e comece a agir, mais destilada sua mensagem precisará ser. Você pode apresentar os detalhes e as sutilezas num segundo momento, quando já tiver a atenção do público.

E se o seu eu futuro fosse alguém muito importante? Como você se comunicaria com ele da maneira mais eficiente e concisa?

Destaques 2.0: a técnica de Sumarização Progressiva

A Sumarização Progressiva é a técnica que ensino para destilar as notas destacando apenas seus pontos mais importantes. É um processo simples, no qual você pega as notas brutas que capturou e organizou e as destila até transformá-las em um material que pode ser útil num projeto atual.

A Sumarização Progressiva tira proveito de uma ferramenta e um hábito com o qual estamos intimamente familiarizados – de criar destaques (ou realces, highlights) – ao mesmo tempo que aproveita os recursos exclusivos da tecnologia para tornar esses destaques muito mais úteis do que qualquer conteúdo da época da escola ou da faculdade.

A técnica é simples: você destaca os pontos principais de uma nota e, em seguida, destaca os pontos principais *dentro desses destaques*, e assim por diante, destilando a essência de uma nota em várias "camadas". Cada uma dessas camadas usa um tipo diferente de formatação para que você possa diferenciá-las.

Eis um esquema das quatro camadas da Sumarização Progressiva:*

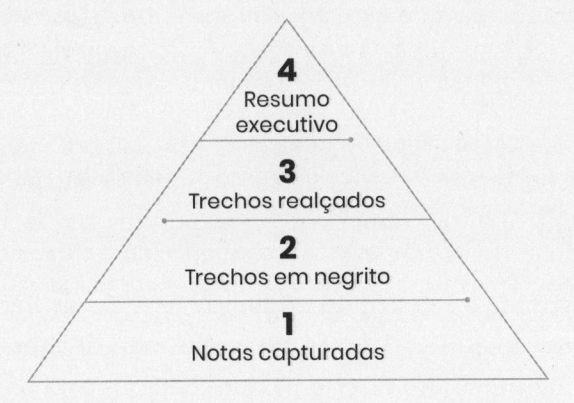

```
        4
     Resumo
    executivo
        3
  Trechos realçados
        2
  Trechos em negrito
        1
   Notas capturadas
```

---

* Gosto de pensar na camada 1 como o "solo" – um trecho de determinada fonte ou meu próprio pensamento (seja no formato de palavras, ilustrações, vídeo ou áudio) que capturei inicialmente nas minhas notas. Eles são como o solo sobre o qual meu entendimento será construído. A camada 2 é o "petróleo" – como se eu tivesse perfurado o solo e gritado "Encontrei petróleo!", convenientemente representada pelo texto em negrito. A camada 3 é "ouro", que é mais valiosa que a 2 e, nos aplicativos de notas, brilha com realce amarelo. A camada 4 são as "joias", as descobertas mais raras e esclarecedoras que destilei com as minhas palavras no formato de um resumo executivo.

Eis um exemplo de nota que capturei de um artigo do periódico *Psychology Today*.[4] Encontrei o link quando ele foi compartilhado numa rede social e, com dois cliques, o salvei no meu aplicativo de leitura posterior, onde reúno tudo que quero ler, assistir ou ouvir no futuro. Algumas noites depois, quando queria fazer uma leitura casual para relaxar, li o artigo e destaquei as passagens que achei mais interessantes. O aplicativo de leitura posterior é sincronizado com o aplicativo de notas, então qualquer trecho que eu destaco nele é salvo automaticamente no aplicativo de notas, incluindo um link para a fonte.

Como o cérebro congela o tempo

Como o cérebro congela o tempo

Um dos efeitos colaterais mais estranhos do medo intenso é a dilatação do tempo, a aparente desaceleração do tempo. [...] Sobreviventes de situações de vida ou morte costumam relatar que as coisas parecem demorar mais para acontecer, os objetos caem mais devagar e eles são capazes de ter pensamentos complexos num piscar de olhos. [...]

Eagleman pediu aos participantes que já haviam saltado [da torre do SCAD] para estimar quanto tempo levaram para cair, usando um cronômetro para marcar o que sentiam ser uma quantidade de tempo equivalente. Em seguida, pediu que observassem a queda de outra pessoa e estimassem o tempo decorrido. Em média, os participantes sentiram que sua própria experiência de salto e queda levou 36% mais tempo. É o efeito da dilatação do tempo. [...]

Isso significa que o medo não acelera nossa capacidade de percepção ou de processamento mental. Em vez disso, ele nos permite lembrar o que vivenciamos com mais detalhes. Como a nossa percepção do tempo é baseada no número de coisas de que nos lembramos, as experiências assustadoras parecem se desenrolar mais devagar.

Link da fonte

Isso é o que chamo de "camada 1" – os trechos capturados inicialmente. Perceba que não salvei o artigo inteiro, apenas os trechos mais importantes.* Ao limitar o que guardo apenas às melhores, mais importantes e mais relevantes partes, estou facilitando as etapas subsequentes de organização, destilação e expressão. E, se um dia eu precisar saber todos os detalhes de determinado assunto, o link para o artigo original estará logo abaixo da nota.

Por mais interessante que seja o conteúdo, ele não é nem de longe sucinto o suficiente. Em meio a um dia de trabalho caótico, eu não teria tempo para passar os olhos casualmente por vários parágrafos até encontrar os pontos fundamentais. E provavelmente nunca mais encontrarei esses pontos, a menos que os destaque de uma forma que, no futuro, possa bater os olhos nela e compreender de imediato o que é importante.

Para aumentar a *discoverability* dessa nota, preciso acrescentar uma segunda camada de destilação. Normalmente faço isso quando tenho tempo livre durante os intervalos no trabalho, à noite ou nos fins de semana, quando me deparo com a nota ao trabalhar em outros projetos ou não tenho energia para fazer um trabalho mais focado. Tudo que preciso fazer é colocar em negrito os pontos principais da nota – palavras-chave que dão dicas sobre o tema do texto, frases que capturam bem o argumento original do autor ou trechos que repercutiram em mim, mesmo que eu não consiga explicar por quê. Lendo apenas as partes em negrito da mesma nota anterior (veja página a seguir), você percebe como é mais fácil captar sua essência rapidamente?

Na camada 2, essa nota já é muito mais "descobrível". Compare a diferença entre ler o artigo original – o que pode exigir de cinco a dez minutos de atenção concentrada – e apenas passar os olhos pelos trechos em negrito, algo que toma menos de um minuto.

---

* Em seu livro *A New Method of Making Common-Place-Books*, John Locke também aconselhou que devemos "extrair apenas as coisas que são excelentes, seja pelo assunto em si, seja pela elegância da expressão, e não o que está próximo."

> **Como o cérebro congela o tempo**
>
> **Como o cérebro congela o tempo**
>
> Um dos efeitos colaterais mais estranhos do medo intenso é a dilatação do tempo, a aparente desaceleração do tempo. [...] Sobreviventes de situações de vida ou morte costumam relatar que as coisas parecem demorar mais para acontecer, os objetos caem mais devagar e eles são **capazes de ter pensamentos complexos num piscar de olhos**. [...]
>
> Eagleman **pediu aos participantes que já haviam saltado** [da torre do SCAD] **para estimar quanto tempo levaram para cair**, usando um cronômetro para marcar o que eles sentiam ser uma quantidade de tempo equivalente. Em seguida, pediu que observassem a queda de outra pessoa e estimassem o tempo decorrido. **Em média, os participantes sentiram que sua própria experiência de salto e queda levou 36% mais tempo. É o efeito da dilatação do tempo.** [...]
>
> Isso significa que o medo não acelera nossa capacidade de percepção ou de processamento mental. **Em vez disso, ele nos permite lembrar o que vivenciamos com mais detalhes.** Como a nossa percepção do tempo é baseada no número de coisas de que nos lembramos, **as experiências assustadoras parecem se desenrolar mais devagar.**
>
> Link da fonte

Mas ainda não acabou! Para as notas especialmente longas, interessantes ou valiosas, às vezes vale a pena adicionar uma terceira camada de realce. Aconselho usar o recurso de "destaque", também conhecido como realce, oferecido pela maioria dos aplicativos de notas, que pinta os trechos de amarelo (ou outra cor à sua escolha), assim como as canetas marca-texto (na nota a seguir, esses trechos aparecem num tom cinza-claro). Se o seu aplicativo não tiver esse recurso, você pode usar sublinhado ou outro tipo de formatação. Leia apenas os trechos em negrito, que você identificou na camada 2, e destaque apenas os pontos mais interessantes e surpreendentes. Muitas vezes você vai realçar apenas uma ou duas frases que resumem bem a mensagem da fonte original.

> **Como o cérebro congela o tempo**
>
> Um dos efeitos colaterais mais estranhos do medo intenso é **a dilatação do tempo, a aparente desaceleração do tempo.** [...] Sobreviventes de situações de vida ou morte costumam relatar que as coisas parecem demorar mais para acontecer, os objetos caem mais devagar e eles são **capazes de ter pensamentos complexos num piscar de olhos.** [...]
>
> Eagleman **pediu aos participantes que já haviam saltado** [da torre do SCAD] **para estimar quanto tempo levaram para cair**, usando um cronômetro para marcar o que eles sentiam ser uma quantidade de tempo equivalente. Em seguida, pediu que observassem a queda de outra pessoa e estimassem o tempo decorrido. **Em média, os participantes sentiram que sua própria experiência de salto e queda levou 36% mais tempo. É o efeito da dilatação do tempo.** [...]
>
> Isso significa que o medo não acelera nossa capacidade de percepção ou de processamento mental. **Em vez disso, ele nos permite lembrar o que vivenciamos com mais detalhes.** Como a nossa percepção do tempo é baseada no número de coisas de que nos lembramos, **as experiências assustadoras parecem se desenrolar mais devagar.**
>
> Link da fonte

  Olhando para essa nota, você percebe como os poucos trechos destacados saltam aos olhos e chamam sua atenção? Eles resumem a mensagem principal do artigo, que pode ser compreendida em segundos. Quando eu voltar a essa nota no futuro – durante uma pesquisa ou navegando pelas notas de uma pasta –, serei capaz de decidir num piscar de olhos se essa fonte é relevante para as minhas necessidades no momento. Se for, terei diante dos meus olhos todos os detalhes adicionais e o contexto necessário para me lembrar dessa fonte, além do link para o artigo original.

  Ainda podemos acrescentar mais uma camada, embora ela quase nunca seja necessária. Nos raríssimos casos em que a fonte é realmente única e valiosa, eu adiciono um "resumo executivo" no começo da nota, com alguns tópicos sintetizando o artigo com minhas palavras. O maior sinal de que essa quarta camada é necessária é quando me pego visitando determinada nota repetidas vezes, o que indica que ela é fundamental para o meu pensamento. Ler os trechos que destaquei nas camadas 2 e 3 facilita muito a criação desse resumo – é uma tarefa muito mais fácil do que se eu tentasse resumir o artigo inteiro de uma só vez.

Recomendo usar uma estrutura de tópicos para se estimular a fazer um resumo executivo bem sucinto. Use suas palavras, explique os termos desconhecidos e lembre-se de que no futuro talvez você não se recorde de nada a respeito dessa fonte e, se isso acontecer, só vai poder contar com o seu resumo.

Como o cérebro congela o tempo

Resumo

- A dilatação do tempo é a sensação de que o tempo está passando mais devagar.
- Costuma ser vivida durante momentos de medo intenso.
- Num experimento, os participantes sentiram o tempo passar 36% mais devagar, em comparação com a experiência de outras pessoas.
- Outros experimentos mostram que a dilatação do tempo nos permite lembrar melhor as experiências que vivemos.

Como o cérebro congela o tempo

Um dos efeitos colaterais mais estranhos do medo intenso é a dilatação do tempo, a aparente desaceleração do tempo. [...] Sobreviventes de situações de vida ou morte costumam relatar que as coisas parecem demorar mais para acontecer, os objetos caem mais devagar e eles são **capazes de ter pensamentos complexos num piscar de olhos.**

Eagleman **pediu aos participantes que já haviam saltado para estimar quanto tempo levaram para cair**, usando um cronômetro para marcar o que eles sentiam ser uma quantidade de tempo equivalente. Em seguida, pediu que observassem a queda de outra pessoa e estimassem o tempo decorrido. **Em média, os participantes sentiram que sua própria experiência de salto e queda levou 36% mais tempo. É o efeito da dilatação do tempo.**

Isso significa que o medo não acelera nossa capacidade de percepção ou de processamento mental. **Em vez disso, ele nos permite lembrar o que vivenciamos com mais detalhes.** Como a nossa percepção do tempo é baseada no número de coisas de que nos lembramos, **as experiências assustadoras parecem se desenrolar mais devagar.**

Link da fonte

Ao ler o resumo executivo, sou capaz de recordar as principais conclusões do artigo numa pequena fração do tempo que levaria para reler o original. Como já estão nas minhas palavras, os tópicos com os pontos principais são fáceis de incorporar àquilo em que estou trabalhando. Quando o assunto é relembrar, velocidade é tudo: você tem uma quantidade limitada de tempo e energia, e quanto mais rápido for capaz de percorrer suas anotações, mais diversas e interessantes serão as ideias que poderá conectar.

Como aumentar ou diminuir o zoom do seu mapa de conhecimento

As camadas da Sumarização Progressiva oferecem diversas maneiras de interação com suas notas, dependendo das necessidades do momento. A primeira vez que lê sobre uma nova ideia, talvez você queira mergulhar nos detalhes e explorar todas as nuances. Ao revisitar a ideia, provavelmente não vai querer repetir todo o esforço de reler o mesmo texto do começo ao fim. Você quer continuar de onde parou, lendo apenas os destaques que acrescentou da última vez que trabalhou na nota. Você pode revisar todos os detalhes na camada 1 ou, se estiver com pressa (e quando não estamos com pressa?), se concentrar apenas nas camadas 2, 3 ou 4. Ou seja: você pode *personalizar* quanta atenção dá a uma nota com base no seu nível de energia e tempo disponível.

É como se você pudesse aumentar ou diminuir o zoom nas notas, dependendo de quantos detalhes deseja ver, como um aplicativo de mapa no celular. Ao selecionar um novo destino, você pode aumentar o zoom e ver exatamente em qual entrada de garagem quer colocar o carro. Por outro lado, se está planejando uma viagem de carro pelo país, talvez seja melhor diminuir o zoom e ver todo o itinerário de uma só vez. O mesmo vale para o seu conhecimento – às vezes você quer aumentar o zoom e analisar uma descoberta de pesquisa específica, enquanto outras vezes prefere diminuir o zoom e ver toda a abrangência de um argumento de uma só vez.

Com a Sumarização Progressiva, você constrói um mapa das melhores ideias no seu Segundo Cérebro. Seus destaques são como placas de sinalização e pontos de parada que o ajudam a navegar pela rede de ideias que está explorando. Você está construindo esse mapa sem mover ou deletar nada.

Cada frase fica exatamente onde você a encontrou, o que lhe dá a liberdade de deixar coisas de fora sem se preocupar em perdê-las. Com o mapa, você de fato vê o que capturou, facilitando a tarefa de encontrar o que procura, mas também o que nem sabe que está procurando.

Às vezes você pode ter receio de criar destaques ou realces no texto. Pode se perguntar: "Estou tomando a decisão certa sobre quais trechos são mais importantes ou sobre o significado dessa fonte?" Mas as múltiplas camadas da Sumarização Progressiva funcionam como uma rede de segurança; se você for na direção errada ou cometer um erro, poderá voltar à versão original e tentar novamente. Nada é esquecido ou apagado.

A Sumarização Progressiva ajuda você a se concentrar no *conteúdo* e na *apresentação* das notas* em vez de perder muito tempo rotulando, marcando, linkando ou gerindo outros recursos avançados oferecidos por grande parte das ferramentas de gestão de informações. A Sumarização Progressiva é uma tarefa prática e fácil de cumprir, que agrega valor mesmo quando você não tem energia para encarar tarefas mais desafiadoras. E o mais importante: ela mantém sua atenção fixa na essência do que você está lendo ou aprendendo, que é o mais importante a longo prazo.

Quatro exemplos de Sumarização Progressiva

A Sumarização Progressiva pode ser usada em diversos tipos de conteúdo. Desde que a fonte possa ser transformada em texto,** você consegue adicionar camadas de destaque em qualquer ferramenta de gestão de informações.

Vejamos mais alguns exemplos de Sumarização Progressiva:

---

* Como seres humanos, somos extremamente sensíveis ao formato de apresentação das informações. No web design, uma ligeira mudança de cor de um botão ou um título levemente reformulado podem exercer enorme impacto no número de visitantes que clicam nele. Agora imagine: e se déssemos tanta atenção à maneira como as informações são dispostas nos nossos próprios dispositivos quanto damos nas publicações on-line? Um simples título informativo, uma quebra de parágrafo ou uma frase destacada podem ajudá-lo bastante a compreender plenamente um texto.
** A destilação também é possível em outros tipos de mídia, como imagens, áudio e vídeo, mas tem uma cara bem diferente e está fora do escopo deste livro.

- Um artigo da Wikipédia
- Uma postagem num blog
- Uma entrevista em um podcast
- Notas de uma reunião

Artigos da Wikipédia

Você já se pegou visitando o mesmo artigo da Wikipédia repetidas vezes ou tentando se lembrar de algo daquele artigo que leu semanas atrás?

Ao salvar os melhores trechos de um artigo da Wikipédia, você pode criar sua própria enciclopédia privada só com as partes que considera mais relevantes. Na nota a seguir, capturei algumas frases-chave do artigo sobre a "Doença dos custos de Baumol", um termo um tanto obscuro da economia sobre o qual vi algumas referências.

Quando capturei a nota originalmente, não tive tempo de adicionar tags, destaques ou um resumo executivo. Simplesmente a salvei na pasta de recursos de "Economia" para voltar a ela mais tarde. Meses depois, quando o termo surgiu numa busca por "salários", dediquei um minuto a colocar em negrito algumas frases-chave e destacar a mais importante, para poder entender o significado só de passar os olhos na nota.

Doença dos custos de Baumol

Doença dos custos de Baumol

Link para a fonte

Resumo: **Mesmo quando um ramo industrial não tem aumento de produtividade, seus salários aumentam, simplesmente porque outros ramos tiveram aumento de produtividade.** Para reter bons funcionários, a indústria que não está performando bem deve acompanhar os salários competitivos das indústrias que estão se tornando mais produtivas. **Assim, os salários aumentam de qualquer maneira, pois a melhor opção é investir na produtividade dos funcionários.**

Certa vez participei de um painel em que um palestrante mencionou esse termo. Nos dez segundos anteriores à minha vez de responder, consegui fazer uma pesquisa, encontrar essa nota no meu tablet (onde todas as minhas notas estão sincronizadas) e falar com confiança sobre o assunto como se eu já o conhecesse desde sempre.

Artigos on-line

Na maioria das vezes, consumimos informações sem um propósito específico. Às vezes lemos o jornal durante o café da manhã, ouvimos um podcast na academia ou conferimos uma newsletter para aprender casualmente sobre determinado assunto. Consumimos informações para nos atualizarmos, passar o tempo, nos divertir e manter a mente ocupada.

Esses momentos são algumas das oportunidades mais valiosas de capturar informações que você terá. Com tantos tópicos e interesses, você fica exposto a ideias mais diversas do que de costume.

Certa noite eu estava lendo um artigo que vi nas redes sociais. O artigo explicava como a Google usava "entrevistas estruturadas" como parte de seu processo de contratação para reduzir vieses, garantir consistência e aprender com contratações anteriores. Na época eu era freelancer e aquele conhecimento sobre práticas de contratação não era útil. Mas sabia que um dia poderia encontrar uma utilidade para esse conteúdo, então decidi salvar no meu Segundo Cérebro o parágrafo a seguir:

Processo de contratação e índices de retenção | FLOX

Processo de contratação e índices de retenção | FLOX

Link da fonte

Felizmente, as pesquisas também mostram que **as entrevistas estruturadas – o simples uso das mesmas perguntas e técnicas de entrevista para avaliar todos os candidatos – reduzem drasticamente nossos vieses na hora da contratação.** Em comparação com as entrevistas não estruturadas, as estruturadas também são **melhores para a diversidade**. A diferença de pontuação na entrevista é menor entre pessoas de diferentes cores de pele. As entrevistas estruturadas são mais eficientes. Suas perguntas e seus critérios são os mesmos para os mais de 100 candidatos que você entrevista. Os candidatos gostam mais desse método, o que prenuncia um aumento de desempenho significativo no trabalho, de cerca de 10%.

Quase dois anos depois, eu finalmente estava pronto para contratar meu primeiro funcionário. Lembro-me da ansiedade que senti ao me preparar para assumir esse grande compromisso financeiro, isso sem falar na responsabilidade de gerenciar um subordinado direto. Felizmente, eu tinha um conjunto de notas bastante úteis e acionáveis salvas numa pasta de Recursos chamada "Contratação". Para começar, movi a pasta de Recursos para Projetos. Em seguida, gastei cerca de meia hora revisando as notas dela e destacando as conclusões mais importantes. Esses destaques foram o ponto de partida para o processo de contratação que acabei usando para o meu próprio negócio, inspirado por um dos empregadores mais inovadores e desejados do mundo.

Podcasts e áudios

As anotações podem ser úteis mesmo quando você não consegue escrevê-las na hora. Certa vez eu estava no carro com a minha esposa, dirigindo até uma cabaninha que alugamos pelo Airbnb nas montanhas de Sierra Nevada, na Califórnia, e decidimos ouvir um podcast, *Smart Passive Income*. Era uma conversa casual entre o anfitrião e Meghan Telpner, diretora de uma escola on-line chamada Academy of Culinary Nutrition.[5]

Eu nunca tinha ouvido falar dela e coloquei o episódio para tocar sem nenhum objetivo específico em mente. Ao longo da hora seguinte, enquanto subíamos as estradas íngremes nas encostas das montanhas, fomos cativados pela história do negócio que ela conseguiu construir no ramo da educação. Telpner havia enfrentado muitos dos mesmos desafios que nós enfrentamos. Foi um alívio saber que não estávamos sozinhos nas nossas lutas. Eu estava dirigindo e não podia escrever nada, mas assim que chegamos à cabana permaneci no carro por alguns minutos e capturei as ideias de que me lembrava. Na verdade, essa é uma ótima forma de filtrar e reduzir o volume de notas que você cria – as melhores ideias e informações sempre permanecem na sua mente por algumas horas.

> **Podcast SPI: Meghan Telpner**
>
> Link da fonte
>
> - Fundadora da **Academy of Culinary Nutrition**, curso on-line e programa de certificação profissional
> - Formou mais de **2 mil pessoas de 35 países**, negócio com faturamento anual acima de 1 milhão
> - **Quatro faixas de preço:**
>   - **Honorário (ouvinte)** – acesso a todo o conteúdo, sem coaching, sem certificado
>   - Profissional – coaching e certificação
>   - Empresarial – apoio extra e consultoria para começar um negócio
>   - **Executivo – coaching diretamente com ela**
> - **Vagas limitadas para as três categorias superiores**, e a categoria mais alta sempre esgota rapidamente
> - Programa de 14 semanas, **97% dos participantes concluem o curso**
> - Ela **contrata professores para dar suporte a grupos pequenos de 14-16 alunos** e eles são pagos de acordo com o número de alunos; se um aluno sai do curso, o professor não é pago por ele

Meses depois, estávamos preparando uma campanha de lançamento de uma nova versão do nosso curso on-line. Eu tinha poucas semanas para me preparar – definitivamente não era tempo suficiente para fazer mais pesquisas. Eu precisava utilizar as ideias já coletadas. Como parte da minha preparação, li essa nota (que encontrei dentro de uma pasta de área denominada "Educação on-line") e marquei em negrito as partes que mais repercutiram em mim. Então, pouco antes do pontapé inicial, destaquei as partes que queria aplicar ao nosso curso. As passagens que você viu realçadas foram as faíscas que tempos depois nos levaram a contratar ex-alunos do curso para treinar novos alunos. Isso liberou meu tempo para implementar outra ideia da entrevista de Telpner: adicionar um novo nível de coaching "executivo". Nunca se sabe de onde virá a inspiração e o impacto extraordinário que ela pode ter.

Notas de reunião

Assim como muitas pessoas, eu passo boa parte do tempo em telefonemas e reuniões. Quero usar esse tempo da melhor forma possível, então, nesses momentos, registro novas ideias, sugestões, feedbacks e iniciativas que preciso tomar.

Fazer anotações durante as reuniões é uma prática comum, mas muitas vezes não sabemos o que fazer com elas. Em geral são confusas – as ações ficam escondidas no meio de comentários aleatórios. Por isso, uso a técnica da Sumarização Progressiva para resumir minhas anotações após os telefonemas e garantir que vou extrair todo o valor delas.

A nota a seguir foi capturada por mim durante uma conversa com um amigo que tem experiência em projetos de estúdios de gravação. Eu estava planejando transformar nossa garagem num home studio e queria os conselhos dele. Ele teve a gentileza de ir até a minha casa e fazer suas recomendações. Enquanto isso, fui anotando os pontos principais do que ele falava num aplicativo de notas no meu celular.

Recomendações do Derick para o home studio

Recomendações do Derick para o home studio

- Porta dobrável de 4 folhas com vidro fosco
- Cortina blackout preta para tampar toda a porta pelo lado de dentro (bloqueando luz e ecos); ilhós na parte de cima para pendurar ou tirar quando não estiver em uso OU um painel suspenso instalado no canto da parede da garagem para prender a cortina e bloquear a entrada de luz pelos cantos
- Tapete modular com trilhos para cabo passando por baixo
- Abrir o teto e pintá-lo de preto; colocar abraçadeiras de tubos para pendurar lâmpadas e câmeras no teto OU trilhos de teto para não termos que nos preocupar com abraçadeiras
- Painéis fonoabsorventes instalados ao redor do teto, pretos, para que não fiquem visíveis; para pendurar, usar parafusos de madeira e arruelas

---

Um tempo depois, passei de carro pela loja de ferragens do bairro a caminho de casa e me dei conta de que poderia entrar para comprar alguns suprimentos que meu amigo havia recomendado. Peguei meu celular, fiz uma busca por "home studio" e encontrei essa nota. Fiquei alguns minutos sentado no carro e marquei em negrito os itens que precisaria comprar em algum momento, que estavam no meio de outras sugestões que ele havia feito.

A nota ficou assim:

Recomendações do Derick para o home studio

Recomendações do Derick para o home studio

- **Porta dobrável de 4 folhas** com vidro fosco
- **Cortina blackout preta** para tampar toda a porta pelo lado de dentro (bloqueando luz e ecos); **ilhós na parte de cima** para pendurar ou tirar quando não estiver em uso OU um painel suspenso instalado no canto da parede da garagem para prender a cortina e bloquear a entrada de luz pelos cantos
- **Tapete modular com trilhos para cabo** passando por baixo
- Abrir o teto e **pintá-lo de preto**; colocar abraçadeiras de tubos para pendurar lâmpadas e câmeras no teto OU **trilhos de teto** para não termos que nos preocupar com abraçadeiras
- **Painéis fonoabsorventes instalados ao redor do teto, pretos**, para que não fiquem visíveis; para pendurar, **usar parafusos de madeira e arruelas**

Em seguida, copiei apenas os itens em negrito que estava pronto para comprar e colei numa lista abaixo da nota original, e assim, num piscar de olhos, montei uma lista de compras que poderia consultar com facilidade enquanto andava pela loja.

Este exemplo mostra como a Sumarização Progressiva pode ser extremamente útil até mesmo nas nossas conversas. Muitas vezes seus pensamentos precisam ser destilados antes de você poder agir.

> **Recomendações do Derick para o home studio**
>
> **Recomendações do Derick para o home studio**
> - **Porta dobrável de 4 folhas** com vidro fosco
> - **Cortina blackout preta** para tampar toda a porta pelo lado de dentro (bloqueando luz e ecos); **ilhós na parte de cima** para pendurar ou tirar quando não estiver em uso OU um painel suspenso instalado no canto da parede da garagem para prender a cortina e bloquear a entrada de luz pelos cantos
> - **Tapete modular com trilhos para cabo** passando por baixo
> - Abrir o teto e **pintá-lo de preto**; colocar abraçadeiras de tubos para pendurar lâmpadas e câmeras no teto OU **trilhos de teto** para não termos que nos preocupar com abraçadeiras
> - **Painéis fonoabsorventes instalados ao redor do teto, pretos**, para que não fiquem visíveis; para pendurar, **usar parafusos de madeira e arruelas**
>
> **Comprar:**
> ☐ Cortina blackout
> ☐ Ilhós
> ☐ Tinta preta
> ☐ Trilhos de teto

O segredo de Picasso: podar o bom para trazer à tona o ótimo

É fácil ver como a destilação de ideias moldou o trabalho dos grandes mestres da criatividade ao longo da história.

Criada em 1945, uma das obras mais famosas de Pablo Picasso, *O touro*, nos oferece uma aula magistral sobre o funcionamento da destilação. Trata-se de uma sequência de imagens que ele desenhou para estudar a forma essencial de um touro. O processo de destilação ocorre em todas as formas de arte, mas este exemplo é incomum porque Picasso preservou cada etapa de seu processo.

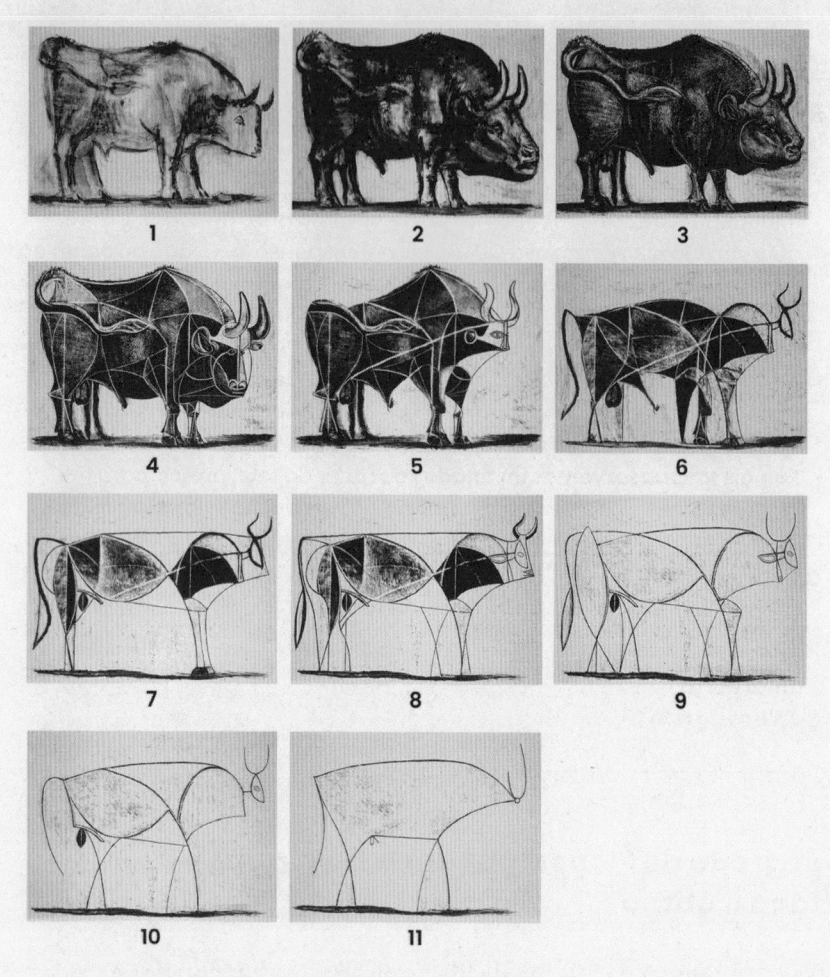

Pablo Picasso, *Le Taureau* (série de 11 litografias), 1945-46
(© 2021 Espólio de Pablo Picasso / Artists Rights Society [ARS], Nova York).

Picasso desconstruiu as formas do touro passo a passo. Nas primeiras imagens ele acrescenta detalhes. Os chifres são mais grossos, a cauda é tridimensional e a pele tem mais profundidade e textura. Ele adiciona esses detalhes para ter mais opções na hora de tirar.

O processo de destilação começa na quarta imagem. Ele delineia em branco os principais músculos do animal. As curvas suaves tornam-se mais angulosas e o animal como um todo passa a ter um aspecto mais geométrico. Na quinta e na sexta imagens, o touro começa a ficar radicalmente mais simples à medida que Picasso retira a maior parte dos detalhes da cabeça e simplifica ainda mais os chifres, o rabo e as pernas. Uma linha branca grossa representando o centro de gravidade do touro é adicionada, atravessando o animal da cabeça à pata traseira.

Nas últimas imagens, o touro não é nada mais que uma série interconectada de formas simples em preto e branco. As pernas se tornaram linhas. Blocos sólidos definem a frente e as costas do animal. Nos desenhos finais, até esses detalhes são retirados. Terminamos com um desenho que não passa de um traço único e contínuo, mas que de alguma forma ainda consegue captar a essência do touro.[6]

Nesse ato de destilação, Picasso retira o desnecessário para que apenas o essencial permaneça. Ele não poderia ter começado com o último esboço, formado apenas por linhas. Precisava passar por cada camada da forma do touro, passo a passo, para absorver as proporções e formas em sua memória muscular. Essa série de imagens revela um aspecto misterioso do processo criativo: o resultado parece tão simples que a impressão é de que qualquer um poderia ter feito. Essa simplicidade mascara o esforço necessário para chegar lá.

A produção de documentários também é um bom exemplo desse processo. Ken Burns, renomado cineasta criador de obras premiadas como *Guerra Civil*, *Beisebol* e *Jazz*, disse que apenas uma pequena porcentagem da filmagem bruta que ele captura chega ao corte final. Essa proporção pode chegar a 40 ou 50 para 1 – ou seja, para cada quarenta ou cinquenta horas de filmagens, apenas uma hora chega ao corte final. Ao longo do caminho, Burns e sua equipe executam um ato radical de destilação – encontrando os momentos mais interessantes, surpreendentes e comoventes escondidos em centenas de horas de gravações.*

A Sumarização Progressiva não é um método para memorizar tudo que for possível, mas, sim, para esquecer tudo que for possível. À medida que você destila suas ideias, elas naturalmente melhoram, porque,

---

* Numa aula sobre produção de documentários na plataforma educacional MasterClass, Burns deu sugestões sobre como manter o controle do material relacionado a um filme: "Algum artigo sobre seu projeto foi publicado num jornal? Recorte e arquive. Você escreveu um rascunho de narração ou diálogo? Imprima e arquive. Pensou em ótimas perguntas para fazer ao seu primeiro entrevistado? Anote e guarde também."

quando você abandona as partes que são apenas boas, as partes ótimas podem brilhar com mais intensidade. Claro que é preciso ter habilidade e coragem para eliminar os detalhes. Assim como o touro de Picasso e os documentários de Ken Burns, quando tomamos decisões sobre o que manter, inevitavelmente temos que tomar decisões sobre o que cortar. Não há como destacar as principais conclusões de um artigo sem deixar alguns pontos de fora. Não há como criar um vídeo de momentos importantes sem cortar parte da filmagem. Não há como fazer uma apresentação eficaz sem deixar alguns slides de fora.

Os três erros mais comuns dos novatos

Eis algumas diretrizes que vão ajudar você a evitar armadilhas muito comuns para quem está aprendendo a destacar trechos das suas notas.

Erro nº 1: Exagerar nos destaques

O maior erro que as pessoas cometem quando começam a destilar suas notas é destacar coisas demais. Talvez você já tenha caído nessa armadilha na escola ou na faculdade, destacando parágrafo após parágrafo ou páginas inteiras de livros, na vã esperança de conseguir se lembrar na hora da prova de tudo que pintou de amarelo.

Nas notas para o trabalho, menos é mais. Você pode capturar livros inteiros, artigos com dezenas de páginas ou centenas de postagens de redes sociais, mas em pouco tempo perceberá que esse volume excessivo só gerará mais trabalho posteriormente, quando tiver que descobrir o que todas essas informações de fato significam. Se você vai capturar tudo, é melhor não capturar nada.

Lembre-se de que as notas não são textos oficiais. Você não precisa nem deve incluir todos os detalhes. Elas são mais como marcadores saindo das páginas de um livro na prateleira, sinalizando: "Ei! Tem uma coisa interessante aqui!" Você sempre pode reler a fonte original completa, se necessário. Suas notas apenas ajudarão você a redescobrir essas fontes quando precisar delas.

Uma regra prática muito útil é que cada camada de destaque não deve incluir mais do que 10% a 20% da camada anterior. Assim, se você salvou uma série de trechos de um livro que, somados, têm quinhentas palavras, a segunda camada em negrito não deve ter mais que cem palavras e a terceira camada, realçada, não deve ter mais que vinte. Isso não é ciência exata, mas evite destacar o texto inteiro.

Erro nº 2: Criar um destaque sem um propósito em mente

A pergunta mais comum que ouço sobre a Sumarização Progressiva é: "Quando devo destacar um trecho?" A resposta é: *quando estiver se preparando para criar algo*.

Ao contrário das tarefas de Capturar e Organizar, que levam apenas alguns segundos, você precisará dedicar tempo e esforço a destilar suas notas. Se tentar fazer isso com todas as notas logo de cara, em pouco tempo vai ficar atolado em horas e mais horas de realces meticulosos sem nenhum objetivo específico em mente. E você não pode se dar ao luxo de investir tanto tempo sem saber se vai valer a pena.

Em vez disso, espere até descobrir como utilizar a nota. Por exemplo, quando estou me preparando para escrever um post no blog, geralmente começo destacando os pontos mais interessantes de um conjunto de notas que considero relevantes para o tema. Dessa forma, eu me aqueço para escrever, da mesma forma que atletas têm uma rotina de aquecimento e alongamento. Torna-se uma tarefa mais previsível e fácil.

Quando estou prestes a entrar numa reunião com meu advogado, geralmente me preparo realçando trechos das anotações que fiz durante a última reunião e crio uma pauta com as decisões e medidas a tomar. Ele sempre acha que estou bem preparado, quando na verdade só quero acabar logo para diminuir o tempo de reunião, porque ele cobra por hora!

Você sempre deve partir do princípio de que as notas não serão necessariamente úteis até que elas provem o contrário. Você não tem a menor ideia de quais serão suas necessidades, desejos ou tarefas no futuro. Isso o obriga a ser conservador no tempo gasto ao criar uma Sumarização Progressiva para suas notas e a só colocar a mão na massa quando estiver praticamente certo de que vai valer a pena.

A regra geral é que, toda vez que "tocar" numa nota, você deve torná-la um pouco mais "descobrível" para o seu eu do futuro* – acrescentando destaques, um título, uma estrutura de tópicos ou comentários. É a ideia básica de que você deve sempre deixar a nota melhor do que quando a encontrou. Isso garante que as notas com as quais você interage com mais frequência se tornem naturalmente as mais fáceis de encontrar, gerando um círculo virtuoso.

Erro nº 3: Dificultar a criação de destaques

Não se preocupe em analisar, interpretar ou categorizar cada ponto de uma nota para só então decidir se vai destacá-lo. Esse processo é muito desgastante e pode desconcentrá-lo. Em vez disso, confie na sua intuição para lhe dizer quando uma passagem é interessante, contraintuitiva ou importante para seus problemas favoritos ou seu projeto atual.

Assim como você prestou atenção na sensação de que algo é importante para salvar a nota, a mesma regra se aplica aos insights *dentro* da nota. Certas passagens vão mexer com você, chamar sua atenção, fazer seu coração bater mais rápido, provocá-lo – sinais evidentes de que você encontrou algo importante. Essa é a hora de criar o destaque. Você pode usar os mesmos critérios que apresentei no Capítulo 4, procurando trechos que sejam surpreendentes, úteis, inspiradores ou que mexam com você para decidir o que vale a pena destacar.

Ao aprender a arte da destilação, você adquire uma habilidade vitalícia que afeta todas as áreas da sua vida. Pense num contador de histórias que cativa a cada palavra. A história que ele conta é bem destilada, não tem detalhes desnecessários. Pense na última vez que você ficou fascinado por uma pintura ou ilustração. A capacidade de prender você de imediato é sinal de que, por trás da obra, existe um conceito que está compactado ao máximo e que viaja com eficiência da tela direto para o seu cérebro.

---

* Esse princípio é chamado de estigmergia – deixar no ambiente "marcas" que facilitem seus esforços futuros. É uma estratégia usada pelas colônias de formigas para encontrar comida. Quando encontra uma fonte de alimento, a formiga leva um pedaço dele para a colônia, mas deixa um feromônio especial no caminho, formando uma trilha. Outras formigas podem seguir a trilha para encontrar o alimento, permitindo que uma multidão de formigas encontre e colete rapidamente esse alimento.

Até nas nossas conversas diárias, a habilidade de ser sucinto sem perder os detalhes importantes é o que leva a conversas empolgantes. A destilação está no centro da comunicação, que é fundamental para nossas amizades, relações de trabalho e habilidades de liderança. Ao fazer anotações da forma correta você pratica diariamente a habilidade de destilar.

Agora é a sua vez: pense sempre no seu eu futuro

O trabalho de Sumarização Progressiva tem um objetivo: facilitar a tarefa de encontrar nossas notas no futuro e trabalhar com elas.

Quando o assunto é pensar e criar, nem sempre mais é melhor. A destilação reduz e compacta nossas ideias para podermos memorizá-las com o mínimo de esforço. Se você não consegue localizar uma informação rapidamente, num formato que seja conveniente e fácil de usar, é melhor não guardá-la. Nosso recurso mais escasso é o tempo, logo precisamos priorizar a capacidade de descobrir depressa as ideias guardadas no nosso Segundo Cérebro.

Quando surge a oportunidade de fazermos nosso melhor trabalho, não é hora de começar a ler livros e fazer pesquisas. Você precisa que essa pesquisa já esteja feita.* Você pode se preparar de antemão para os futuros desafios e oportunidades que ainda não sabe que enfrentará. Para isso, aproveite o esforço que já está fazendo ao ler livros, aprender coisas novas e simplesmente demonstrar curiosidade sobre o mundo ao seu redor.

Para colocar em prática imediatamente o que acabou de aprender, encontre um conteúdo interessante que você tenha consumido nos últimos tempos, como um artigo, um audiolivro ou um vídeo do YouTube. Pode ser

---

* Segundo Sönke Ahrens, em seu livro *How to Take Smart Notes*, este é o paradoxo fundamental no cerne da escrita: você tem que fazer a pesquisa antes de saber sobre o que vai escrever. Nas palavras dele: "Temos que ler com a caneta na mão, desenvolver as ideias no papel e construir um reservatório cada vez maior de pensamentos externos. Não seremos guiados por um plano inventado às cegas, a partir de nosso cérebro não confiável, mas por nosso interesse, nossa curiosidade e nossa intuição, que são formados e influenciados pelo verdadeiro trabalho de ler, pensar, discutir, escrever e desenvolver ideias – e esse plano cresce a todo momento, refletindo externamente nosso conhecimento e nossa compreensão."

o conteúdo que você já capturou e organizou em uma de suas pastas PARA. Ou pode ser um novo conteúdo que esteja na sua caixa de entrada de e-mail ou em um aplicativo de leitura posterior.

Comece salvando apenas os melhores trechos numa nova nota, copiando e colando ou usando uma ferramenta de captura. Essa é a camada 1, os trechos que você salva inicialmente no seu Segundo Cérebro. Em seguida, leia-os e coloque em negrito os pontos principais e as conclusões mais importantes. Evite que essa seja uma decisão analítica – apenas sinta quais trechos merecem ser destacados. Esses trechos em negrito formam a camada 2.

Agora leia apenas as passagens em negrito e destaque – ou sublinhe, se seu aplicativo de notas não tiver o recurso de realce – as melhores passagens. O importante nessa etapa é ser muito exigente: a nota inteira deve ter apenas algumas frases destacadas, ou mesmo apenas uma. Essa não só é a forma ideal de destilar como representa uma nota altamente destilada e descobrível. Esses destaques formam a camada 3, que é destilada o suficiente para a maioria dos casos.

O verdadeiro teste para saber se uma nota que você criou pode ser achada é se você consegue entender a essência dela rapidamente. Deixe-a de lado por alguns dias e ative um lembrete para revisitá-la assim que esquecer a maioria dos detalhes. Quando voltar a ela, dê a si mesmo não mais que trinta segundos e veja se entende rapidamente do que se trata usando os destaques feitos. Você saberá na hora se adicionou destaques de mais ou de menos.

Toda vez que decide destacar um trecho, você está desenvolvendo a capacidade de julgamento: distinguindo as partes que realmente importam das que não fazem diferença. Essa é uma habilidade que você pode melhorar com o tempo. Quanto mais exercitar essa capacidade de julgamento, mais eficiente e agradável se torna sua capacidade de fazer anotações, porque você sabe que cada minuto de atenção que investe cria algo de valor duradouro. Existem poucas coisas mais satisfatórias do que a sensação de fazer um progresso consistente.

No próximo capítulo passaremos para a última etapa do Método CODE, usando os insumos que você coletou, organizou e destilou para expressar seu ponto de vista.

Capítulo 7

Expressar: compartilhe seu trabalho

"Verum ipsum factum." ("Só sabemos o que fazemos.")
– Giambattista Vico, filósofo italiano

Em junho de 1947, uma menina chamada Octavia Estelle Butler nasceu em Pasadena, Califórnia.

Chamada apenas de Estelle na infância, ela foi criada por uma mãe viúva que trabalhava como empregada doméstica para sobreviver. Tímida e introvertida desde nova, Estelle se tornou alvo fácil de bullying na escola, acreditando que era "feia, burra e desajeitada, sem habilidades sociais".[1] Sua timidez, combinada com uma dislexia leve, dificultava sua vida escolar.

Em resposta a tudo isso, Estelle se voltou para dentro, focando em sua imaginação, e também para fora, focando na Biblioteca Central de Pasadena, onde passaria inúmeras horas lendo contos de fadas e histórias infantis e, mais tarde, romances fantásticos e de ficção científica que acabariam inspirando-a a se tornar escritora.

Apesar de tudo, a jovem Estelle se tornou uma das escritoras de ficção científica mais bem-sucedidas e influentes de sua geração, ganhando vários prêmios Hugo e Nebula (as maiores honrarias do gênero), e, em 1995, foi a primeira escritora de ficção científica a receber uma bolsa da MacArthur Fellowship, dada a pessoas consideradas geniais em suas áreas.

Entretanto, Estelle nem sempre foi bem-sucedida. Seus professores do ensino primário foram bastante duros na avaliação dos primeiros textos de sua autoria, anotando comentários do tipo "Exagerado" e "Você não está se esforçando" nas margens.[2] Certa vez uma professora perguntou: "Por que incluir esse toque de ficção científica? Acho que a história seria mais universal se você mantivesse o toque humano." Essa professora relatou à mãe de Estelle que "ela tem a compreensão, mas não a aplica. Precisa aprender a ter autodisciplina."

Quando tinha 12 anos, Estelle viu *A marciana diabólica*, um filme B sensacionalista tão horrível que a fez ter certeza de que era capaz de escrever algo melhor. Ela lembra: "Antes de começar a escrever minhas próprias histórias, eu nunca havia encontrado exatamente o que estava procurando... Desesperada, criei minhas próprias histórias."

À medida que a possibilidade de se tornar escritora profissional surgia lentamente, Estelle começou sua transformação em "Octavia", seu alter ego poderoso e assertivo. Após concluir o ensino médio, Octavia aceitou uma série de trabalhos temporários ou de meio período: em escritórios, fábricas, depósitos, lavanderias e restaurantes – qualquer coisa que não fosse muito desgastante mentalmente e lhe permitisse manter sua rotina de escrita matinal.

Octavia criou três regras para si:

1. Sair de casa sempre com caderno, papel para rascunho e algo com que escrever.
2. Andar pelo mundo com os olhos e ouvidos focados e abertos.
3. Não dar desculpas sobre o que você não tem ou o que faria se tivesse; usar essa energia para "encontrar um caminho, criar um caminho".

E foi assim que ela começou um relacionamento vitalício com os livros de lugar-comum. Butler juntava 25 centavos de dólar para comprar bloquinhos de notas e anotava todos os aspectos de sua vida: listas de compras de supermercado e roupas, tarefas de última hora, desejos e intenções, e cálculos de gastos com aluguel, alimentação e serviços públicos. Ela monitorou meticulosamente suas metas diárias de escrita, elaborou listas de seus defeitos e das qualidades pessoais que queria ter, além de desejos e sonhos para o futuro e compromissos de escrever um certo número de palavras todos os dias.

Butler também reuniu material para suas histórias fantásticas: letras de músicas que ouvia no rádio, uma ideia para o nome ou a motivação de um personagem, um novo tópico para pesquisar, detalhes de notícias – tudo de que precisava para construir os mundos em que suas histórias aconteceriam. Estudou inúmeros temas – antropologia, inglês, jornalismo e oratória. Visitou a Amazônia e as ruínas incas no Peru para presenciar em primeira mão a biodiversidade e o colapso civilizacional. Tal como uma jornalista, Butler adorava usar fatos para que suas histórias tivessem um senso de autenticidade: "Quanto menos você sabe sobre um assunto, mais precisos devem ser os dados que afirma", comentou ela certa vez.

Em 2020, pela primeira vez um dos romances de Butler, *A parábola do semeador*, chegou à lista dos mais vendidos do *The New York Times*,[3] cumprindo um dos seus objetivos de vida catorze anos após sua morte. O livro retrata um futuro pós-apocalíptico afetado por desastres climáticos, no qual pequenas comunidades devem se unir para sobreviver. Essas previsões assustadoramente premonitórias comoveram os leitores à medida que a pandemia de covid-19 avançava e nosso presente começou a parecer igualmente sombrio e incerto. A reimaginação radical de como a vida poderia ser em meio a uma crise tinha deixado de ser mera especulação – tornou-se uma preocupação diária para pessoas de todo o mundo. Butler foi chamada de profetisa por sua capacidade de prever o futuro, mas ela sempre afirmou que seu trabalho surgiu da simples imaginação: "Se isso continuar [...] vai extrapolar a tecnologia atual, as condições ecológicas atuais, as condições sociais atuais, todo tipo de trabalho atual. É algo que proporciona boas possibilidades, mas também advertências."

Butler sabia que a ficção científica era mais do que entretenimento. Era uma forma transformadora de enxergar o futuro. Como uma das primeiras mulheres negras a obter reconhecimento no gênero, Butler explorou ideias e temas que haviam sido ignorados até então: as possíveis consequências do colapso ambiental devido às mudanças climáticas, a ganância das grandes corporações, o crescente abismo entre ricos e pobres, a fluidez de gênero, o ponto de vista de grupos marginalizados, a crítica à natureza hierárquica da sociedade, entre outros temas.

Butler foi pioneira do afrofuturismo, gênero que mostra afro-americanos como protagonistas de obras em que encaram mudanças radicais para sobreviver. Suas histórias permitiram que seus leitores visualizassem futuros em que pessoas marginalizadas são heróis, e não vítimas. Por meio de sua escrita, ela expandiu nossa visão de futuro para incluir as histórias não contadas dos desfavorecidos, dos párias e das pessoas que não atendem certos padrões da sociedade.

Mas como sabemos tanto sobre os mínimos detalhes da vida de Butler? Porque ela guardava tudo – diários, livros de lugar-comum, discursos, comprovantes de livros emprestados da biblioteca, ensaios e rascunhos de histórias, anotações escolares, calendários e agendas, bem como coisas aleatórias, como boletins escolares, bilhetes de passagem de ônibus, anuários e contratos. A coleção continha 9.062 itens e preenchia 386 caixas quando foi doada à Biblioteca Huntington em San Marino, Califórnia, após o falecimento de Butler.[4]

Como uma garotinha tão tímida pôde se tornar uma escritora premiada e mundialmente renomada? Como uma jovem pobre e sobrecarregada de trabalho pôde emergir e se tornar uma poderosa profetisa? Em suas próprias palavras: "Minha mãe era empregada doméstica, meu pai era engraxate e eu queria escrever ficção científica; a quem eu estava enganando?"

Butler usou sua experiência de vida para alcançar seu objetivo: "As experiências dolorosas, terríveis e desagradáveis afetam meu trabalho mais do que as experiências agradáveis. Elas são mais memoráveis e me instigam a escrever mais histórias interessantes."

Ela usou suas anotações e sua escrita para enfrentar seus demônios: "O maior obstáculo que precisei superar foram meus medos e dúvidas sobre mim mesma. Medo de que talvez meu trabalho não fosse bom o suficiente, de que talvez eu não fosse inteligente o suficiente; de que talvez as pessoas estivessem certas quando disseram que eu não conseguiria."

Butler usou todos os insights e detalhes que conseguiu reunir tanto de sua rotina quanto dos livros que lia: "Use o que você tem; mesmo que pareça pouco, nas suas mãos pode ser mágico." Butler encontrou uma forma de expressar sua voz e suas ideias, num cenário em que isso parecia impossível.

O mito do escritor sentado diante de uma página em branco – ou do artista diante de uma tela em branco – é apenas isso mesmo, um mito. Os profissionais criativos recorrem constantemente a fontes externas de inspiração – suas próprias experiências e observações, lições aprendidas com sucessos e fracassos, as ideias de outras pessoas. Se existe um segredo para a criatividade, é que ela *emerge* do esforço cotidiano de reunir e organizar nossas influências.

Como proteger seu recurso mais precioso

Como profissionais do conhecimento, a atenção é o nosso recurso mais escasso e precioso.

O processo criativo é alimentado pela atenção a cada passo. Ela é a lente que nos permite entender o que está acontecendo, perceber quais recursos temos à disposição e enxergar a contribuição que podemos dar. A capacidade de alocar nossa atenção de maneira intencional e estratégica é uma vantagem competitiva num mundo com tantas distrações. Temos que guardá-la com cuidado como um tesouro valioso.

Você tem 24 horas por dia, mas em quantas dessas horas está realmente atento? Alguns dias são tão frenéticos e fragmentados que talvez você não tenha nenhum minuto. A atenção é um recurso que pode ser cultivado, mas também destruído – por distrações, interrupções e ambientes que não a protegem. O desafio que enfrentamos na criação de um Segundo Cérebro é descobrir como estabelecer um sistema de conhecimento pessoal que *libere* a atenção em vez de absorvê-la.

Aprendemos que é importante trabalhar "com o objetivo em mente". Dizem que nossa responsabilidade é entregar resultados, seja na forma de um produto nas prateleiras das lojas, de um discurso em um evento ou de um relatório técnico.

Em geral esse é um bom conselho, mas ao focar apenas nos resultados finais estamos cometendo uma falha: todo o trabalho intermediário – as notas, os rascunhos, os esboços, o feedback – tende a ser subestimado e desvalorizado. A preciosa atenção que investimos na produção desse trabalho intermediário é descartada e nunca mais usada. Como gerenciamos a maior parte do "trabalho em processo" dentro da nossa cabeça, assim que concluímos o projeto e saímos da nossa mesa todo o conhecimento valioso que tanto nos esforçamos para adquirir se dissolve na memória como um castelo de areia levado pelas ondas do mar.

Como profissionais do conhecimento que consideram a atenção nosso maior patrimônio, não podemos mais permitir que esse trabalho intermediário desapareça. Levando em conta o pouco tempo que temos para produzir algo extraordinário na carreira, torna-se imperativo reciclar todo o nosso conhecimento para que ele possa ser útil novamente.

Quais são os ativos de conhecimento que você está criando hoje e que serão reutilizáveis no futuro? Quais são os blocos de construção que farão seus projetos evoluírem amanhã? Como agrupar seu conhecimento para poder revisitá-lo, independentemente de suas tarefas no futuro?

Na última etapa do processo criativo, Expressar, você não pode ficar esperando até que tudo esteja perfeitamente pronto para só então compartilhar o que sabe. Expresse suas ideias antes, com mais frequência e em partes menores, para testar o que funciona e coletar o feedback de outras pessoas. Esse feedback, por sua vez, é guardado no Segundo Cérebro, onde se torna o ponto de partida que vai ajudá-lo a resolver seu próximo problema no trabalho.

Pacotes intermediários: o poder de pensar pequeno

A ideia de dividir o trabalho em unidades menores não é nova. Você provavelmente já ouviu esse conselho centenas de vezes: quando estiver travado numa tarefa, divida-a em etapas menores.

Cada profissão e meio criativo tem sua versão de "etapas intermediárias" para chegar aos trabalhos finais completos. Exemplos:

- "Módulos" no desenvolvimento de software
- "Betas" testados por startups
- "Esboços" em arquitetura
- "Pilotos" para séries de TV
- "Protótipos" feitos por engenheiros
- "Carros-conceito" em design automotivo
- "Demos" no ramo das gravadoras musicais

Todos esses termos equivalem a um "rascunho" que você elabora como parte do processo de criação de algo novo.

Mas a verdade é que a maioria das pessoas sente falta de uma coisa: não basta dividir as tarefas em partes menores – você precisa de um *sistema* para gerir essas partes. Do contrário, está apenas criando trabalho extra na tentativa de manter esses registros.

Esse sistema é o seu Segundo Cérebro, e eu chamo essas partes de trabalho menores de "Pacotes Intermediários" (PIs). Os PIs são os blocos de construção concretos e individuais que compõem seu trabalho.* Por exemplo, as anotações feitas durante uma reunião de equipe, uma lista de descobertas de pesquisa relevantes, um brainstorming com colaboradores, uma apresentação de slides com uma análise do mercado ou uma lista de tarefas elaborada numa teleconferência. Qualquer nota pode ser usada como um PI em algum projeto ou objetivo maior.

Pense num vendedor planejando uma nova campanha para uma bebida energética saudável. As vendas podem parecer o tipo de trabalho mais distante da "gestão do conhecimento", afinal, não é só fazer ligações, reuniões e pitches e fechar negócios?

Porém, se olharmos mais de perto, veremos que existem muitos blocos de construção dos quais esse tipo de trabalho depende. O folheto da empresa, o prospecto de vendas, os roteiros de ligações não solicitadas, a lista de clientes em potencial, as anotações feitas com base em telefonemas anteriores para um distribuidor importante – esses são os ativos dos quais um vendedor depende para ter um bom desempenho.

Assim como os blocos de LEGO, quanto mais peças você tiver, mais facilidade terá para construir algo interessante. Imagine que, em vez de começar seu próximo projeto com uma lousa em branco, você começasse com um conjunto de blocos de construção – resultados de pesquisas, trechos de sites, PDFs com partes destacadas, notas de livros, cálculos básicos – que representam seu esforço de longo prazo para compreender sua área de atuação e o mundo em geral.

Nosso tempo e nossa atenção são escassos, e é hora de tratarmos tudo aquilo em que investimos – relatórios, resultados finais, planos, textos, gráficos, slides – como ativos de conhecimento que podem ser reutilizados em vez de reproduzi-los do zero toda vez. A reutilização de PIs de trabalho libera nossa atenção para um pensamento mais criativo e elevado. Pen-

---

* A sigla para Pacote Intermediário é PI, uma coincidência feliz e bastante apropriada, tendo em vista que todo e qualquer Pacote Intermediário é Propriedade Intelectual sua. Você os criou, é dono deles e tem o direito de usá-los quantas vezes quiser em qualquer projeto futuro.

sar *pequeno* é a melhor maneira de aumentar seus horizontes e expandir suas ambições.

Existem cinco tipos de PI que você pode criar e reutilizar no trabalho:

- **Notas destiladas:** Livros ou artigos que você leu e destilou para captar sua essência (usando a técnica de Sumarização Progressiva que aprendeu no capítulo anterior, por exemplo).
- **Cortes:** Os materiais ou as ideias que não foram incluídos num projeto anterior, mas podem ser usados em projetos futuros.
- **Trabalho em andamento:** Documentos, gráficos, propostas ou planos que você produziu na elaboração dos projetos anteriores.
- **Trabalhos finais:** Trabalhos concretos e finalizados que você entregou como parte de projetos anteriores e que podem fazer parte de um novo projeto.
- **Documentos criados por outros:** Ativos de conhecimento criados por pessoas de sua equipe, sejam funcionários, consultores externos ou mesmo clientes, que você pode incorporar em seu trabalho.

Se no seu tempo livre você estiver lendo um passo a passo, pode salvar as melhores dicas em suas notas e transformá-las em *notas destiladas* para a hora de colocá-las em prática. Se estiver escrevendo um texto e decidir cortar um parágrafo, poderá salvar o *trecho eliminado*, para o caso de um dia escrever uma continuação. Se estiver desenvolvendo um produto e criar um conjunto detalhado de requisitos, pode salvar esse *trabalho em andamento* como modelo para outros produtos. Se for consultor de gestão, pode salvar os slides apresentados a uma equipe executiva como um *trabalho final* e reutilizá-los para apresentações semelhantes no futuro. Se você é cientista e um colega concebe um protocolo de laboratório perfeito, você pode reutilizar e melhorar esse *documento* para uso próprio (com a permissão do colega, claro).

Sempre cite as fontes e dê crédito aos autores. Um cientista não esconde suas fontes – ele as aponta para que outros possam refazer seus passos. Todos nós nos apoiamos nos ombros de gigantes, e é uma estratégia inteligente usar o pensamento deles para desenvolver o nosso em vez de tentar reinventar a roda.

Trabalhar com PIs destrava diversos benefícios muito poderosos.

Em primeiro lugar, você se torna à prova de interrupções, porque está se concentrando em apenas um pacote pequeno de cada vez, e não tenta carregar e gerenciar todo o projeto na mente de uma vez só.

Em segundo lugar, você se torna capaz de fazer progressos em qualquer intervalo de tempo. Em vez de esperar até ter várias horas ininterruptas – o que, convenhamos, é cada vez mais raro –, você pode ver quantos minutos tem à disposição e optar por trabalhar em um PI que pode ser concluído dentro desse tempo, mesmo que seja um PI minúsculo. Grandes projetos e metas se tornam menos intimidantes porque você pode simplesmente dividi-los em pedaços cada vez menores, até que se encaixem nas lacunas do seu dia.

Em terceiro lugar, os PIs aumentam a qualidade do seu trabalho porque permitem que você colete feedback com mais frequência. Em vez de trabalhar por semanas isoladamente para só depois apresentar os resultados ao seu chefe ou cliente e descobrir que tomou a direção errada, você cria apenas um pequeno bloco de construção de cada vez e obtém as considerações externas antes de seguir em frente. Você vai descobrir que as pessoas dão um feedback muito melhor se forem incluídas desde o início e se o trabalho estiver claramente em andamento.

Em quarto lugar, o melhor de tudo: vai chegar o momento em que você terá tantos PIs à disposição que poderá montar projetos inteiros apenas reunindo PIs criados anteriormente. Essa é uma experiência mágica que vai mudar completamente a forma como você enxerga a produtividade. Você vai se desacostumar da ideia de começar qualquer coisa do zero – por que não aproveitar todos os ativos nos quais investiu no passado? As pessoas vão ficar maravilhadas com seu padrão alto e consistente. Vão se perguntar como encontra tempo para pensar com tanto cuidado, quando na verdade você não está trabalhando mais intensamente nem por mais tempo – está apenas recorrendo a uma biblioteca cada vez maior de PIs armazenados no seu Segundo Cérebro. Se esses ativos forem realmente valiosos, então vale a pena gerenciá-los, tal como qualquer outro ativo que você possua.

Os PIs são uma nova lente que você poderá usar para enxergar as unidades mínimas que compõem tudo que cria. Ao "pensar pequeno", você pode se concentrar em fazer apenas um PI toda vez que se sentar para trabalhar, sem se preocupar com a viabilidade do PI ou se o PI será usado exatamente da maneira que você imaginou originalmente. Essa lente reformula a criatividade, tornando-a um ciclo contínuo de entrega de valor em pequenos pedaços em vez de uma empreitada que exige um esforço enorme de meses.

Montagem de blocos de construção: o segredo para uma produção sem atritos

Toda vez que você elabora um esboço, projeta um slide, grava um vídeo curto no seu celular ou publica algo nas redes sociais, está realizando um pequeno ato criativo que gera um subproduto tangível. Veja a seguir uma lista de diferentes tipos de documento e outros conteúdos que você provavelmente produz com frequência, como parte de sua rotina:

- Links favoritados da web ou de redes sociais
- Diário com suas reflexões pessoais
- Trechos de livros ou artigos destilados com destaques
- Mensagens, fotos ou vídeos postados nas redes sociais
- Slides ou gráficos incluídos em apresentações
- Diagramas, mapas mentais ou outros recursos visuais em papel ou aplicativos
- Gravações de reuniões, entrevistas, palestras ou apresentações
- Respostas a perguntas que você costuma receber por e-mail
- Textos técnicos ou postagens de blogs ou redes sociais
- Planos e processos documentados, como pautas, checklists, modelos de documento ou retrospectivas de projetos

Embora você possa reservar um momento para apenas criar um PI, é muito mais poderoso simplesmente *perceber* os PIs que já criou no passado e então salvá-los no Segundo Cérebro.

Exemplo: planejar uma grande conferência. Se é um evento totalmente novo – ou se você nunca organizou uma conferência antes –, talvez pense que precisa produzir tudo do zero. Mas, se você dividir esse megaprojeto em pedaços menores, de repente os componentes necessários ficarão nítidos:

- Uma programação
- Uma lista de sessões fechadas interessantes
- Um checklist para transmitir ao vivo as principais falas
- Um e-mail para a sua rede de contatos anunciando a conferência
- Um convite para possíveis palestrantes
- Um site para a conferência

Esses são alguns dos blocos de construção necessários para a realização da conferência. Você pode colocá-los na sua lista de tarefas e fazê-los você mesmo, mas existe outra abordagem, muito mais rápida e eficaz. Pergunte-se: como poderia *obter* ou *montar* cada um desses componentes em vez de ter que fabricá-los do zero?

A agenda da conferência poderia facilmente ser modelada a partir da agenda de uma conferência diferente, mudando apenas os temas e os nomes dos palestrantes. Você pode começar a compilar uma lista de possíveis sessões temáticas, adicionando qualquer tópico que pareça interessante sugerido por outras pessoas. Também pode reaproveitar um checklist de um evento ao vivo que organizou no passado. Os e-mails podem se basear num arquivo de exemplos que você salvou de outras conferências das quais participou. E, por fim, prints de sites de conferências que você admira são o melhor ponto de partida possível para criar o seu próprio site.

A criatividade nasce dos exemplos. Quando temos um modelo para preencher, nossas ideias são canalizadas de formas úteis e concentradas em vez de espalhadas ao acaso. Para quase tudo já existem práticas recomendadas e inúmeros modelos.

A maioria dos profissionais com quem trabalho já tem e usa PIs – e esse é o ponto! Seu Segundo Cérebro é o repositório de coisas que você *já* está criando e usando. Tudo que vamos fazer é passar a usá-lo de maneira mais estruturada: capturar tudo num só lugar – como um aplicativo de notas – para poder encontrar o que quiser com uma busca; organizar as notas de acordo com nossos projetos, áreas e recursos, para termos um lugar dedicado a cada aspecto importante de nossa vida; e destilar os pontos essenciais dessas notas, para podermos encontrá-los e acessá-los rapidamente.

Quando você conclui essas etapas iniciais, o ato de se expressar se transforma, deixando de ser uma tarefa angustiante para se tornar uma montagem simples e direta de pacotes de trabalho já existentes.

Com o tempo, sua capacidade de explorar rapidamente esses recursos criativos e combiná-los em algo novo fará toda a diferença na trajetória da sua carreira, no crescimento dos seus negócios e até na sua qualidade de vida. A curto prazo, talvez não faça diferença. Talvez, se necessário, você não precise recorrer ao Segundo Cérebro e consiga montar um documento às pressas, mas isso vai gerar um custo invisível que se acumula lentamente: o custo de não ter certeza se você tem aquilo de que precisa. O estresse de não saber se você já concluiu determinada tarefa antes. E esse custo impacta seu sono, sua paz de espírito e seu tempo com a família, já que todo o fardo de estar sempre tendo boas ideias recai apenas sobre seu instável cérebro biológico.

Como recuperar e reutilizar seus trabalhos anteriores

É na etapa Expressar que praticamos e aprimoramos nossa capacidade de acessar tudo de que precisamos no momento correto. É nessa etapa que construímos a confiança de que o Segundo Cérebro está trabalhando para nós.

Vamos dar uma olhada mais de perto no processo de recuperação: como encontrar e recuperar PIs quando for necessário?

Essa não é uma pergunta simples, porque a conexão entre os PIs que salvamos no passado e os projetos futuros costuma ser imprevisível. O pôster de um show que você viu certo dia na lateral de um prédio e resolveu fotografar pode influenciar o logotipo que está criando. Uma música que você ouviu no metrô pode impactar um jingle que está elaborando para a peça da escola do seu filho. Uma ideia sobre persuasão que você leu num livro pode se tornar o pilar central de uma campanha de cuidados com a saúde que está organizando para a sua empresa.

A conexão que surge quando uma ideia cruza os limites entre assuntos é uma das mais valiosas que existem, e é impossível planejá-la ou prevê-

-la. Ela só surge quando misturamos muitos tipos de ideia de diferentes formas e tamanhos.

Essa imprevisibilidade inerente mostra que não existe um sistema de recuperação único e perfeitamente confiável para as ideias contidas em suas notas. Em vez disso, existem quatro métodos de recuperação que se sobrepõem e se complementam. Juntos, eles são mais poderosos do que qualquer computador e mais flexíveis do que qualquer mente humana. Utilize-os na ordem a seguir, até encontrar o que está procurando.

Os quatro métodos de recuperação são:

1. Pesquisa
2. Navegação
3. Tags
4. Serendipidade

Método de recuperação nº 1: Pesquisa

A função de pesquisa no aplicativo de notas é incrivelmente poderosa. A mesma tecnologia que revolucionou a forma como navegamos na internet por meio de mecanismos de pesquisa também é útil para navegar em nossas coleções de conhecimento privado.

A pesquisa tem a vantagem de não custar quase nada em termos de tempo e esforço. Basta salvar as notas num local central para que o software pesquise seu conteúdo completo em segundos. Você pode realizar várias pesquisas em sequência, sobre os mais diversos temas, experimentando diferentes variações de termos.

Os aplicativos de notas se destacam pela facilidade e a rapidez com que podemos fazer pesquisas – você não precisa abrir e fechar as notas uma de cada vez. De certo modo, cada nota no seu Segundo Cérebro já está "aberta" e basta um clique ou toque para visualizar ou interagir com o conteúdo.

A pesquisa deve ser seu primeiro método de recuperação. É mais útil quando você já sabe o que está procurando, quando tem notas já salvas numa pasta preexistente ou quando está em busca de determinado texto mas encontra limitações nesse método de recuperação – algo que existe em todas as ferramentas. Se você não sabe exatamente o que está procurando, não tem uma pasta onde procurar ou está interessado em imagens ou gráficos, é hora de navegar.

Método de recuperação nº 2: Navegação

Se você seguiu o sistema PARA descrito no Capítulo 5 para organizar suas notas, então já conta com uma série de pastas específicas para cada um de seus projetos ativos, suas áreas de responsabilidade, seus recursos e seus arquivos.

Todas essas pastas são ambientes especificamente concebidos para focar em domínios específicos de sua vida. Cada uma pode conter um conteúdo amplo, desde notas breves feitas durante um telefonema até PIs finalizados que já usou em projetos anteriores. Quando chegar a hora de agir, você conseguirá entrar nesse espaço de trabalho sabendo que tudo que encontrar ali será relevante para a tarefa em questão.

Por mais eficiente que a pesquisa seja, estudos[5] descobriram que, em muitas situações, as pessoas preferem navegar em seus sistemas de arquivos manualmente, verificando as informações que procuram. A navegação manual dá a elas controle sobre a forma como navegam, com pastas e nomes de arquivos fornecendo pequenas pistas contextuais sobre onde procurar em seguida.[6] A navegação nos permite localizar gradualmente as informações que estamos procurando, partindo do geral para o mais específico. Esse tipo de navegação usa partes mais antigas do cérebro que se desenvolveram para navegar em ambientes físicos e, portanto, é mais natural para nós.*

Os aplicativos de notas oferecem diversos recursos que facilitam a navegação em sua hierarquia de pastas. Alguns permitem classificar uma lista de notas por diferentes critérios – por exemplo, data de criação. Com isso, você obtém uma linha do tempo interativa das suas ideias, das mais recentes às mais antigas (ou vice-versa). Outros aplicativos permitem que você mostre

---

* Barbara Tversky, professora de psicologia e educação na Teachers College em Nova York, explica que "somos muito melhores e mais experientes em pensamento espacial do que em pensamento abstrato. O pensamento abstrato pode ser difícil por si só, mas, felizmente, muitas vezes pode ser mapeado e transposto para o pensamento espacial de alguma forma. Assim, o pensamento espacial pode substituir e estruturar o pensamento abstrato".

apenas imagens e web clippings e execute uma rápida varredura visual para ver se algo chama sua atenção. Na maioria dos aplicativos você pode abrir várias janelas e comparar os conteúdos lado a lado, procurar padrões e passar o conteúdo de um para outro.

Também existem limitações para o que você pode encontrar navegando nas pastas. Às vezes você sabe que tem um projeto chegando e pode começar a salvar coisas numa pasta de projeto com antecedência, outras vezes não. Em alguns momentos é evidente a área do seu negócio que se relaciona com certa nota, mas talvez você não tenha ideia de onde colocá-la. Muitas notas acabam sendo úteis de formas completamente inesperadas. Nosso intuito é encorajar esse tipo de serendipidade, não combatê-lo!

E é no imprevisto e no inesperado que as tags realmente se destacam.

Método de recuperação nº 3: Tags

As tags (ou etiquetas) são como pequenos rótulos aplicados a determinadas notas, independentemente de onde estejam localizadas. Depois que as notas recebem tags, você pode fazer uma pesquisa para ver todas essas notas juntas num só lugar. O maior ponto fraco das pastas é que as ideias podem ficar isoladas umas das outras, dificultando o estabelecimento de conexões interessantes. As tags, porém, não têm essa limitação e conseguem fazer com que seu Segundo Cérebro crie conexões, facilitando a visualização de temas e padrões interdisciplinares que desafiam a simples categorização.

Por exemplo, talvez você trabalhe com atendimento ao cliente e perceba que eles fazem sempre as mesmas perguntas. Você pode tomar a decisão de escrever uma página de Perguntas Frequentes, ou FAQ, e adicioná-la ao site da sua empresa. Isso é um projeto, mas você ainda não o organizou nem começou a reunir material. Você pode ter várias notas úteis para criar essa página, mas não deseja movê-las das pastas de Projeto, Área e Recursos onde se encontram atualmente.

É hora das tags. Em quinze minutos você pode realizar uma série de pesquisas por termos relevantes para o FAQ que vai criar. Em qualquer nota útil que encontrar acrescente uma tag chamada "FAQ" e deixe-a exatamente onde a encontrou. Quando tiver material suficiente para trabalhar no projeto, você pode realizar uma única pesquisa – pela tag "FAQ" – e ver de imediato, num só lugar, todas as notas marcadas. Agora você pode revisá-las de maneira minuciosa, destacar quaisquer pontos específicos que deseje usar no FAQ e usar esses trechos para criar um esboço que vai orientar seu texto.

Não recomendo o uso de tags como seu sistema organizacional principal. Você vai gastar muita energia para acrescentar tags a cada nota, em comparação com a facilidade de pesquisar palavras-chave ou navegar nas pastas. Mas as tags podem ser úteis em situações específicas, quando os dois métodos de recuperação anteriores não são bons para a tarefa e se você está com pressa e deseja reunir, conectar e sintetizar grupos de notas. Falaremos mais sobre tags no Capítulo 11.

Método de recuperação nº 4: Serendipidade

O quarto método de recuperação é o mais misterioso, mas, em muitos aspectos, o mais poderoso. Além de pesquisar, navegar e aplicar tags, existe uma gama de possibilidades que simplesmente não pode ser planejada ou prevista pela mente humana. Há momentos em que parece que as estrelas se alinham e uma conexão surge diante dos seus olhos como um raio. É por momentos assim que as pessoas criativas vivem.

Não há como planejar esses momentos, mas isso não significa que não possamos criar as condições ideais para que eles surjam. Essa é a principal razão pela qual salvamos todo tipo de material, sobre muitos assuntos e em diversos formatos, misturado no Segundo Cérebro. Ao fazer isso, estamos criando uma sopa de DNA criativo para maximizar a chance de surgir uma nova vida.

A serendipidade assume diferentes formas na recuperação de notas.

Primeiro, ao usar os métodos de recuperação anteriores, vale a pena manter o foco um pouco amplo. Não comece e termine sua pesquisa apenas com a pasta específica que corresponde aos seus critérios. Certifique-se de analisar as categorias relacionadas, como projetos semelhantes, áreas importantes e diferentes tipos de recurso.

Ao iniciar um projeto, geralmente checo cinco ou seis pastas no sistema PARA, em busca de algo útil. Como você selecionou cuidadosamente o conteúdo dessas pastas, não terá muito material em nenhuma delas. Se estiver usando a Sumarização Progressiva para destilar as notas, conforme explicado no Capítulo 6, poderá se concentrar apenas nas passagens destacadas e revisar as anotações com muito mais rapidez do que se tivesse que ler cada palavra. Em média levo menos de trinta segundos para revisar uma nota com trechos realçados, o que significa que em apenas dez minutos reviso pelo menos vinte notas.

Em segundo lugar, a serendipidade é amplificada por padrões visuais. É por isso que sugiro salvar não só notas em formato de texto, mas também imagens (algo difícil de fazer em outros tipos de software, como processadores de texto). Nosso cérebro é naturalmente sintonizado com o que vemos. Absorvemos intuitivamente cores e formas num piscar de olhos, usando muito menos energia do que para ler palavras. Alguns aplicativos de notas permitem que você exiba apenas as imagens salvas, o que é uma forma poderosa de ativar as partes visuais mais intuitivas do seu cérebro.

Em terceiro lugar, quando compartilhamos nossas ideias com outros indivíduos, atraímos a serendipidade. Quando você mostra uma ideia a outra pessoa, a reação dela é imprevisível. Muitas vezes ela vai se mostrar completamente desinteressada por algo que você considera fascinante; ela não está necessariamente certa ou errada, mas de qualquer maneira você pode usar esse feedback. E o inverso também pode acontecer. Você pode pensar que algo é óbvio e a outra pessoa achar incrível. Esse também é um feedback útil. Outros podem apontar aspectos de uma ideia que você nunca considerou, sugerir a consulta de fontes que você nem sabia que existiam ou contribuir com as próprias ideias para melhorar a sua. Todas essas formas de feedback são maneiras de usar não só seu primeiro e segundo cérebros, mas também o cérebro dos outros.

Três estágios da expressão: Como compartilhar nosso trabalho?

No Capítulo 3 expliquei como as pessoas tendem a passar por três estágios à medida que desenvolvem seu Segundo Cérebro e refinam suas habilidades de gestão do conhecimento – lembrar, conectar e criar.

Vejamos exemplos de como cada um deles pode funcionar usando estudos de caso de ex-alunos meus.

Lembrar: recupere uma ideia exatamente quando ela for necessária

Benigno é pai e consultor de negócios nas Filipinas, e um de seus objetivos ao construir um Segundo Cérebro era saber mais sobre criptomoedas. Ele já havia tentado outros métodos de organização, mas achou que as informações que coletava eram sempre difíceis de acessar. Ele vivia "lendo e adicionando aos favoritos, depois esquecia".

Certo dia, Benigno encontrou um artigo sobre um tipo inovador de criptomoeda e levou alguns minutos para salvar alguns trechos em seu aplicativo de notas. Quando alguns amigos se interessaram pelo assunto, ele levou oito minutos para fazer uma Sumarização Progressiva dos melhores trechos antes de compartilhar o artigo resumido com eles. O tempo que ele gastou lendo e entendendo um assunto complexo compensou em economia de tempo para seus amigos, ao mesmo tempo que deu a eles um novo interesse.

Nas palavras de Benigno, "eu sabia por instinto que apenas enviar um artigo longo para os amigos geralmente não adiantava de nada, mas como o texto que enviei tinha trechos destacados por mim, eles podem passar os olhos no texto e encontrar rapidamente as partes mais importantes. Além do mais, agora tenho material para um artigo que venho planejando escrever... Tudo graças ao CODE".

Você não precisa inventar uma teoria ou escrever o próximo grande romance para extrair valor do seu Segundo Cérebro. Poucos dias depois de capturar ideias que repercutem, você vai começar a perceber oportunidades de compartilhá-las com outras pessoas, em benefício delas.

Conectar: use as notas para contar uma história maior

Patrick é pastor de uma congregação no Colorado e usa o Segundo Cérebro para planejar serviços funerários, que para ele são uma experiência profundamente criativa sobre honrar a vida.

Seu objetivo é "contar a história do falecido de uma forma que o honre e que mostre como foi sua vida". No passado, essa era uma tarefa pesada. Mas, ao enxergar esse momento através das lentes do seu Segundo Cérebro, Patrick percebeu que seu trabalho era simplesmente reunir e conectar alguns dos temas e histórias que ouviu de uma forma que fosse significativa para os entes queridos da pessoa falecida.

Patrick usou esse insight para mudar seu processo criativo. Começou a gravar suas conversas usando um aplicativo de transcrição automática no celular, o que lhe permitiu dar toda a atenção às famílias de luto sabendo que cada palavra seria capturada. Salvava todas as transcrições de suas conversas, além de obituários, fotos e outros documentos na pasta de projeto de cada serviço funerário, para poder acessar tudo num só lugar. Em vez de gastar de cinco a sete horas ao fim de todas as conversas para destilar o que ouviu, ele começou a gastar quinze minutos após cada entrevista para realçar apenas as partes que mais repercutiam nele.

Nas palavras de Patrick: "Usar meu primeiro cérebro apenas para o que ele faz de melhor é ter liberdade. Liberdade para não precisar fazer várias coisas enquanto estou diante de pessoas de luto, ouvindo as histórias de seus entes queridos falecidos. Liberdade de saber que tenho tudo registrado. Liberdade de saber que, na hora de montar o serviço funerário, 80% do trabalho já estão feitos."*

Nem sempre a expressão criativa tem a ver com autopromoção ou ascensão profissional. Alguns dos nossos atos mais bonitos e criativos são aqueles em que ligamos os pontos para os outros, pontos esses que eles não seriam capazes de ligar sozinhos.

Criar: conclua projetos e alcance metas sem estresse

Rebecca é professora de psicologia educacional numa universidade na Flórida e usa notas digitais para criar programas e apresentações como parte de seu método de ensino.

Antes de criar seu Segundo Cérebro, Rebecca esperava ter tempo dispo-

---

* Uma das minhas regras favoritas é: "Só inicie projetos que já estejam 80% concluídos." Pode parecer um paradoxo, mas, ao só me comprometer a concluir projetos depois de já ter feito a maior parte do trabalho de capturar, organizar e destilar os insumos, nunca corro o risco de começar um projeto que não vou conseguir concluir.

nível para reunir suas ideias e planejar uma palestra. Como profissional e mãe ocupada, ter esse tempo parecia impossível.

As notas digitais proporcionaram a Rebecca outra maneira de fazer progresso. Nas semanas que antecederam determinado evento, nos dias em que se sentia inspirada, Rebecca começou a salvar notas curtas de ideias que gostaria de incluir. Quando se sentou para rascunhar a apresentação, percebeu que já tinha todos os PIs – metáforas, dados de pesquisa, histórias, diagramas – necessários na ponta dos dedos. Só precisava juntar as notas e os PIs que já havia capturado.

Nas palavras de Rebecca: "Sou capaz de olhar para as minhas prioridades – de trabalho, família, casamento, etc. – e em seguida me concentrar só nos projetos que preciso encarar no momento."

Não importa o que você precisa criar – documentos, apresentações, decisões ou resultados –, seu Segundo Cérebro é um repositório vital de tudo que você vai querer acessar quando estiver concentrado no trabalho. É um ambiente criativo em que você pode entrar a qualquer hora e em qualquer lugar para colocar a mão na massa.

A criatividade é colaborativa por natureza

Um mito comum da criatividade é o do artista solitário, que trabalha totalmente isolado. Existe um entendimento tácito de que devemos nos isolar da influência dos outros e concretizar nossa obra-prima com o suor do nosso rosto.

Na minha experiência, não é assim que a criatividade funciona. Não importa qual seja seu ramo de atividade, cedo ou tarde você terá que trabalhar em parceria com outros. O músico precisará de um engenheiro de som para mixar seu álbum. O ator vai precisar de um diretor que acredite nele. Até para escrever um livro, tarefa que pode sugerir isolamento, é necessário interação social. Livros nascem de uma dança entre autor e editora.

Trabalhar a partir de PIs não é apenas fazer as mesmas coisas de sempre em partes menores. Não é isso que destrava seu verdadeiro potencial. A transformação vem do fato de que essas partes menores são mais compartilháveis e colaborativas por natureza.

É muito mais fácil mostrar a alguém uma parte pequena do trabalho e pedir uma opinião do que apresentar o trabalho inteiro. É menos constrangedor ouvir críticas sobre um pequeno aspecto do seu trabalho – num estágio inicial, quando você ainda tem tempo de corrigir – do que encarar uma reação negativa após meses de esforço. Você pode usar cada feedback intermediário para refinar o que está fazendo e tornar seu trabalho mais focado, atrativo, sucinto ou fácil de entender.

A dificuldade fundamental do trabalho criativo é que geralmente estamos muito próximos dele para enxergá-lo com objetividade. Nesse sentido, receber feedback de terceiros é pegar emprestados os olhos de outra pessoa para ver o que apenas alguém que não conhece o trabalho pode ver. É sair do seu ponto de vista subjetivo e perceber o que está faltando no que você fez.

Quando você compreende a enorme importância do feedback, passa a querer recebê-lo sempre que possível. Você começa a aproveitar todas as oportunidades para compartilhar seus resultados e descobrir como as pessoas enxergam seu trabalho. Esses momentos são tão importantes que você vai começar a mudar a forma como trabalha para receber feedback quanto antes e com a maior frequência possível, porque sabe que é muito mais fácil reunir e sintetizar os pensamentos dos outros do que apresentar uma série interminável de ideias geniais de sua autoria. Você começa a se enxergar como o curador do pensamento coletivo de sua rede de contatos, e não como um criador de ideias solitário.

Certas notas no seu Segundo Cérebro serão muito valiosas e você as acessará com frequência. Elas são as pedras angulares do seu projeto, servirão de base para a construção de todo o restante do seu trabalho, mas geralmente você não as reconhece logo de cara. Você as descobre compartilhando suas ideias com outros e vendo quais repercutem. É compartilhando nossos insights que descobrimos quais representam nossas expertises mais valiosas.

Tudo é um remix

O Método CODE se baseia num aspecto importante da criatividade: ela é sempre uma montagem de partes já existentes. Todos nós nos baseamos em trabalhos já feitos. Ninguém cria nada do zero.

O *kitbashing* – técnica que utiliza peças de diferentes kits para criar um modelo de escala único – é usado na fabricação de modelos em pequena escala para filmes de ação como *Star Wars* e *Indiana Jones*. Para cumprir o prazo e respeitar o orçamento, os fabricantes de modelos compram kits comerciais pré-fabricados e os recombinam em novos modelos. Em vez de fabricar peças novas do zero, essas peças pré-fabricadas – que podem ser modelos de canhões antiaéreos da Segunda Guerra Mundial, navios de guerra, aviões de combate, tanques e submarinos – podem ser usadas para adicionar textura e detalhes a cenas de efeitos especiais gastando muito menos tempo e dinheiro do que o normal.

Adam Savage, habilidoso modelista e apresentador do popular programa de televisão *Os caçadores de mitos*, explicou que essas peças são tão versáteis que "você reutilizava alguns kits repetidamente". Como membro da equipe do Industrial Light & Magic, estúdio por trás de muitos filmes com efeitos especiais, ele contava com um kit específico que se encaixava em quase todos os modelos que a equipe já construiu.[7]

Não utilize o trabalho inteiro dos outros, apenas *aspectos* ou *partes* dele. O formato de um banner numa página, o layout de um slide, o estilo de uma música – tudo isso são como os ingredientes que você coloca no liquidificador antes de apertar o botão e misturá-los para criar sua própria receita. Sempre cite todas as suas fontes e influências, mesmo que não seja obrigatório. Dar crédito não diminui o valor do seu trabalho, só aumenta. Ter um Segundo Cérebro onde todas as suas fontes estão claramente documentadas facilitará muito a tarefa de achá-las e incluí-las na versão final.

Lembro-me da primeira vez que alguém se referiu ao que faço como "seu trabalho". Na hora me dei conta de que tinha um corpo de trabalho independente, uma identidade diferente da minha vida pessoal. Esse é um ponto de inflexão na vida de qualquer profissional criativo – quando você começa a pensar no "seu trabalho" como algo separado de si mesmo.

Usar PIs para aumentar sua produtividade é um passo importante em direção a esse ponto de inflexão. Em vez de enxergar seu trabalho como um conjunto de *tarefas*, que sempre exigem que esteja presente, pessoalmente, fazendo tudo sozinho, você começará a enxergá-lo como um conjunto de *ativos* e *blocos de construção* montáveis e desmontáveis, que lhe permite combinar as peças.

Quando finalmente enxergar o potencial dos seus ativos intelectuais, você começará a procurar formas de investir seu tempo na criação desses ativos e a evitar tarefas pontuais sempre que possível. Você passa a procurar maneiras de adquirir ou terceirizar esses ativos em vez de construí-los sozinho. Essas mudanças permitem que você faça as coisas num ritmo muito maior do que meras "dicas de produtividade" podem proporcionar.

Mesmo que você não esteja escrevendo um livro, criando uma apresentação ou desenvolvendo uma nova estrutura agora, não significa que nunca fará nada disso. Cada pequeno artefato digital que você cria – e-mails, notas de reunião, planos de projeto, modelos, exemplos – faz parte da evolução contínua do seu corpo de trabalho. São como os neurônios de um organismo inteligente que está crescendo, evoluindo, alcançando níveis mais elevados de consciência a cada nova experiência.

Agora é a sua vez: você só sabe aquilo que faz

Minha citação favorita sobre criatividade é de Giambattista Vico, filósofo do século XVIII: *Verum ipsum factum* – "Só sabemos o que fazemos".

Para realmente "saber" um assunto, não basta ler um livro sobre ele. Ideias são apenas pensamentos até que você as coloque em prática. E pensamentos são fugazes, desaparecem com o tempo. Para concretizar uma ideia de verdade, você precisa se envolver com ela, colocar a mão na massa e aplicar esse conhecimento num problema prático. Aprendemos fazendo – antes de nos sentirmos prontos, de entendermos completamente e de sabermos no que vai dar.

Quando você expressa suas ideias e transforma seu conhecimento em ação, sua vida realmente começa a mudar. Você passa a ler de forma diferente, focando nas partes mais relevantes para o argumento que está construindo. Você faz perguntas mais precisas, não se satisfaz mais com explicações vagas ou sem sentido. Você naturalmente passa a buscar oportunidades de apresentar seu trabalho, pois assim receberá feedback e ele estimulará seu raciocínio de uma forma que mais ninguém é capaz de fazer. Você começa a agir de maneira mais racional em sua carreira ou seu negócio, pensando vários passos à frente para descobrir o potencial máximo daquilo que está fazendo no momento.

Não se trata necessariamente de se tornar um artista profissional, influenciador digital ou magnata dos negócios, mas de se apropriar de seu trabalho, suas ideias e seu potencial para contribuir em qualquer lugar em que se encontre. Não importa se sua produção é impressionante ou incrível, ou quantas pessoas têm contato com ela. Seu público pode ser apenas sua família, seus amigos, seus colegas de trabalho, seus vizinhos ou seus colegas de escola ou faculdade: o que importa é que você está encontrando sua voz e mostrando que o que tem a dizer é importante. Para compartilhar suas ideias você precisa dar valor a elas. Precisa acreditar que a menor ideia tem o potencial de mudar a vida das pessoas. Se você não acredita nisso agora, comece com o menor projeto em que puder pensar e passe a provar para si mesmo que suas ideias também podem fazer diferença.

Talvez você perceba que tem muitas notas sobre alimentação saudável e decida tentar criar sua versão de uma receita clássica. Talvez veja as notas dos cursos que fez para melhorar suas habilidades de gestão de projetos e decida reuni-las numa apresentação para seus colegas de trabalho. Talvez aproveite as notas que criou sobre suas ideias e experiências de vida para escrever um post no seu blog ou gravar um vídeo do YouTube, com o intuito de ajudar as pessoas que enfrentam um desafio semelhante.

Atos de autoexpressão como esses permitem que você desbloqueie todo o seu potencial criativo.

PARTE TRÊS

A mudança
Fazendo acontecer

Capítulo 8

A arte da execução criativa

"Os produtos criativos são sempre novos e reluzentes; o processo criativo é antigo e imutável."
– Silvano Arieti, psiquiatra e autor de *Creativity: The Magic Synthesis*

Tive a sorte de crescer numa casa multicultural cheia de arte e música.
    Minha mãe é uma cantora e violonista brasileira, e algumas das minhas primeiras lembranças são de sua voz de soprano cantando lindas canções em português ao som de um violão clássico. Meu pai é um pintor profissional nascido nas Filipinas. Suas telas repletas de frutas coloridas, paisagens verdejantes e formas monumentais cobriam todas as paredes da nossa casa, fazendo-a parecer uma galeria de arte.
    Nunca reconheci o estereótipo do "artista torturado" – a pessoa volátil, imprevisível, taciturna e irresponsável. Meu pai é uma das pessoas mais organizadas e responsáveis que já conheci, e essa consistência não diminuiu a qualidade de sua arte fantasticamente criativa – na verdade, foi benéfica. Era nítido como sua rotina rigorosa era o que lhe permitia seguir sua vocação criativa e cuidar da família ao mesmo tempo.
    Ele tinha uma série daquilo que chamava de "estratégias": hábitos e truques para integrar a criatividade a todos os aspectos de sua vida e entrar rapidamente num estado de espírito criativo sempre que tinha tempo para pintar.

Enquanto ouvíamos os sermões na igreja do bairro, meu pai criava ilustrações das histórias bíblicas num caderninho. Esses esboços costumavam se tornar o ponto de partida para obras maiores, de tamanho natural, com até 3 metros de altura. No supermercado, ele comprava legumes e frutas de formatos incomuns para incorporar em suas naturezas-mortas. Nossos alimentos também serviam como modelo antes de serem comidos. Muitas vezes, à noite, enquanto víamos TV em família, eu o pegava olhando para o lado, para a parede da sala de estar, onde havia pendurado uma pintura em que estava trabalhando. Ele dizia que, ao olhar para a tela sob uma nova luz e de soslaio, era capaz de perceber o que faltava.

Meu pai se planejava para manter a criatividade. Criava estratégias para utilizá-la. Quando precisava progredir numa pintura, mantinha foco total, mas esse não era o único momento em que exercitava a imaginação. Na maior parte do tempo, ele coletava, analisava, refletia e recombinava a matéria-prima de sua vida diária. Assim, na hora de criar, tinha material mais do que suficiente para trabalhar. Essa atenção à organização de suas influências criativas alimentou um corpo de trabalho prolífico, composto por milhares de pinturas criadas ao longo de décadas, e que ao mesmo tempo lhe permitia ter tempo para comparecer aos nossos jogos de futebol, preparar refeições deliciosas e fazer muitas viagens em família.

Aprendi com meu pai que, quando você se senta para desenvolver um trabalho, todos os seus insumos já devem estar reunidos e organizados. Não podemos esperar ter ideias brilhantes num estalar de dedos. Aprendi que a inovação e a resolução de problemas dependem de uma rotina que nos permite ter ideias interessantes de forma sistemática.*

Todas as etapas do Método CODE são concebidas com um intuito: ajudá-lo a colocar suas ferramentas digitais para trabalhar por você, para que seu primeiro cérebro, o cérebro humano, falível e infinitamente criativo, possa fazer o que faz de melhor. Imaginar. Inventar. Inovar. Criar.

Construir um Segundo Cérebro significa *padronizar* a forma como trabalhamos, porque só melhoramos quando padronizamos a maneira de fazer

---

* Para mais informações a respeito do que aprendi sobre o processo criativo com meu pai, gravei um pequeno documentário sobre seu trabalho e sua vida chamado *Wayne Lacson Forte: On My Way To Me*.

algo. Para ficar mais forte, você precisa levantar pesos da forma correta. Um músico conta com notas padronizadas e fórmulas de compasso para não ter que reinventar a roda a cada nova música. Para melhorar a escrita, você precisa seguir as regras da ortografia e da gramática (mesmo que no futuro decida quebrá-las de propósito, para obter um efeito literário).

Por meio dos atos simples de capturar ideias, organizá-las em grupos, destilar as melhores partes e reuni-las para criar valor para os outros, estamos praticando os movimentos básicos do trabalho do conhecimento, para que possamos aprimorá-los ao longo do tempo.

Essa rotina padronizada é conhecida como *processo criativo* e opera de acordo com princípios atemporais encontrados ao longo da história. Ao identificarmos os princípios que resistem ao teste do tempo, apesar das grandes mudanças tecnológicas, podemos entender melhor a natureza essencial da criatividade.

Os *produtos* da criatividade estão em constante mudança e sempre há uma nova tendência. Em um ano são as fotos do Instagram, no seguinte são os stories do Snapchat, depois os vídeos do TikTok e assim por diante. Mesmo a longa tradição dos livros de ficção evoluiu ao longo do tempo.

Mas se você se aprofunda um nível, acessando o *processo* de criatividade, a história é outra. O processo criativo é antigo e imutável. Era o mesmo milênios atrás. Existem lições que podemos aprender nesse nível mais profundo que transcendem qualquer meio e qualquer conjunto de ferramentas.

Um dos padrões subjacentes mais importantes ao processo criativo é o de "divergência e convergência".*

Divergência e convergência: um ato de equilíbrio criativo

Se você observar o processo de criação de qualquer coisa, verá que ele segue o mesmo padrão simples, alternando divergência e convergência.

---

* Descobri esse modelo com o Design Thinking, uma abordagem para a solução criativa de problemas que surgiu na Stanford Design School e foi popularizada pela consultoria de inovação IDEO a partir das décadas de 1980 e 1990.

```
    DIVERGÊNCIA    |    CONVERGÊNCIA
```

ponto de partida → entrega final

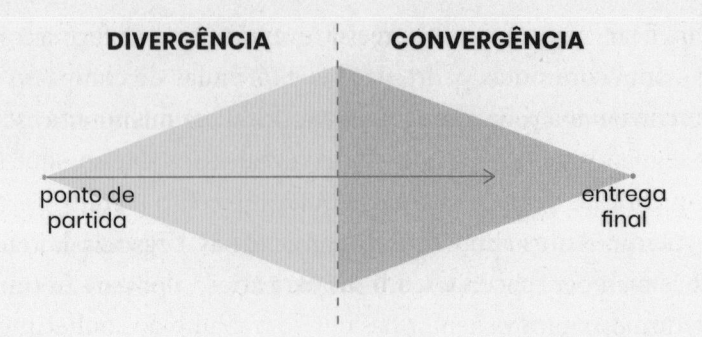

Um esforço criativo começa com um ato de divergência. Você abre o espaço de possibilidades e considera o maior número possível de opções. Tal como as notas de Taylor Swift, a caixa de Twyla Tharp, o fichário de Francis Ford Coppola e os livros de lugar-comum de Octavia Butler, você começa a reunir diferentes tipos de inspiração externa, a se expor a novas influências, a explorar novos caminhos e a conversar com outras pessoas sobre o que está pensando. O número de coisas que você observa e considera cresce – você está divergindo do seu ponto de partida.

Todos nós conhecemos o ato de divergir: é o clássico quadro branco repleto de esboços, a cesta de lixo do escritor cheia de folhas de rascunho amassadas e o fotógrafo com centenas de fotos espalhadas pelo chão. O propósito da divergência é gerar ideias, então o processo é necessariamente espontâneo, caótico e confuso. Não é possível planejar ou organizar totalmente o que você está fazendo nesse momento, e você nem deveria tentar. Esse é o momento de "viajar".

Por mais poderosa e necessária que seja a divergência, se passarmos o tempo todo divergindo nunca chegaremos a lugar algum. Assim como Francis Ford Coppola, que destacava certas passagens e riscava outras no romance *O poderoso chefão*, em algum momento você deve começar a descartar possibilidades e convergir para uma solução. Do contrário, nunca terá a satisfatória sensação de conclusão que surge quando clicamos em "enviar" ou "publicar" e nos afastamos do monitor sabendo que o trabalho foi concluído.

A convergência nos obriga a eliminar opções, fazer escolhas e decidir o que é realmente essencial. Você estreita o leque de possibilidades para poder progredir e chegar a um resultado final do qual se orgulhe. A convergência permite que o nosso trabalho ganhe vida própria e se torne algo separado de nós mesmos.

O modelo de divergência e convergência é tão fundamental para a criatividade que podemos vê-lo em qualquer área criativa.

Os escritores divergem coletando matéria-prima para a história que desejam contar, esboçando possíveis personagens e pesquisando fatos históricos. Convergem esboçando a história, traçando pontos da trama e escrevendo um primeiro rascunho.

Os engenheiros divergem pesquisando todas as soluções possíveis, testando os limites do problema ou mexendo com novas ferramentas. Convergem tomando uma decisão sobre uma abordagem específica, projetando os detalhes da implementação e dando vida aos projetos.

Os designers divergem coletando referências e padrões, conversando com os usuários para entender suas necessidades ou esboçando possíveis soluções. Convergem tomando uma decisão sobre um problema, construindo esboços ou traduzindo seus designs em arquivos gráficos.

Os fotógrafos divergem tirando fotografias de tudo que acham interessante, justapondo diferentes tipos de imagem ou experimentando novas técnicas de iluminação e enquadramento. Convergem escolhendo as fotos para uma coleção, arquivando as fotos não utilizadas e imprimindo suas favoritas.

Quando sobrepomos as quatro etapas do Método CODE ao modelo de divergência e convergência, chegamos a um esquema poderoso para o processo criativo na atualidade.

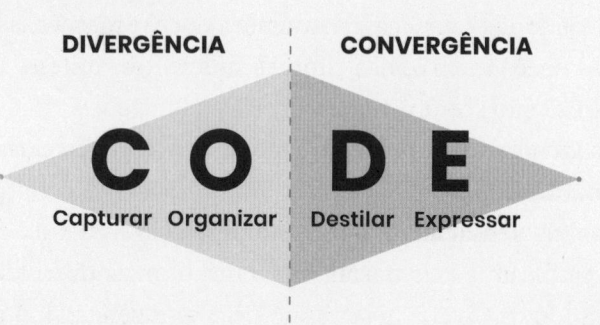

DIVERGÊNCIA | CONVERGÊNCIA

C O D E

Capturar Organizar Destilar Expressar

As duas primeiras etapas do CODE, Capturar e Organizar, fazem parte da divergência. Nesse momento reunimos as sementes da imaginação carregadas pelo vento e as armazenamos num local seguro. É aqui que você pesquisa, explora e acrescenta ideias. As duas etapas finais, Destilar e Expressar, são de convergência: nos ajudam a fechar a porta para novas ideias e a começar a construir algo novo a partir dos blocos de conhecimento que reunimos.

As três estratégias que uso para realizar meu trabalho criativo

Seu Segundo Cérebro é um poderoso aliado para você superar o desafio universal do trabalho criativo – o momento em que se senta para desenvolver um trabalho, mas não sabe por onde começar.

Você deve fazer mais pesquisas ou começar a organizar a pesquisa que já fez?

Ampliar seus horizontes ou estreitar o foco?

Começar algo novo ou terminar o que já começou?

Depois que distinguir entre os modos de divergência e convergência, você poderá decidir em qual modo deseja estar toda vez que começar a trabalhar. Ao fazer isso, você descobrirá as respostas para as perguntas. No modo de divergência, você deve abrir seus horizontes e explorar todas as opções possíveis. Abra as janelas e portas, clique em todos os links, pule de uma fonte para outra e permita que a curiosidade seja seu guia e determine suas ações. Caso decida entrar no modo de convergência, faça o contrário: feche a porta, coloque fones de ouvido com cancelamento de ruído, ignore todos os novos dados e persiga ferozmente a doce recompensa da conclusão. Acredite que você já tem ideias e fontes suficientes, volte-se para dentro e corra em direção ao seu objetivo.

Dos dois estágios desse processo, é no de convergência que a maioria das pessoas tem dificuldade.

Quanto mais imaginativo, curioso e perfeccionista você for – e quanto mais diversificados forem seus interesses –, mais dificuldade terá para mudar do modo de divergência para o de convergência. É doloroso cortar opções e escolher um caminho em detrimento de outro. É triste ver uma ideia que você sabe que tem muito potencial ser cortada de um roteiro ou história. É isso que torna o trabalho criativo tão desafiador.

Quando você se senta para terminar algo – seja um e-mail explicativo, um novo design de produto, um relatório de pesquisa ou uma estratégia de arrecadação de fundos –, pode ser muito tentadora a ideia de fazer mais pesquisas. É extremamente fácil abrir dezenas de guias do navegador, comprar mais livros ou seguir direções completamente novas. Isso faz você ter a *sensação* de que está sendo produtivo, de que está progredindo, quando na verdade só executa ações divergentes que adiam o momento da conclusão.

Vou recomendar três estratégias valiosas para concluir projetos criativos que o ajudarão a lidar com as armadilhas da convergência. Em todas você precisa ter um Segundo Cérebro, onde possa manipular e moldar as informações sem medo de que desapareçam. Pense nelas como as ferramentas no seu cinto de utilidades do Segundo Cérebro, à sua disposição sempre que precisar resolver um problema, contornar obstáculos ou decidir o que fazer.

1. O Arquipélago de Ideias: ofereça a si mesmo os meios para progredir

A técnica do Arquipélago de Ideias é válida sempre que você está iniciando um trabalho – seja um guia prático, um workshop, um briefing para um novo projeto ou um texto que vai publicar em seu blog. Ela oferece uma forma de planejar seu progresso, mesmo quando você precisa executar tarefas que são imprevisíveis por natureza. O nome da técnica vem de uma citação de Steven Johnson, autor de uma série de livros fascinantes sobre criatividade, inovação e história das ideias.[1] Segundo Johnson:

> *Em vez de enfrentar uma página em branco assustadora, eu olho para um documento cheio de citações: de cartas, fontes primárias, artigos acadêmicos, às vezes até minhas próprias notas. É uma ótima técnica para afastar o canto da sereia da procrastinação. Antes de aprender essa abordagem, eu costumava perder semanas parando antes de cada novo capítulo, porque o que via diante de mim era apenas um grande mar vazio de nada. Agora, por outro lado, cada capítulo nasce como uma espécie de arquipélago de citações inspiradoras, o que torna a tarefa muito menos assustadora. Tudo que tenho a fazer é construir pontes entre as ilhas.*

Para criar um Arquipélago de Ideias, primeiro você deve utilizar a divergência para reunir insights, fontes ou argumentos que vão formar a espinha dorsal de seu ensaio, apresentação, etc. Quando já tiver esse conjunto de ideias para trabalhar, você mudará radicalmente para o modo de convergência, conectando essas ideias numa ordem que faça sentido.

Eis um exemplo de uma nota baseada na técnica do Arquipélago de Ideias que criei para me ajudar a escrever um artigo mais aprofundado sobre os livros de lugar-comum:

Livros de lugar-comum

Livros de lugar-comum

7 destaques da caixa de vidro e do livro de lugar-comum

- Em geral, **o livro de lugar-comum era onde se transcreviam passagens interessantes ou inspiradoras de uma leitura,** montando-se uma enciclopédia personalizada de citações.
- **O filósofo John Locke começou a usar livros de lugar-comum em 1652, durante o primeiro ano na Universidade de Oxford.**
- A beleza do esquema de Locke estava no fato de que **o livro de lugar-comum** era **organizado o suficiente para você encontrar os trechos que procurasse, mas ao mesmo tempo permitia que tivesse, na maior parte, os próprios meandros desorganizados e não planejados.**

Minere seu livro de lugar-comum para escrever rápido

- **Livro de lugar-comum: uma coletânea de informações centralizada, com curadoria e sempre atualizada.**
- Veja o caso do pintor e fotógrafo Chuck Close, que trabalha desconstruindo suas enormes imagens em pequenas áreas, as quais ele finaliza uma de cada vez: "Eu coloco pequenas pinturas lado a lado. **E trabalho essencialmente de cima para baixo, da esquerda para a direita. Construo esses quadros lentamente, formando algo parecido com uma colcha de retalhos."**

Os links sublinhados (que aparecem em verde nas minhas notas) são as fontes da pesquisa. Quando clico neles, não abro um navegador num site – onde posso facilmente me distrair –, e sim outra nota no meu Segundo Cérebro, contendo minhas anotações completas sobre essa fonte.* Ali eu encontro todos os detalhes necessários, além do link para o texto original de onde extraí as citações.

Abaixo de cada fonte, copiei e colei apenas os pontos específicos que desejo usar no texto. Esse Arquipélago de Ideias inclui fontes externas, como no exemplo, mas também notas que criei com base nos meus próprios pensamentos e experiências. Isso me dá o melhor dos dois mundos: posso me concentrar só nos pontos relevantes bem à minha frente, mas todos os outros detalhes de que preciso estão a apenas um clique de distância. Os negritos e destaques da Sumarização Progressiva me ajudam a determinar rapidamente quais partes são mais interessantes e importantes.

A técnica do Arquipélago de Ideias é uma versão contemporânea da antiga prática de elaborar um rascunho – definir antecipadamente os pontos que você deseja incluir em um texto, para que, na hora da execução, só precise juntar tudo. A nota do exemplo é exatamente o que quero ver quando entrar no modo de convergência para concluir o primeiro rascunho do meu artigo.

A criação de rascunhos digitais, e não analógicos, oferece grandes vantagens:

- **Um rascunho digital é muito mais maleável e flexível.** Você pode adicionar uma estrutura de tópicos e riscá-los, reorganizá-los e detalhá-los, adicionar negrito e realces e editá-los à medida que seu pensamento muda.
- **O rascunho digital pode conter links para um conteúdo mais detalhado.** Em vez de tentar colocar todos os pontos na mesma página, você pode criar um link para suas notas particulares ou para páginas na internet, não sobrecarregando o rascunho com muitos detalhes.
- **O rascunho é interativo e multimídia.** Você pode adicionar não apenas texto, mas também imagens, GIFs, vídeos, anexos, diagramas, caixas de seleção e muito mais.

---

* Se o seu aplicativo de notas no celular sincroniza com o seu computador, isso também significa que você pode se desconectar da internet e ainda assim trabalhar, pois tem todas as notas salvas no disco rígido.

- **O rascunho digital é pesquisável.** Mesmo que o esboço fique longo, você pode contar com um poderoso recurso de pesquisa para encontrar imediatamente o termo que está procurando.
- **O rascunho digital pode ser acessado e editado de qualquer lugar.** Ao contrário de uma folha de papel num caderno, o rascunho digital é sincronizado instantaneamente com todos os seus dispositivos e pode ser visualizado e editado de qualquer lugar.

O Arquipélago de Ideias separa as duas atividades que seu cérebro tem mais dificuldade em realizar ao mesmo tempo: *escolher* ideias (conhecida como seleção) e *organizá-las* num fluxo lógico (conhecida como sequenciamento).

A razão pela qual é tão difícil realizar essas atividades simultaneamente é que elas exigem que você esteja em modos diferentes: a seleção é divergente, é preciso estar disposto a considerar qualquer possibilidade. Já o sequenciamento é convergente e demanda foco apenas no material já obtido.

O objetivo do Arquipélago é que, em vez de ficar de frente para uma página ou tela em branco e se estressar para descobrir por onde começar, você comece com uma série de pequenos degraus para orientar seus esforços. Primeiro você seleciona os pontos e as ideias que deseja incluir no rascunho, e depois, em outra etapa, os reorganiza e sequencia numa ordem que flua de forma lógica. Assim, essas duas etapas se tornam muito mais eficientes, menos desgastantes e menos propensas a distrações.

Em vez de começar com escassez, comece com fartura – a fartura de insights interessantes que você armazenou no Segundo Cérebro.

2. A Ponte de Hemingway: use no presente o embalo do passado

Ernest Hemingway foi um dos romancistas mais importantes e influentes do século XX. Escrevia num estilo conciso e sutil que influenciou profundamente uma geração de escritores e lhe garantiu o Prêmio Nobel de Literatura em 1954.

Além de suas diversas obras, Hemingway era conhecido por uma estratégia particular de escrita, que chamo de "Ponte de Hemingway". Ele só terminava uma sessão de escrita quando já sabia o que aconteceria a seguir na história.² Em vez de esgotar cada ideia e cada gota de energia, ele parava quando o próximo ponto da trama ficava claro. Assim, quando voltava a trabalhar na história, sabia exatamente por onde começar. Tinha construído uma ponte para o dia seguinte, usando a energia e o embalo de hoje para alimentar a escrita de amanhã.*

Você pode pensar na Ponte de Hemingway como uma ponte entre as ilhas do seu Arquipélago de Ideias. Você pode ter as ilhas, mas esse é apenas o primeiro passo. O mais desafiador é conectá-las para obter algo que faça sentido, seja um texto, a identidade gráfica de um evento ou um pitch. A Ponte de Hemingway é uma forma de fazer com que cada salto criativo de uma ilha para outra seja menos dramático e arriscado: você reserva um pouco de energia e imaginação e as usa para avançar para a próxima etapa.

E como criar uma Ponte de Hemingway? Em vez de gastar até a última gota de energia ao fim de uma sessão de trabalho, reserve os últimos minutos para acessar suas notas digitais e executar algumas das seguintes ações:

- **Anote ideias para os próximos passos.** Ao fim de uma sessão de trabalho, registre quais devem ser os próximos passos.
- **Anote o status atual.** Pode ser seu maior desafio no momento, a pergunta em aberto mais importante ou os obstáculos futuros que você espera enfrentar.
- **Anote todos os detalhes que você tem em mente e que provavelmente vai esquecer assim que parar de trabalhar.** Por exemplo, detalhes sobre os personagens de sua história, as possíveis armadilhas do evento que está planejando ou detalhes do produto que está criando.
- **Anote sua intenção para a próxima sessão de trabalho.** Estabeleça uma intenção para o que planeja fazer a seguir, o problema que pretende resolver ou o marco que deseja alcançar.

---

* Uma maneira de pensar nisso é "terminar com o começo em mente", uma reformulação inteligente do conselho clássico do autor Stephen Covey de "começar já tendo o fim em mente".

Quando retomar esse trabalho, seja no dia seguinte ou meses depois, você terá à disposição um rico conjunto de pontos de partida e próximos passos. Muitas vezes percebo que meu subconsciente continua trabalhando em segundo plano para me ajudar a aprimorar esses pensamentos. Então, quando retomo um projeto, consigo combinar os resultados do meu pensamento anterior com o poder de uma boa noite de sono e potencializar minha criatividade.

Para dar um passo adiante nessa estratégia, há mais uma coisa que você pode fazer ao encerrar o dia de trabalho: peça feedback de seu rascunho, sua versão beta ou sua proposta. Compartilhe esse PI com um amigo, parente, colega ou colaborador, explique que o trabalho não está finalizado e peça opiniões. Da próxima vez que você trabalhar nele, terá as contribuições e sugestões dessas pessoas e poderá adicioná-las ao material que está usando no trabalho.

3. A Redução do Escopo: envie algo pequeno e concreto

Uma terceira técnica que recomendo para a convergência é a que chamo de "Redução do Escopo".

"Escopo" é um termo de gestão de projetos adotado por desenvolvedores de software, com quem aprendi na época em que trabalhei no Vale do Silício. Refere-se a todo o conjunto de recursos que um software pode incluir.

Digamos que você esteja criando um aplicativo de condicionamento físico. A ideia é ótima: o aplicativo terá rastreamento de exercícios, contador de calorias, localizador de academias, gráficos de progresso e até conectará você a outras pessoas por meio de uma rede social. Vai ser incrível! Vai transformar a vida das pessoas!

No entanto, assim como acontece com tantos objetivos ambiciosos, quando você entra nos detalhes percebe como é complicado colocar tudo isso em prática. Você precisa projetar a interface do usuário, mas também o sistema de back-end para fazê-lo funcionar. Precisa contratar representantes de suporte ao cliente e treiná-los para solucionar problemas. Precisa de toda uma operação financeira para acompanhar os pagamentos e cumprir as leis. Isso sem contar todas as responsabilidades de gerir funcionários, lidar com investidores e desenvolver uma estratégia de longo prazo.

A solução que as equipes de software encontraram para lidar com esse tipo de complexidade crescente é "reduzir o escopo". Em vez de adiar o lançamento do aplicativo – o que pode ser desastroso diante da concorrência e só atrasa o aprendizado necessário –, a equipe de desenvolvimento começa a "reduzir" os recursos à medida que a data de lançamento se aproxima. A rede social é adiada para uma versão futura. Os gráficos de progresso perdem seus recursos interativos. O localizador de academias é cancelado. As primeiras partes descartadas são as mais difíceis ou caras de construir e implementar, as mais incertas ou arriscadas ou as que não são essenciais para o propósito do aplicativo. Tal como um balão de ar quente tentando decolar, mais e mais recursos são jogados fora para reduzir a carga e tirar o produto do chão. E os recursos que não fizerem parte dessa versão inicial podem ser lançados em futuras atualizações.

De que forma isso se relaciona com nossas carreiras como profissionais do conhecimento?

Também realizamos trabalhos complexos com prazos rigorosos. Também temos tempo, dinheiro, atenção e suporte limitados – sempre trabalhamos com restrições.

Quando toda a complexidade de um projeto começa a se revelar, a maioria das pessoas opta por adiá-lo. Isso vale tanto para projetos no trabalho quanto para projetos paralelos que assumimos no tempo livre. Dizemos a nós mesmos que só precisamos de mais tempo, só que quanto mais adiamos nossos planos, mais problemas criamos. Começamos a perder a motivação à medida que o horizonte de tempo se estende. Coisas se perdem ou ficam desatualizadas. Os colaboradores saem do projeto, a tecnologia se torna obsoleta e precisa ser atualizada, e acontecimentos aleatórios da vida interferem. Deixar nossos objetivos e desejos para "mais tarde" muitas vezes acaba nos privando das experiências de que precisamos para crescer e evoluir.

O problema não é correr contra o tempo, mas perder a noção de que temos controle sobre o *escopo* do projeto. Podemos "reduzir" para algo mais viável de concluir.

Esperar até ter tudo pronto antes de começar é como se sentar no carro e esperar todos os semáforos da cidade ficarem verdes ao mesmo tempo para sair da garagem. Você não pode esperar até que tudo esteja perfeito. Sempre vai faltar alguma coisa de que você acha que precisa. Ao reduzir o escopo, você reconhece que nem todas as partes do projeto são igualmente importantes. Ao cancelar, reduzir ou adiar as partes menos essenciais, você destrava e faz progressos mesmo quando tem pouco tempo.

Seu Segundo Cérebro é uma parte fundamental dessa estratégia, porque você precisa de um lugar para guardar o que for adiado ou removido.

Você pode cortar frases ou páginas inteiras de um artigo que está escrevendo, excluir cenas de um vídeo que está fazendo ou eliminar partes de um discurso para não extrapolar o tempo que terá à disposição. Trata-se de uma parte completamente normal e necessária de qualquer processo criativo.

Isso não significa que você tenha que jogar essas partes fora. Uma das melhores funções do Segundo Cérebro é reunir e guardar as sobras, caso você queira usá-las em outro lugar. Um slide cortado de uma apresentação pode virar uma postagem de rede social. Uma observação apagada de um relatório pode se tornar a base para uma apresentação numa conferência. Um item cortado da pauta de uma reunião pode se tornar o ponto de partida para a próxima reunião. Nunca se sabe quando as sobras de um projeto podem se tornar a peça perfeita que falta em outro. As possibilidades são infinitas.

Saber que nada do que escrevo ou crio realmente se perde – é apenas salvo para uso posterior – me dá confiança para fazer cortes agressivos nos meus trabalhos criativos sem medo de desperdiçar esforços ou perder para sempre os resultados do meu pensamento. Saber que a qualquer momento posso corrigir, atualizar ou retornar a qualquer coisa que eu tenha criado no passado me dá a coragem necessária para compartilhar minhas ideias antes que estejam finalizadas. E o ato de compartilhar antes de me sentir pronto alterou completamente a trajetória da minha carreira.

Não importa o que você esteja construindo: existe uma versão menor e mais simples, capaz de oferecer grande parte do valor total numa fração do tempo. Eis alguns exemplos:

- Se quiser escrever um livro, você pode reduzir o escopo e escrever uma série de artigos on-line descrevendo suas ideias principais. Se não tiver tempo para isso, pode reduzir ainda mais e começar com uma postagem nas redes sociais explicando a essência da sua mensagem.
- Se você deseja oferecer um workshop pago, pode reduzir o escopo e criar um workshop gratuito ou ir ainda mais longe e começar com

um exercício em grupo ou clube do livro com colegas de trabalho ou amigos.
- Se você quer fazer um curta-metragem, comece com um vídeo no YouTube. Se isso for muito intimidador, comece com uma live. Se ainda for muito, grave um vídeo curto no celular e envie para um amigo.
- Se você deseja criar uma identidade de marca para uma empresa, comece com um site ou, ainda mais fácil, comece com esboços feitos à mão com suas ideias para um logotipo.

Sem o feedback de clientes, colegas, colaboradores ou amigos, como você vai saber que direção seguir? Por outro lado, como você vai receber esse feedback sem mostrar algo concreto antes? Esse é o famoso problema do ovo e da galinha aplicado à criatividade: você não sabe o que deve criar, mas não vai descobrir o que as pessoas querem até criar algo. Reduzir o escopo é uma forma de sair desse paradoxo e fazer um teste com algo pequeno e concreto ao mesmo tempo que protege as estruturas frágeis e provisórias do seu trabalho.

Divergência e convergência não são um caminho linear, mas um loop: depois de concluir uma rodada de convergência, você pode usar o que aprendeu em um novo ciclo de divergência. Continue alternando, até obter algo que você possa considerar "completo" para compartilhar.

Divergência e convergência na prática: bastidores de um projeto em casa

Vou compartilhar o exemplo de um projeto em que usei as três técnicas: transformar nossa garagem num home office.

Quando nos mudamos para nossa casa, minha esposa e eu logo percebemos que precisávamos de um espaço de trabalho melhor. Nós dois trabalhamos em casa e o minúsculo quarto extra não era suficiente, sobretudo depois que nosso filho nasceu. Então decidimos transformar a garagem num home studio. Ficamos entusiasmados com o plano e, no momento em que criei uma pasta de projeto para isso, eu sabia que era pra valer.

Comecei criando um Arquipélago de Ideias – um esboço com as questões, as considerações, os recursos desejados e as principais restrições do projeto. Eis o esboço que criei em quinze minutos:

Resumo do projeto: Forte Academy Studio

Resumo do projeto: Forte Academy Studio

Introdução

- **Multifuncional, modular e flexível de acordo com necessidades em constante mudança**
- Usar também como espaço para reuniões/home office
  - Como trabalhar de forma produtiva em casa sem enlouquecer: As **10 melhores dicas** do Tiago
- Banheiro/espaço de convivência
  - Podemos ter uma minicozinha?

Custo

Ideias

- **Experiências virtuais interativas**
- **Abrangendo os mundos real e virtual**
- Minhas duas maiores inspirações são este vídeo da casa de Tony Robbins e este vídeo do ciberilusionista Marco Tempest dando uma palestra a partir de seu home studio
- Posts sobre aprendizagem moderna nas redes sociais

Fases/linha do tempo

- **Fase 1: Reforma de garagem/home office**
- Fase 2: Estúdio de transmissão
- Fase 3: Estúdio de gravação

Necessidades/painéis backdrop para o Zoom

- **Painéis backdrop para criar sensação de profundidade**
- Equipamentos

Eu não sabia de antemão quais seriam os principais tópicos desse documento, mas eles rapidamente surgiram assim que comecei a anotar meus pensamentos: Introdução, Custo, Ideias, Fases, Estética, Configuração do Zoom, Equipamento e Perguntas Abertas. Fiz algumas pesquisas no meu Segundo Cérebro por termos como "home office" e "home studio" e encontrei várias notas preexistentes que também podiam ser úteis. Por exemplo, encontrei as recomendações de um amigo que tinha experiência em projetar estúdios, que mencionei anteriormente; fotos de um café maravilhoso na Cidade do México que minha esposa e eu visitamos e poderia servir de inspiração; e uma nota com as melhores práticas para chamadas de Zoom, como encontrar a iluminação certa e um plano de fundo virtual que não distraia os participantes. Adicionei links para eles na parte inferior do rascunho.

Mesmo já contando com alguns materiais para trabalhar, havia lacunas no nosso plano. Nas semanas seguintes, sempre que tinha tempo livre, reuni e capturei conteúdos para ajudar na reforma do home studio. Salvei fotos do Pinterest com exemplos de home offices que achei legais; notas de uma conversa com um amigo músico que me deu dicas de isolamento acústico; e uma lista de empreiteiros locais que um vizinho me enviou. Cheguei a varar uma noite assistindo a dezenas de vídeos de youtubers apresentando seus estúdios, anotando os detalhes de como eles converteram lugares antes vazios em espaços de trabalho funcionais.

Eu dividia meu tempo entre meu trabalho e as tarefas da casa, então, quando começamos a reforma, tinha pouquíssimo tempo livre. Sempre que podia, fazia realces e destilava as últimas notas que havia capturado e criava notas breves sobre onde tinha parado, para ter por onde começar quando voltasse às notas no futuro. Usei uma série de Pontes de Hemingway para unir muitas dessas janelas de tempo que de outra forma não teriam sido muito produtivas.

Quando todos esses pensamentos, ideias, desejos e sonhos começaram a se acumular, o projeto se tornou um grande sucesso. Antes que eu percebesse, nossas ambições cresceram: pensamos em derrubar paredes, fazer uma claraboia, instalar cabos para uma internet veloz e redesenhar o layout do quintal para acomodar todos esses acréscimos. Tínhamos divergido demais e precisávamos nos controlar um pouco.

Foi quando a Redução de Escopo se mostrou essencial: identificamos nossos planos mais extravagantes e decidimos guardá-los para depois. Movi essas ideias para a seção "Algum dia/Talvez" do meu rascunho, com a intenção de revisitá-las mais tarde. Também fizemos várias restrições no projeto, como o orçamento que queríamos ter e um prazo para a reforma. As restrições nos ajudaram a reduzir o escopo para algo gerenciável. Com isso, os passos seguintes – encontrar um empreiteiro para fazer a obra e finalizar a planta – puderam ser definidos.

Agora é a sua vez: seja rápido e ponha a mão na massa

Se você quer experimentar essa abordagem de execução de projetos, agora é o momento perfeito.

Comece escolhendo um projeto que você deseja desenvolver. Pode ser um que você tenha identificado durante a leitura do Capítulo 5, quando pedi que criasse pastas para cada projeto ativo. Ou pode ser algo que você sabe que quer (ou precisa) começar. Quanto mais incerto, novo ou desafiador for o projeto, melhor.

Elabore um rascunho com seus objetivos, intenções, perguntas e considerações para o projeto. Comece escrevendo tudo que já tenha em mente e depois examine suas categorias PARA em busca de notas relacionadas e PIs. Essa etapa pode incluir pontos ou conclusões de notas criadas anteriormente, inspiração de modelos ou exemplos que você queira tomar emprestados ou usar como base para seguir as práticas recomendadas.

Eis algumas perguntas úteis a se fazer durante a pesquisa:

- Existem livros ou artigos dos quais você poderia extrair trechos inspiradores?
- Existem sites que ofereçam recursos que você possa usar como base?
- Existem podcasts de especialistas que você pode escutar enquanto se desloca ou faz tarefas domésticas?
- Existem PIs relevantes escondidos em projetos do passado?

Você encontrará alguns materiais finalizados e bastante sucintos, e outros em estágios iniciais. Não importa: seu único objetivo é ter todo o material que possa ser utilizado num só lugar. Mova todas as notas e todos os PIs que deseja usar para uma nova pasta de projeto.

Ligue o alarme para daqui a quinze ou vinte minutos e, enquanto ele não tocar, veja se consegue avançar no projeto *usando apenas as notas que reuniu* – sem fazer pesquisas on-line, sem usar redes sociais e sem abrir as inúmeras guias do navegador que você jura que vai ler um dia. Trabalhe só com o que já tem de fato. Nesse primeiro momento você pode elaborar um plano, uma pauta, uma proposta, um diagrama ou qualquer outro formato que transforme suas ideias em algo concreto.

Talvez você sinta aquele medo de estar perdendo alguma coisa, de não estar enxergando algo, e isso o leve a buscar mais informações. Talvez se sinta tentado a "fazer mais pesquisas", mas lembre-se: você não vai *concluir* o projeto inteiro de uma só vez. Nesse momento você vai apenas criar um rascunho inicial do seu artigo, um esboço do aplicativo, um plano de campanha. Pergunte a si mesmo: "Qual é a menor versão disso que eu posso produzir para obter um feedback útil de outras pessoas?"

Se você acha que não consegue completar esse esboço inicial de uma só vez, comece construindo uma Ponte de Hemingway para quando retomar o projeto. Liste perguntas em aberto, tarefas pendentes, caminhos a explorar ou pessoas a consultar. Compartilhe o que produziu com alguém que possa lhe dar feedback enquanto não estiver trabalhando no projeto e salve os comentários que receber numa nova nota na mesma pasta do projeto. Você pode receber esse feedback numa conversa privada com um colega de confiança, publicamente pelas redes sociais ou um meio-termo. Para esse momento, escolha um local em que se sinta à vontade.

Caso sinta dificuldade em continuar com esse projeto mais tarde, tente Reduzir o Escopo. Elimine os recursos menos importantes, adie as decisões mais difíceis ou encontre alguém para ajudá-lo nas partes com as quais você está menos familiarizado.

Ao longo de cada etapa do processo, certifique-se de anotar tudo que aprender ou descobrir e salve todos os novos PIs que surgirem. Quando seu cérebro biológico já estiver preparado por essa leitura inicial das notas, você começará a perceber sinais e pistas relacionados ao assunto em todos os lugares. Crie notas dessas pistas também! Quando concluir a primeira parte do trabalho, receber feedback e coletar um novo conjunto de notas para trabalhar, você estará pronto para tudo que vier depois.

Capítulo 9

Os hábitos essenciais dos organizadores digitais

"Os hábitos reduzem a carga cognitiva e libertam a capacidade mental, para podermos deslocar a atenção para as outras tarefas. Só quando tornamos os fatos básicos da vida mais fáceis é que conseguimos criar o espaço mental necessário para o pensamento livre e a criatividade."
– James Clear, autor de *Hábitos atômicos*

Seu Segundo Cérebro é um sistema prático para aumentar sua produtividade *e* sua criatividade.

Embora esses domínios sejam frequentemente vistos como opostos e excludentes – um concreto e definido; o outro abstrato e aberto –, eu os considero complementares. Quando somos organizados e eficientes, liberamos espaço para o surgimento da criatividade. Quando temos confiança no nosso processo criativo, não precisamos pensar muito sobre isso, o que reduz drasticamente o estresse constante, a preocupação a respeito de estar ou não indo na direção certa.

Esse equilíbrio entre ordem e criatividade é algo que podemos construir intencionalmente no Segundo Cérebro. Como todo sistema, ele precisa de manutenção regular. No mundo digital você tem que manter certo nível de organização, de modo que seus espaços de trabalho virtuais aumentem sua produtividade em vez de atrapalhá-la.

"Ser organizado" não é um traço de personalidade que vem de nascença nem se resume a encontrar os aplicativos ou ferramentas certos. Ser organizado é um hábito: um conjunto de ações que você executa repetidamente ao encontrar, trabalhar e utilizar as informações. No entanto, se você sempre tem dificuldade para encontrar suas notas, rascunhos, brainstormings e fontes, não só está desperdiçando um tempo precioso como também sabotando seu momento de embalo. Para cada passo do Método CODE existem hábitos que podem nos ajudar a ser mais organizados e criar espaço para o surgimento da criatividade.

O caminho da *mise-en-place* para a produtividade sustentável

Veja como os chefs trabalham numa cozinha profissional. Eles têm demandas incrivelmente altas tanto de qualidade *quanto* de quantidade. Cada ingrediente em cada prato deve ser quase perfeito – um ingrediente frio ou um filé malcozido e o prato inteiro pode ser devolvido... e numa noite movimentada a cozinha pode ter que produzir centenas de pratos.

Essa tensão entre qualidade e quantidade é algo que nós, profissionais do conhecimento, também sentimos. Precisamos oferecer um padrão extremamente alto, e rápido, de maneira contínua, o ano todo. Somos como atletas velocistas que também estão tentando correr uma maratona.

Os chefs têm um sistema específico para realizar esse feito desafiador. Chama-se *mise-en-place*, filosofia culinária utilizada em restaurantes de todo o mundo. Desenvolvida na França no fim do século XIX, trata-se de um processo passo a passo para produzir alimentos de alta qualidade com eficiência. Os chefs não podem se dar ao luxo de parar tudo apenas para limpar a cozinha. Eles aprendem a manter o local de trabalho limpo e organizado *enquanto preparam as refeições*.

Na cozinha, isso significa adotar pequenos hábitos, como sempre colocar a colher da batedeira no mesmo lugar para saber onde encontrá-la; limpar imediatamente uma faca após usá-la, para que esteja pronta para o próximo corte; ou organizar os ingredientes na ordem em que serão usados, para que já estejam na posição correta.

Os chefs usam a *mise-en-place* – uma filosofia e mentalidade incorporada num conjunto de técnicas práticas – como seu "cérebro externo".[1] Assim, podem externalizar seu pensamento direto no ambiente de trabalho, automatizar as partes repetitivas e se concentrar nas partes criativas.

Como profissionais do conhecimento, temos muito a aprender com a *mise-en-place*. Também temos que lidar com uma enxurrada de tarefas, em condições incertas e com prazos apertados. Também recebemos um fluxo constante de informações e solicitações, temos pouquíssimo tempo para processá-las e enfrentamos muitas demandas que exigem atenção simultânea. E ainda temos que fazer a manutenção dos nossos sistemas ao mesmo tempo que trabalhamos regularmente.

Você não vai descobrir magicamente que tem tempo disponível, parar tudo e reorganizar seu mundo digital. Seu chefe não vai gostar se você disser que vai tirar o dia para "se inteirar" dos assuntos. Seu negócio não vai durar muito se você recusar clientes porque está "fazendo manutenção dos sistemas". É difícil encontrar tempo para fazer uma pausa e recuperar o fôlego. Em geral só percebemos que nossos sistemas precisam de manutenção quando eles dão defeito, e quando isso acontece culpamos nossa falta de autodisciplina ou de produtividade.

Criar um Segundo Cérebro não é apenas baixar um aplicativo para se organizar em determinado momento, mas adotar um sistema dinâmico e flexível e um conjunto de hábitos para acessar continuamente tudo de que precisamos sem criar um caos no nosso ambiente (e na nossa mente).

Não basta ter disciplina interior. Também precisamos seguir uma disciplina *exterior* – um sistema de princípios e comportamentos – para canalizar nossas energias, pensamentos e emoções de maneira produtiva. Um sistema que estruture o fluxo de informações em constante mudança com o qual interagimos diariamente.

Neste capítulo apresentarei três tipos de hábito que podem ser integrados à sua rotina para garantir a funcionalidade do seu Segundo Cérebro. Cada um desses hábitos cria limites – de tempo, espaço e intenção – em torno dos estados mentais que você deseja proteger e promover. Esses limites dizem em que você deve focar e, tão importante quanto, o que deve ignorar. Os três hábitos mais importantes para o seu Segundo Cérebro são:

- **Checklists de Projeto:** Inicie e conclua seus projetos de maneira consistente utilizando trabalhos anteriores.
- **Revisões Semanais e Mensais:** Revise periodicamente seu trabalho e sua vida e decida se quer mudar algo.
- **Hábitos de Percepção:** Observe pequenas oportunidades para editar, criar destaques ou mover notas para torná-las mais descobríveis no futuro.

Pense nesses hábitos como o "cronograma de manutenção" do seu Segundo Cérebro. Assim como você tem um cronograma de manutenção para o seu carro – que o instrui a trocar regularmente o óleo, fazer rodízio de pneus e mudar os filtros de ar –, de vez em quando seu Segundo Cérebro precisa de um ajuste para garantir que esteja em boas condições de funcionamento.

Vamos explorar esses hábitos um de cada vez.

O hábito de fazer Checklists de Projeto: a chave para iniciar seu volante do conhecimento

Basicamente, o trabalho do conhecimento consiste em coletar informações e transformá-las em resultados. Todos os dias, o dia todo, consumimos para depois produzir. Você não precisa de treinamento especial para realizar essas atividades e certamente não precisa de um Segundo Cérebro.

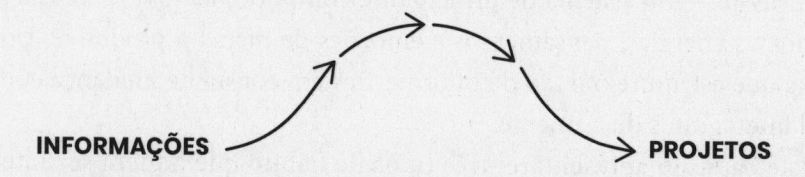

INFORMAÇÕES → PROJETOS

O que falta para a maioria das pessoas, no entanto, é um ciclo de feedback – uma forma de "reciclar" o conhecimento criado anteriormente para que possa ser usado no futuro. É assim que os investidores pensam sobre o dinheiro: eles não recebem os lucros de um investimento e gastam tudo de imediato. Eles os reinvestem, criando um volante para que o dinheiro se acumule ao longo do tempo.

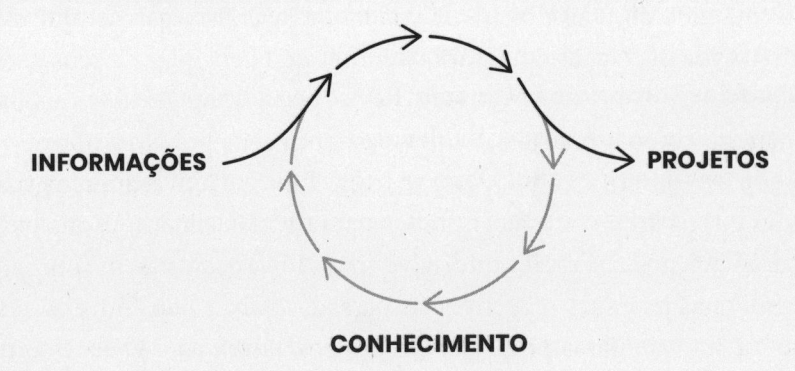

INFORMAÇÕES → PROJETOS → CONHECIMENTO

É exatamente assim que eu quero que você trate a sua atenção: como um ativo que é investido e produz retorno, que por sua vez pode ser reinvestido em outros empreendimentos. É assim que você garante que seu conhecimento cresça e se multiplique ao longo do tempo, como um ativo de alto rendimento. Tal como investir uma pequena quantia no mercado de ações todos os meses, seus investimentos de atenção também podem crescer à medida que seu conhecimento aumenta e suas ideias se conectam e se complementam.

Se você prestar atenção, verá que existem dois momentos-chave nesse processo de reciclagem do conhecimento nos quais os caminhos divergem e você tem a chance de fazer algo diferente do que já fez.

Esses dois momentos são quando um projeto começa e quando ele termina. Para o primeiro, apresentarei o Checklist de Início de Projeto e, para o segundo, o Checklist de Conclusão de Projeto.

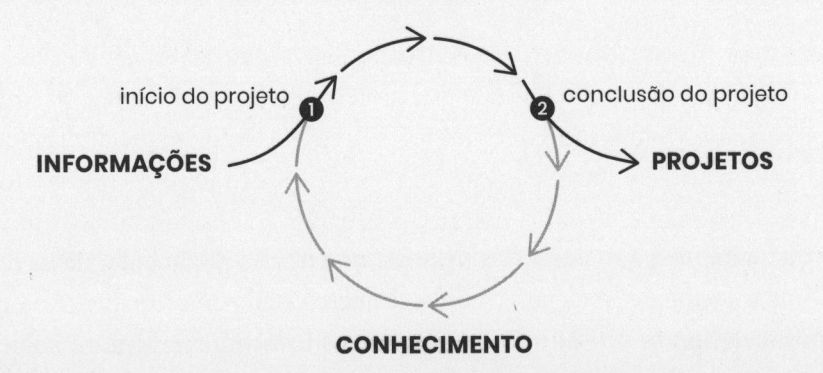

INFORMAÇÕES → ❶ início do projeto → ❷ conclusão do projeto → PROJETOS → CONHECIMENTO

Checklist nº 1: início do projeto

Antes de decolar, os pilotos de aeronave conferem um "checklist pré-voo" que informa tudo que eles precisam verificar ou fazer. Isso garante que eles concluirão todas as etapas necessárias sem ter que depender de seus cérebros falíveis.

A maneira como a maioria das pessoas lança seus projetos, por outro lado, pode ser descrita como desordenada. Talvez elas verifiquem suas anotações e seus arquivos e façam buscas para tentar encontrar qualquer informação que possa ser relevante, talvez não. Talvez conversem com seus colegas sobre as lições das experiências passadas, talvez não. Talvez criem um plano para orientar o progresso do projeto, talvez não. O sucesso do início do projeto é questão de sorte.

No Capítulo 5 vimos como o trabalho está se tornando cada vez mais centrado em projetos. Cada meta, colaboração ou atribuição que assumimos pode ser definida como um projeto, que dá a ele forma, foco e senso de direção. Considerando que é nesses projetos que investimos a maior parte da nossa atenção, vale a pena estruturar seu início. E é aqui que entra o Checklist de Início de Projeto.

Eis meu checklist:

1. **Capturar** meus pensamentos atuais sobre o projeto.
2. **Revisar** as pastas (ou tags) que podem conter notas importantes.
3. **Pesquisar** termos relacionados em todas as pastas.
4. **Mover** as notas importantes para a pasta do projeto (ou etiquetá-las).
5. **Criar** um esboço das notas coletadas e planejar o projeto.

1. **Capturar meus pensamentos atuais sobre o projeto.** Muitas vezes percebo que, no momento em que um projeto começa a se formar em minha mente, logo tenho ideias e opiniões sobre ele. Gosto de iniciar criando uma nota em branco e fazendo um brainstorming de todos os pensamentos que me vêm à mente. Essa primeira nota é, então, colocada dentro de uma nova pasta de projeto dedicada a armazenar todas as notas que criarei relacionadas a ele.

Essa etapa pode e deve ser confusa: despejo todas as minhas reflexões aleatórias, possíveis abordagens, links para outras ideias ou tópicos, ou lembretes de pessoas com quem conversar.

Eis algumas perguntas que uso para estimular esse brainstorming inicial:

- O que já sei sobre o projeto?
- O que não sei e preciso descobrir?
- Qual é o meu objetivo ou a minha intenção?
- Com quem posso conversar para obter insights?
- O que posso ler ou ouvir para ter boas ideias?

Digito na nota inicial tudo que me vier à mente a partir dessas perguntas. Prefiro usar uma estrutura de tópicos, para que as informações sejam compactas e fáceis de mover de um lugar para outro, se necessário.

2. Revisar as pastas (ou tags) que podem conter notas importantes.

Em segundo lugar, analiso todas as pastas existentes que possam conter informações relevantes para o novo projeto, incluindo modelos, esboços e sobras de projetos anteriores. O sistema PARA e a Sumarização Progressiva são muito úteis nesse momento: já tenho várias pastas, cada uma contendo um conjunto de notas selecionadas, com trechos realçados e resumos para que eu possa me lembrar rapidamente do que se trata. Entro nas pastas de Projetos, Áreas, Recursos e Arquivos e escolho algumas notas que me pareçam mais importantes para o projeto que estou iniciando. Em seguida, passo os olhos em qualquer anotação que pareça interessante sem perder o embalo, evitando travar em qualquer ponto. Agora não é a hora de me distrair – é hora de fazer progresso.

3. Pesquisar termos relacionados em todas as pastas.

O terceiro passo é realizar buscas por notas que eu possa ter perdido. Às vezes há ideias valiosas enterradas em lugares inesperados, que talvez eu não encontre navegando.

É aqui que entra em cena a Perspectiva do Curador, que usei quando capturei o conteúdo pela primeira vez. Tendo em vista que cada nota no meu Segundo Cérebro foi feita com um propósito, a pesquisa é realizada exclusivamente numa coleção de notas de alta qualidade. Isso contrasta fortemente com a pesquisa na internet, que está cheia de anúncios que nos distraem, manchetes enganosas, conteúdos superficiais e controvérsias sem sentido – tudo que pode me desviar do objetivo.

Assim, executo uma série de buscas por termos relacionados ao novo projeto, passando os olhos pelos resultados e entrando rapidamente em qualquer nota que pareça interessante. A Sumarização Progressiva também ajuda nesse ponto, pois me permite aumentar ou diminuir o zoom das notas sem ter que absorver todo o seu conteúdo.

4. **Mover as notas importantes para a pasta do projeto (ou etiquetá-las).** Nesse momento, eu movo as notas encontradas nas duas etapas anteriores para a pasta do projeto, com o nome do novo projeto. Uma alternativa, dependendo dos recursos do seu aplicativo de notas, é etiquetar ou linkar as notas, para não precisar tirá-las de seu local original. O importante não é onde a nota está localizada, mas se você pode consultá-la rapidamente enquanto mantém o foco no projeto.

5. **Criar um esboço das notas coletadas e planejar o projeto.** Por fim, é hora de usar o material reunido para criar um esboço (um Arquipélago de Ideias) para o projeto. Meu objetivo não é obter uma coleção de ideias soltas, mas formular uma progressão lógica de etapas que deixem explícito o que devo fazer a seguir.

A forma que esse esboço assume vai depender da natureza do projeto. Se for um texto – como um ensaio ou relatório –, podem ser os pontos principais que desejo incluir no documento final. Se for a descrição de um projeto colaborativo com colegas ou colaboradores terceirizados, pode incluir os objetivos pelos quais estamos trabalhando e as responsabilidades de cada um. Se for uma viagem que pretendo fazer, pode ser uma lista de itens para colocar na bagagem e um itinerário.

O importante é lembrar que, enquanto percorre o checklist, você está elaborando um plano de como lidar com o projeto, *não executando o projeto em si*. Você deve pensar no checklist de cinco etapas como uma primeira verificação, não levando mais de vinte a trinta minutos. Nesse momento, você só está tentando ter uma noção do tipo de material que já tem armazenado no Segundo Cérebro. Ao fim dessa etapa você terá uma noção muito melhor de quanto tempo levará para concluir o projeto, que conhecimentos ou recursos precisará obter e quais serão seus prováveis desafios.

Sugiro que você use o checklist como ponto de partida e o personalize ao longo do tempo, à medida que entende como ele se encaixa no seu contexto. Dependendo de sua profissão ou seu ramo de atuação, você pode precisar de mais ou menos formalidade, mais ou menos tempo para esse primeiro momento de checagem, mais ou menos pessoas envolvidas. Eis algumas outras opções de ações que você pode querer incluir na sua versão da lista:

- **Responder a perguntas *pre mortem*.*** O que você quer aprender? Qual é a maior fonte de incerteza ou a pergunta mais importante que você deseja responder? O que tem mais chance de fracassar?
- **Comunicar-se com as partes interessadas.** Explique ao seu gestor, seus colegas, clientes, acionistas, terceirizados, etc. o que é o projeto e por que ele é importante.
- **Definir critérios de sucesso.** O que precisa acontecer para que o projeto seja considerado um sucesso? Quais são os resultados mínimos que você precisa alcançar ou as metas mais audaciosas que deseja cumprir?
- **Dar o pontapé inicial oficial.** Agende telefonemas, elabore um orçamento e um cronograma, e explique a todas as partes interessadas quais são as metas e os objetivos do projeto, garantindo que estejam informadas e alinhadas sobre o que se espera delas. A meu ver, o pontapé inicial oficial é útil mesmo quando você vai encarar um projeto solo!

---

* O *pre mortem* é uma prática útil, semelhante a um *post mortem* (usado para analisar como um projeto deu errado), mas realizado *antes* do início do projeto. Ao se perguntar o que é provável que não dê certo, você pode tomar medidas para evitar que os erros aconteçam.

Checklist nº 2: conclusão do projeto

Agora vamos dar uma olhada no Checklist de Conclusão de Projeto, o outro lado da equação.

A conclusão de um projeto é um momento muito especial na vida de um profissional do conhecimento, pois é um dos raros momentos em que algo de fato termina. Parte do que torna o trabalho moderno tão desafiador é que nada parece ter fim. Cansativo, não é? Calls e reuniões parecem durar uma eternidade, logo raramente comemoramos uma vitória clara e podemos recomeçar. Eis uma das melhores razões para manter os projetos pequenos: dessa forma podemos experimentar a gratificante sensação de conclusão sempre que possível.

Mas não vamos nos limitar a comemorar o fim de um projeto. O ideal é aprender com a experiência e documentar qualquer pensamento que possa agregar valor no futuro. E é aqui que o Checklist de Conclusão de Projeto se mostra essencial. Trata-se de uma série de etapas para decidir se existe algum ativo de conhecimento reutilizável que valha a pena manter antes de arquivar o resto. A única forma de viabilizar o Checklist de Início de Projeto é se, no passado, você reservou um tempo para salvar e preservar o material de projetos anteriores.

Eis a minha lista:

1. **Marcar** o projeto como concluído no gerenciador de tarefas ou no aplicativo de gestão de projetos.
2. **Riscar** o objetivo do projeto e movê-lo para a seção "Concluído".
3. **Revisar** os Pacotes Intermediários e movê-los para outras pastas.
4. **Mover** a pasta do projeto para arquivos em todas as plataformas.
5. **Se o projeto for desativado antes da conclusão**, adicionar uma nota de status atual à pasta do projeto antes de arquivar.

1. **Marcar o projeto como concluído no gerenciador de tarefas ou no aplicativo de gestão de projetos.** Esse é o primeiro passo para garantir que o projeto esteja realmente concluído. Muitas vezes é necessário realizar tarefas demoradas para encerrá-lo por completo – como obter as aprovações finais, preencher a papelada ou divulgar as entregas do projeto –, e

é por isso que começo olhando para o meu gerenciador de tarefas, que é um aplicativo dedicado a acompanhar as ações pendentes, como uma lista digital de tarefas por cumprir.*

Se todas as tarefas forem finalizadas, posso marcá-las como concluídas e passar para as etapas seguintes.

2. Riscar o objetivo do projeto e movê-lo para a seção "Concluído".

Geralmente, cada projeto em que trabalho tem um objetivo correspondente. Mantenho todos os meus objetivos numa única nota digital, classificados desde aqueles a curto prazo para o próximo ano até aqueles a longo prazo para os anos seguintes.

Gosto de parar por um momento e refletir sobre se a meta que estabeleci de início para o projeto deu certo. Se eu a alcancei de fato, que fatores levaram ao sucesso? Como posso repetir ou investir nesses pontos fortes? Se falhei, o que aconteceu? O que posso aprender ou mudar para evitar os mesmos erros da próxima vez? O tempo que você gasta pensando nessas questões depende do tamanho do projeto. Um grande esforço de equipe pode justificar horas de análise aprofundada, ao passo que um pequeno projeto paralelo pessoal pode merecer apenas alguns minutos de reflexão.

Também gosto de riscar a meta e movê-la para uma seção diferente chamada "Concluído". Sempre que preciso de alguma motivação posso olhar essa lista e me lembrar de todos os grandes objetivos que alcancei no passado. Não importa se o objetivo é grande ou pequeno: manter um inventário de suas vitórias e sucessos é um uso maravilhoso do Segundo Cérebro.

3. Revisar os Pacotes Intermediários e movê-los para outras pastas.

Em terceiro lugar, eu analiso a pasta do projeto concluído em busca de PIs que criei e que possam ser reaproveitados no futuro. Pode ser o design de uma página da web a ser usado como modelo para sites futuros, uma pauta para uma avaliação de desempenho individual ou uma série de perguntas úteis para entrevistas de contratação no futuro.

---

* Embora não faça parte do escopo deste livro, incluí minhas recomendações para gerenciadores de tarefas em vários sistemas operacionais no Second Brain Resource Guide, em buildingasecondbrain.com/resources (conteúdo em inglês).

É preciso contar com um certo olhar para ver cada um desses documentos e arquivos não como descartáveis, mas como subprodutos do pensamento de qualidade. Grande parte do nosso trabalho é repetida ao longo do tempo, com pequenas variações. A ideia é que, se você começar a pensar de onde parou da última vez, estará muito mais à frente do que se começasse do zero.

Se encontro algum PI que pareça útil para outro projeto, eu o movo para a pasta do projeto atual. O mesmo vale para anotações importantes para Áreas ou Recursos. Tudo bem se você não selecionar tudo que for possível: o conteúdo completo dos seus arquivos sempre aparecerá em pesquisas futuras, não há por que ter medo de perder nada.

4. **Mover a pasta do projeto para arquivos em todas as plataformas.** É hora de mover a pasta do projeto para os arquivos do meu aplicativo de notas e de todas as outras plataformas que eu tenha usado durante o projeto. No meu caso, geralmente faço o mesmo com a pasta de documentos no meu computador e a minha unidade de armazenamento em nuvem.

Isso garante que a sua lista de projetos ativos não fique lotada de materiais antigos e obsoletos, e ao mesmo tempo preserva tudo que for necessário, para o caso de inesperadamente voltar a ser importante no futuro.

5. **Se o projeto for desativado antes da conclusão, adicionar uma nota de status atual à pasta do projeto antes de arquivar.** A quinta etapa vale apenas se o projeto estiver sendo cancelado, adiado ou suspenso em vez de concluído. O certo é arquivá-lo para que não fique visível, mas, nesse caso especial, existe uma ação extra no fim.

Eu acrescento uma nova nota à pasta do projeto intitulada "Status atual" e faço comentários para poder recuperá-la no futuro. Por exemplo, posso usar uma estrutura de tópicos para descrever as últimas ações, detalhes sobre o motivo do adiamento ou cancelamento, a lista de pessoas que estavam trabalhando no projeto e o papel que desempenharam, e quaisquer lições ou práticas recomendadas aprendidas durante o projeto. Essa Ponte de Hemingway me proporciona a confiança para pausar o projeto sabendo que posso recuperá-lo a qualquer momento.

Fiquei surpreso ao descobrir que, quando sou sincero comigo mesmo sobre o motivo da interrupção de um projeto e dedico alguns minutos a registrar meus pensamentos atuais sobre ele, tenho a possibilidade de recuperá-lo meses ou até anos depois sem muito esforço. É muito estimulante perceber que você pode armazenar um projeto e se livrar do peso mental de ter que mantê-lo em mente. E é extremamente reconfortante saber que não é preciso fazer progressos constantes em tudo o tempo todo.

Eis alguns outros itens que você pode incluir no seu Checklist de Conclusão de Projeto. Sugiro que você os adapte às suas necessidades:

- **Responda a perguntas *post mortem*.** O que você aprendeu? Em que se saiu bem? Em que poderia ter se saído melhor? O que pode melhorar da próxima vez?
- **Comunique-se com as partes interessadas.** Notifique chefe, colegas, clientes, acionistas, terceirizados, etc. de que o projeto foi concluído e quais foram os resultados.
- **Avalie os critérios de sucesso.** Os objetivos do projeto foram alcançados? Por que ou por que não? Qual foi o retorno sobre o investimento?
- **Encerre oficialmente o projeto e comemore.** Envie os últimos e-mails, faturas, recibos, formulários de feedback ou documentos e comemore seus feitos com sua equipe ou colaboradores. Nesse momento você tem a sensação de realização por todo o esforço que fez.

A primeira análise do seu Checklist de Conclusão de Projeto deve ser mais rápida do que a do Checklist de Início de Projeto – você não deve levar mais que dez ou quinze minutos para encontrar materiais interessantes e ter ideias. Como você não sabe se esses materiais voltarão a ser úteis, não invista tanto tempo e atenção neles. Faça apenas o esforço necessário para que, no futuro, você seja capaz de decidir se esses materiais ainda são úteis. Se for o caso, na hora você decidirá se vai fazer o esforço de organizá-los e destilá-los ainda mais.

O objetivo dos Checklists de Projeto não é fazer com que seu *modus operandi* se torne rígido e se baseie apenas em uma fórmula, mas, sim, ajudá-lo a iniciar e concluir projetos de forma organizada e definitiva, para que não restem compromissos "órfãos", pontas soltas sem um fim à vista. Pense nos checklists como andaimes – uma estrutura de suporte para garantir que aquilo que você está construindo se mantenha em pé sozinho. Assim como em algum momento os andaimes são retirados, esses hábitos serão absorvidos por você e se tornarão parte do seu modo de pensar. Você nem sequer cogitará começar um novo projeto sem consultar o Segundo Cérebro em busca de algo que possa reutilizar.

O hábito da revisão: por que você deve processar suas notas em lote (e com que frequência deve fazer isso)

Agora vamos falar sobre Revisões Semanais e Mensais.

O pioneiro na prática de fazer uma "Revisão Semanal" foi o coach executivo e autor David Allen, que explicou o método em seu influente livro *A arte de fazer acontecer*.* Ele descreveu a Revisão Semanal como uma verificação regular, realizada uma vez por semana, em que você ajusta e revisa seus trabalhos e sua vida. Segundo Allen, ela serve para registrar novas tarefas, revisar projetos ativos e determinar as prioridades para a próxima semana.

Sugiro acrescentar uma etapa: revisar as notas que você criou na semana anterior, dar a elas títulos sucintos que expliquem de que se trata e classificá-las nas pastas PARA. A maioria dos aplicativos de notas tem algum tipo de "caixa de entrada", onde as notas novas permanecem até serem revisadas. Esse "processamento em lote" leva apenas alguns segundos por nota, e é possível concluí-lo em questão de minutos.

Vamos mergulhar nos detalhes e ver como as Revisões Semanais e Mensais podem ajudar você a manter seu Segundo Cérebro sempre pronto para o que der e vier.

Um modelo de Revisão Semanal: organizar para evitar sobrecarga

Eis o meu Checklist de Revisão Semanal, que geralmente faço a cada três a sete dias, dependendo do ritmo de trabalho da semana. O objetivo não é

---

* O livro é uma contrapartida útil à GCP, ensinando o leitor a "tirar as coisas da cabeça" – que aqui estamos fazendo em forma de notas – e transformá-las em informações "acionáveis", como listas de tarefas.

seguir um cronograma rígido, mas criar o hábito de esvaziar minhas caixas de entrada e limpar meus espaços de trabalho digitais com regularidade, para evitar que fiquem sobrecarregados. Mantenho o checklist numa nota no meu computador, para poder consultá-lo facilmente.

1. Limpar a caixa de entrada do e-mail.
2. Checar minha agenda.
3. Limpar a área de trabalho do computador.
4. Limpar a caixa de entrada do meu aplicativo de notas.
5. Escolher as tarefas da semana.

1. **Limpar a caixa de entrada do e-mail.** Começo limpando da caixa de entrada todos os e-mails remanescentes da semana anterior. Em geral, não tenho tempo para fazer isso durante a semana, pois tenho que lidar com outras tarefas importantes, mas descobri que, se deixar as mensagens se acumularem de uma semana para a seguinte, fica difícil descobrir quais novidades preciso priorizar e o que restou do passado.

Tudo que preciso fazer é salvo no meu gerenciador de tarefas e todas as notas que capturo são salvas no meu aplicativo de notas.

2. **Checar minha agenda.** Em seguida verifico a agenda. É nesse momento que vejo como será a próxima semana, as reuniões e os compromissos para os quais preciso abrir espaço. Geralmente analiso as tarefas das últimas semanas e vejo o que preciso acompanhar, e verifico as semanas seguintes, caso haja algo para o qual deva me preparar.

Mais uma vez, tudo que preciso fazer é salvo no gerenciador de tarefas e todas as notas que capturo são salvas no meu aplicativo de notas.

3. **Limpar a área de trabalho do computador.** Em seguida, limpo os arquivos espalhados na área de trabalho do computador. Descobri que, se eu deixá-los acumular semana após semana, em algum momento meu ambiente digital fica tão confuso que não consigo pensar direito.

Quaisquer arquivos potencialmente relevantes para meus projetos, áreas ou recursos são movidos para as pastas PARA no sistema de arquivos do computador.

4. **Limpar a caixa de entrada do meu aplicativo de notas.** Quando chego à quarta etapa, a caixa de entrada do meu aplicativo de notas está repleta de informações interessantes das três etapas anteriores – do e-mail, da agenda e da área de trabalho do computador. Isso se soma a todas as outras notas que coletei ao longo da semana anterior – em geral, de cinco a quinze numa semana normal.

Nesse momento, eu as processo em lote, de uma só vez, tomando decisões rápidas e intuitivas sobre onde cada nota ficará no sistema PARA e criando pastas conforme necessário. Não existe um local "correto" para as notas e a busca é incrivelmente eficaz, então as coloco no primeiro lugar que me vem à cabeça.

Você perceberá que essa é a única etapa da minha Revisão Semanal que está diretamente relacionada às notas digitais. O processo de checar a caixa de entrada de notas, dar a cada nota um título informativo e movê-las para as pastas apropriadas é simples e prático. Nesse momento eu não realço trechos nem crio resumos. Não tento entender nem absorver o conteúdo dessas notas. Não procuro descobrir com que assuntos elas podem se relacionar.

Guardo todo esse pensamento para o futuro – para uma hora e um lugar em que vou saber o que estou tentando fazer e como usar essa compilação de conhecimento para alcançar meu objetivo. Esse processo de organização semanal funciona como um rápido lembrete do conhecimento que acumulei na semana anterior e garante que eu tenha um fluxo saudável de novas ideias e insights fluindo para o meu Segundo Cérebro.

5. **Escolher as tarefas da semana.** Essa é a última etapa da minha Revisão Semanal. É hora de limpar a caixa de entrada do meu aplicativo gerenciador de tarefas. A esta altura, ele também conta com diversas tarefas que transferi do e-mail, da agenda, da área de trabalho e das notas digitais. Levo alguns minutos para classificá-las nos projetos e áreas apropriados.

A etapa final da Revisão Semanal é escolher as tarefas com as quais vou me comprometer ao longo da semana seguinte. Como acabei de fazer uma varredura em todo o meu mundo digital e levei em conta todas as informações possivelmente relevantes, sou capaz de tomar essa decisão com firmeza e começar a semana com total confiança de que estou trabalhando nas coisas certas.

Um modelo de Revisão Mensal: refletir para ter clareza e controle

Embora a Revisão Semanal seja bem fundamentada e prática, recomendo fazer uma Revisão Mensal um pouco mais reflexiva e holística. É uma chance de avaliar o panorama e considerar mudanças mais profundas em seus objetivos, prioridades e sistemas, nos quais você pode não ter a chance de pensar na correria do dia a dia.

Eis o meu modelo de Revisão Mensal:

1. Revisar e atualizar meus objetivos.
2. Revisar e atualizar minha lista de projetos.
3. Revisar as áreas sob minha responsabilidade.
4. Revisar as tarefas marcadas com "Algum dia/Talvez".
5. Repriorizar as tarefas.

1. Revisar e atualizar meus objetivos. Começo revisando minhas metas para o trimestre e o ano. Eu me faço perguntas como: "Que sucessos ou realizações eu alcancei?" e "O que não aconteceu dentro do esperado e o que posso aprender com isso?". Dedico um tempo a riscar as metas concluídas, adiciono as novas que surgiram ou altero o escopo das metas que não fazem mais sentido.

2. Revisar e atualizar minha lista de projetos. Em seguida, arquivo todos os projetos concluídos ou cancelados, adiciono novos ou atualizo projetos ativos para refletir as alterações ocorridas neles. Também atualizo as pastas no meu aplicativo de notas para indicar essas mudanças.

É importante que a lista de projetos seja sempre um reflexo atual, oportuno e preciso de seus objetivos e prioridades da vida real, sobretudo porque os projetos são o princípio organizador central do seu Segundo Cérebro. Quando você tem uma pasta de projeto pronta para uso, sua mente está preparada para perceber e capturar as melhores ideias e levá-las adiante.

3. Revisar as áreas sob minha responsabilidade. Agora é hora de pensar nas principais áreas da minha vida, como saúde, finanças, relacionamentos e vida doméstica, e decidir se preciso fazer ou mudar algo. Essa reflexão costuma gerar novas ações (que vão para o gerenciador de tarefas) e novas notas (capturadas no aplicativo de notas).

Pastas específicas para cada área geralmente contêm notas que se tornam as sementes de futuros projetos. Por exemplo, criei uma pasta chamada "Casa" com o intuito de coletar fotos para a reforma do home studio que mencionei anteriormente. Mesmo antes de ser um projeto ativo, essa área mais ampla funcionou como um lugar onde eu podia reunir ideias e inspiração, de modo que, quando decidimos começar a agir, as referências já estavam prontas para uso.

4. **Revisar as tarefas marcadas com "Algum dia/Talvez".** "Algum dia/Talvez" é uma categoria especial para coisas que eu gostaria de fazer um dia, mas não num futuro próximo. Coisas como "Aprender mandarim" e "Plantar um pomar". É importante ir acompanhando esses sonhos futuros, mas você não quer que eles atrapalhem suas prioridades atuais. Passo alguns minutos revisando as tarefas dessa categoria, só para ter certeza de que alguma delas será acionável. Por exemplo, quando minha esposa e eu compramos nosso imóvel, nosso sonho de ter um cachorro, que era impossível na época em que vivíamos nos mudando de um apartamento para outro, de repente se tornou realidade. Eu já tinha salvado algumas anotações sobre as raças de cachorro que devíamos considerar (atléticos, hipoalergênicos, bons com crianças, etc.), e essa etapa da minha Revisão Mensal me lembrou de trazer a questão à tona.

5. **Repriorizar as tarefas.** Depois de concluir todas as etapas anteriores e ter uma visão holística dos meus objetivos e projetos em mente, é hora de escolher quais tarefas devo priorizar agora. Muitas vezes fico surpreso com quanto as coisas podem mudar em um mês. Tarefas que pareciam fundamentais no mês passado podem se tornar irrelevantes este mês e vice-versa.

Os Hábitos de Percepção: como usar o Segundo Cérebro para construir a sorte

Existe uma terceira categoria de hábitos que será útil quando você começar a utilizar o Segundo Cérebro no mundo real. De certa forma, é a categoria mais importante, mas também a menos previsível.

Eu os chamo de Hábitos de Percepção: aproveitar pequenas oportunidades que você percebeu para capturar algo que poderia deixar de lado ou para tornar uma nota mais acionável ou descobrível. Exemplos:

- Perceber que uma ideia que você tem em mente pode ser valiosa e capturá-la em vez de pensar: "Ah, não é nada."
- Perceber quando uma ideia sobre a qual está lendo repercute em você e dedicar alguns segundos a realçar os melhores trechos.
- Perceber que uma nota poderia ter um título melhor – e alterá-lo para que seja mais fácil encontrá-la no futuro.
- Perceber que você pode mover ou linkar uma nota a outro projeto ou área em que ela será mais útil.
- Perceber as oportunidades de combinar dois ou mais PIs num trabalho novo e maior, para não precisar começar do zero.
- Perceber uma chance de mesclar conteúdos semelhantes de notas diferentes numa mesma nota, para que elas não fiquem espalhadas por muitos lugares.
- Perceber quando um PI seu pode ajudar alguém a resolver um problema e compartilhá-lo com essa pessoa, mesmo que ele não seja perfeito.

O lado bom das notas, ao contrário das listas de tarefas, é que não são urgentes. Se uma tarefa importante é deixada de lado, os resultados podem ser catastróficos. Já as notas podem aguardar sempre que você estiver ocupado, sem nenhum impacto negativo. Se você tiver tempo para organizar as notas toda semana, ótimo. Se não tiver, sem problema. Muitas vezes demoro semanas ou até um mês ou mais para limpar a caixa de entrada do aplicativo de notas. Nesse meio-tempo elas permanecem ali, paradas, esperando.

A crença equivocada mais comum sobre organização que vejo por aí quando estou trabalhando com clientes é a de que ela exige trabalho pesado.

As pessoas parecem acreditar que, se conseguissem ignorar seus compromissos e tirar alguns dias de folga, finalmente seriam capazes de reverter a bagunça e relaxar.

Na prática, porém, mesmo nas raras ocasiões em que vi pessoas conseguirem uma folga, essa estratégia nunca pareceu correr muito bem. Elas costumam ficar atoladas nos detalhes e mal conseguem diminuir a montanha de coisas acumuladas que querem fazer. Com isso, são tomadas pelo sentimento de culpa, por não terem feito progresso mesmo com tanto tempo à disposição. Não é natural que os humanos reorganizem completamente toda a sua vida de uma só vez. Nós temos muitas camadas, muitas facetas – é difícil organizar perfeitamente cada detalhezinho.

Manter a organização é fundamental, mas isso precisa ser feito aos poucos, no fluxo da vida normal, nos momentos livres entre as etapas dos seus projetos, à medida que você percebe pequenas oportunidades.

Eis alguns exemplos de oportunidades:

- Você decide ir para a Costa Rica nas próximas férias, então transfere uma nota com frases úteis em espanhol da sua pasta de recursos "Idiomas" para a pasta de projeto "Costa Rica" para ajudar na viagem.
- Você é dono de uma empresa de engenharia. Certo dia seu diretor aceita a oferta de uma concorrente e pede demissão. Você precisa contratar uma pessoa para o cargo, então move a pasta que criou da última vez para "Contratação de engenheiro" de arquivos para projetos, já que será útil na sua pesquisa.
- Você planeja uma série de workshops e move um PDF com exercícios de uma pasta de área chamada "Workshops" para uma nova pasta de projeto para o workshop específico que está concebendo.
- Você percebe que precisa comprar um novo computador porque o atual está ficando muito lento, então move alguns artigos que salvou na pasta de recursos denominada "Pesquisa de computador" para uma nova pasta de projeto chamada "Comprar um novo computador".

Todas essas ações levam poucos segundos e são feitas conforme ocorrem mudanças em suas prioridades e metas. Devemos evitar executar muito trabalho pesado de antemão, não só porque consome tempo e energia preciosos, mas porque nos prende a uma decisão que pode se mostrar incorreta no futuro.

Quando você transforma suas notas digitais num ambiente de *trabalho*, não só de armazenamento, acaba passando muito mais tempo ali. Com isso, inevitavelmente percebe pequenas oportunidades de mudança muito mais do que imaginava. Com o passar do tempo, você construirá um ambiente muito mais adequado às suas verdadeiras necessidades do que qualquer coisa que poderia ter planejado com antecedência. Assim como os chefs de cozinha profissionais mantêm o ambiente de trabalho organizado com pequenos ajustes, você pode usar Hábitos de Percepção para "organizar enquanto trabalha".

Agora é a sua vez: um sistema perfeito que você não usa não é perfeito

Cada um dos três tipos de hábito que apresentei – os Checklists de Início e Conclusão de Projeto, as Revisões Semanais e Mensais e os Hábitos de Percepção – deve ser executado rapidamente nos momentos livres ao longo do dia.

Eles foram concebidos para ajudar você a executar melhor atividades que provavelmente já está realizando de alguma forma, talvez acrescentando a elas um pouco mais de estrutura. Manter esses hábitos não deve ser difícil, nada que exija muito tempo em isolamento total. Se você esperar o momento perfeito, nunca dará o primeiro passo.

Os checklists que apresentei são um ponto de partida para ajudá-lo a tornar um pouco mais previsível um ambiente que costuma ser caótico e inesperado. Eles lhe proporcionam cadência, de modo que você seja capaz de receber, processar e usar informações digitais sem precisar parar o que está fazendo a fim de reorganizar tudo de uma só vez.

Vale lembrar que a manutenção do Segundo Cérebro é muito flexível. Ao contrário do que pode acontecer com um motor de automóvel, se você deixá-la de lado por dias, semanas ou até meses, nada vai explodir, quebrar ou pegar fogo. O objetivo de criar um Segundo Cérebro e despejar seus pensamentos nele é torná-los menos vulneráveis à passagem do tempo. Com o

Segundo Cérebro você poderá retomá-los a qualquer momento, exatamente de onde parou, quando tiver tempo ou motivação.

Resumindo:

- Não há necessidade de capturar todas as ideias; as melhores sempre voltarão para você em algum momento.
- Não há necessidade de limpar a caixa de entrada com frequência; ao contrário do que acontece com sua lista de tarefas, perder uma nota qualquer não é o fim do mundo.
- Não há necessidade de revisar ou resumir notas num cronograma rigoroso; o objetivo não é memorizar o conteúdo.
- Ao organizar as notas ou os arquivos no sistema PARA, a decisão de onde colocá-las também é flexível, tendo em vista que a ferramenta de pesquisa é muito eficaz para encontrar a nota, mesmo que ela não esteja no lugar certo.

Qualquer sistema que precisa ser perfeito para ser confiável é falho. Um sistema perfeito que você não usa porque é muito complicado e propenso a erros não é um sistema perfeito – é um sistema frágil que vai ruir assim que você parar de prestar atenção nele.

Devemos sempre ter em mente que não estamos construindo uma enciclopédia de conhecimento perfeitamente organizada. Estamos construindo um *sistema funcional*, tanto no sentido de que deve funcionar quanto no sentido de que fará parte da nossa vida cotidiana. Por isso, prefira um sistema que seja imperfeito, mas que continue sendo útil nas condições reais da sua vida.

Capítulo 10

O caminho da autoexpressão

"Toda ideia quer ser compartilhada. Com isso, ela se torna mais complexa e mais interessante e tem mais chances de funcionar para um número maior de pessoas."
– Adrienne Maree Brown, escritora e ativista

Durante a maior parte da história, o desafio da humanidade foi descobrir como adquirir informações escassas. Quase não havia boas informações disponíveis por aí. Elas estavam guardadas a sete chaves, em manuscritos difíceis de reproduzir ou na cabeça dos estudiosos. O acesso à informação era limitado, mas isso não era um problema para a maioria das pessoas. Suas vidas e seus meios de subsistência não exigiam muitas informações. Acima de tudo, elas contribuíam com seu trabalho físico, e não com suas ideias.

Tudo isso só mudou nas últimas décadas – o que, em termos históricos, é um piscar de olhos. De repente, estamos todos conectados a um fluxo infinito de dados, atualizados continuamente e entregues na velocidade da luz por meio de uma rede de dispositivos inteligentes embutidos em todos os cantos de nossa vida.

E não só isso: a própria natureza do trabalho mudou. O valor mudou – da produção dos nossos músculos para a produção do nosso cérebro. Agora nosso conhecimento é nosso ativo mais importante e a capacidade de direcionar a atenção é a nossa habilidade mais valiosa. Nossas ferramentas de trabalho se tornaram abstratas e imateriais: são nossas ideias, insights, fatos, estruturas e modelos mentais.

Agora o nosso desafio não é adquirir mais informações; conforme vimos no trecho que trata de divergência e convergência, hoje o grande desafio é encontrar maneiras de interromper o fluxo de informações que chegam, para então podermos fazer algo. Qualquer mudança na forma como interagimos com a informação requer primeiro uma mudança na forma como pensamos. Neste capítulo, vamos ver como fazer essa mudança e como nos sentimos com ela.

A mentalidade acima das ferramentas: a busca pelo aplicativo perfeito

A maior parte deste livro ensina você a adquirir um novo conjunto de ferramentas a serem usadas no seu relacionamento com a informação. Mas ao longo dos anos percebi que não são essas ferramentas que limitam o potencial de uma pessoa, mas sim sua mentalidade.

Você pode ter chegado a este livro porque ouviu falar sobre essa nova área chamada Gestão do Conhecimento Pessoal, ou talvez quando estava pesquisando sobre como usar um novo aplicativo de notas interessante. Talvez tenha sido atraído pela promessa de novas técnicas para aumentar a produtividade, ou talvez pelo fascínio de uma abordagem sistemática para a criatividade.

Seja o que for, todos esses caminhos levam ao mesmo destino: uma jornada de crescimento pessoal. Não há divisão entre seu eu interior e sua vida digital: as crenças e atitudes que moldam nosso pensamento num determinado contexto inevitavelmente aparecem em outros contextos também.

Por trás dos nossos esforços e desafios para aumentar a produtividade, a criatividade e o desempenho está o nosso relacionamento fundamental com a informação. Ele foi forjado durante sua criação, à medida que você teve novas experiências e foi influenciado por sua personalidade, seu estilo de aprendizado, seus relacionamentos e sua genética. Você aprendeu a reagir de certa maneira quando se depara com novas ideias. Você adotou um padrão na forma de tratar as informações recebidas – com expectativa, medo, entusiasmo, insegurança ou uma mistura complexa de sentimentos que só você tem.

Essa atitude-padrão em relação à informação influencia todos os aspectos da sua vida. É a lente através da qual você estudou para as aulas e fez provas na faculdade. Essa lente preparou o terreno para os tipos de emprego e carreira que você seguiu. Neste exato momento, enquanto lê estas palavras, essa atitude-padrão está funcionando em segundo plano. Está lhe dizendo o que pensar sobre o que está lendo – como interpretar, como se sentir e como tudo isso se aplica a você.

Nossa atitude em relação à informação molda profundamente a forma como enxergamos e entendemos o mundo e nosso lugar nele. Nosso sucesso depende da nossa capacidade de usar as informações de forma mais eficaz e de pensar melhor, de maneira mais inteligente e mais rápida. E, à medida que a sociedade se torna cada vez mais complexa, essa ênfase na inteligência pessoal só cresce. A qualidade do nosso pensamento se tornou uma das características centrais de nossa identidade, reputação e qualidade de vida. Somos constantemente alertados de que precisamos saber mais para poder alcançar nossos objetivos e sonhos.

Mas o que você diria se eu lhe contasse que nada disso é verdade?

O medo de que a nossa mente não consiga fazer o suficiente

Quando o assunto é atingir objetivos, a inteligência inata tem sua importância, mas quanto maior o fardo que você coloca sobre seu cérebro biológico para lhe proporcionar tudo que deseja e tudo de que precisa, mais ele terá dificuldade. Você se sentirá mais estressado, ansioso – como se tivesse que equilibrar muitos pratos de uma vez só. E quanto mais tempo seu cérebro gasta se esforçando para superar e resolver problemas, menos sobra para você imaginar, criar e simplesmente aproveitar a vida. O cérebro pode resolver problemas, mas esse não é seu único propósito. Sua mente foi feita para muito mais.

É essa postura fundamental em relação à informação que começará a mudar à medida que você integrar seu Segundo Cérebro à sua vida. Você começará a enxergar conexões que não sabia que poderia fazer. Ideias sobre negócios, psicologia e tecnologia vão se conectar e revelar coisas que nunca havia imaginado. Lições de arte, filosofia e história se misturarão para lhe proporcionar epifanias sobre o funcionamento do mundo. Você naturalmente começará a combinar essas ideias para formar novas perspectivas, teorias e estratégias. Ficará maravilhado com o requinte do sistema que criou e como ele funciona de maneiras quase misteriosas, chamando sua atenção para as informações necessárias.

Talvez você não se enxergue como um escritor, criador ou especialista. Eu certamente não me considerava nada disso quando comecei a fazer anotações sobre meus problemas de saúde. Mas, quando você começa a enxergar até as suas maiores ambições como estruturas feitas de pedacinhos de informação, começa também a perceber que qualquer experiência ou ideia passageira pode ser valiosa. Seus medos, dúvidas, erros, passos em falso, falhas e autocríticas são apenas informações a serem assimiladas, processadas e compreendidas. Tudo isso faz parte de um todo maior e em constante evolução.

Uma participante de um curso meu chamada Amelia recentemente me disse que começar a criar o Segundo Cérebro a levou a fazer uma mudança radical no seu relacionamento com a internet. Ela considerava a rede mundial de computadores "sensacionalista e ofensiva", por isso não tinha qualquer envolvimento com o mundo on-line. Mas me disse que, a partir do momento em que passou a ter um lugar onde poderia selecionar e guardar o que encontrava de melhor na internet, ignorando tudo que não lhe servia, começou a enxergar a rede sob uma ótica completamente nova. Amelia é uma coach de liderança qualificada que ensina líderes a gerenciar seus sistemas nervosos para melhorar seu bem-estar e seu desempenho. Imagine quantas pessoas a mais ela pode alcançar com sua experiência agora que vê a internet como uma fonte de sabedoria e conexão, e não como mero ruído.

Como é possível uma mudança tão dramática? Amelia já tinha consciência desse fato, mas adotou uma nova postura. Escolheu ver o mundo através de uma lente diferente – a lente da valorização e da fartura. Nem sempre podemos controlar o que acontece conosco, porém podemos escolher as lentes pelas quais enxergamos tudo. Esta é a escolha básica que fazemos ao criar nossa própria experiência: o que valorizar e o que deixar de lado usando apenas o poder de ampliar nossa atenção.

À medida que você construir um Segundo Cérebro, seu cérebro biológico inevitavelmente mudará. Começará a se adaptar à presença desse novo apêndice tecnológico, tratando-o como uma extensão de si mesmo. Sua mente ficará mais calma e mais focada, sabendo que cada ideia está sendo monitorada e que pode salvar quaisquer pensamentos e acessá-los mais tarde. Muitas pessoas me dizem que, quando começaram a usar um Segundo Cérebro, passaram a se sentir mais confiantes – de seus objetivos, de seus sonhos e de tudo que desejam mudar ou influenciar no mundo –, pois sabem que contam com um sistema poderoso por trás delas, amplificando cada uma de suas ações.

Um novo uso para o cérebro biológico

Em vez de tentar otimizar a mente para que ela possa gerenciar cada mínimo detalhe da sua vida, é hora de demitir seu cérebro biológico desse emprego e dar a ele um novo: o de CEO da sua vida, orquestrando e gerindo o processo de transformar informações em resultados. Transfira a um sistema externo a tarefa de lembrar e, com isso, libere seu cérebro para absorver e integrar novos conhecimentos de maneiras mais criativas.

Seu Segundo Cérebro está sempre ligado, tem memória perfeita e pode ter qualquer tamanho. Quanto mais você terceirizar e delegar as tarefas de captura, organização e destilação para a tecnologia, mais tempo e energia terá para se expressar, e essa é uma tarefa que só você pode fazer.

Quando a biologia não for mais um impedimento para você alcançar seu potencial máximo, você estará livre para expandir o fluxo de informações quanto quiser sem ser oprimido por ele. Você se sentirá mais equilibrado e tranquilo, sabendo que pode se afastar desse fluxo a qualquer momento porque tudo está sendo armazenado com segurança fora da sua cabeça. Você se sentirá mais confiante, porque aprendeu a contar com um sistema externo. Você se sentirá incrivelmente reconfortado por saber que não é o único responsável por lembrar tudo que precisa acontecer na sua vida. Sua mente estará mais aberta, você se sentirá mais disposto a considerar ideias mais ousadas, desafiadoras e inacabadas, porque terá uma gama de opções para escolher. Você vai querer se expor a perspectivas mais diversas, de mais pessoas, sem necessariamente se comprometer com nenhuma delas. Você se tornará um curador de perspectivas, com liberdade para escolher as crenças e os conceitos que melhor se encaixam em cada situação.

Delegar um trabalho que você já faz há muito tempo é sempre intimidador. A voz do medo surge no fundo de sua mente: "Será que vai restar alguma coisa para eu fazer?", "Ainda serei valorizado e necessário?". Ao longo da vida nos ensinam que é melhor ter um papel seguro do que correr o risco de ser substituído. Que é mais seguro manter a cabeça baixa e não fazer estardalhaço do que lutar por algo melhor. É preciso ter coragem para se "esvaziar" da sua confusão de pensamentos, porque, sem nossos pensamentos para nos distrair, ficamos apenas com perguntas incômodas sobre nosso futuro e nosso real propósito.

É por isso que criar um Segundo Cérebro é uma jornada de crescimento pessoal. À medida que seu ambiente de informações muda, a maneira como sua mente opera se transforma. Você deixa para trás uma identidade e assume outra – a identidade de comandante da sua vida, e não de passageiro. Qualquer mudança de identidade pode parecer perigosa e assustadora. Você não sabe exatamente quem será e o que acontecerá quando chegar ao fim da mudança, mas, se perseverar, verá um novo horizonte de esperança, possibilidades e liberdade o esperando no outro lado.

A mudança da escassez para a fartura

Como você sabe que já começou a fazer a mudança para essa nova identidade? A maior mudança que pode ocorrer assim que você cria um Segundo Cérebro é na sua forma de enxergar o mundo: em vez da lente da escassez, você passa a ver tudo pela lente da fartura.

Vejo muitas pessoas tentando agir neste novo mundo com base em suposições do passado – de que a informação é escassa e, portanto, precisamos adquirir, consumir e acumular o máximo possível. Fomos condicionados a ver as informações através de lentes consumistas: quanto mais, melhor, e não há limites. Pelas lentes da escassez, estamos sempre atrás de mais informações, o que é uma resposta ao medo de não termos acumulado o suficiente.[1] Fomos ensinados que as informações devem ser guardadas com cuidado, porque alguém pode usá-las contra nós ou roubar nossas ideias. Que nosso valor e nossa autoestima vêm do que sabemos e somos capazes de listar de cabeça quando alguém pede.

Conforme vimos no capítulo sobre Captura, essa tendência a acumular informações pode se tornar um fim em si mesmo. É muito fácil ficar coletando cada vez mais conteúdo sem parar e refletir sobre sua utilidade ou seus benefícios. Quando isso acontece, você está consumindo informações de maneira indiscriminada, tratando cada meme e postagem aleatória nas redes sociais como algo tão importante quanto a mais profunda sabedoria. Esse comportamento é motivado pelo medo – de perder qualquer fato, ideia ou história que está na boca do povo. O paradoxo da acumulação é que não importa o quanto você colete e acumule – nunca é o suficiente. A lente da escassez também nos diz que as informações que já temos não devem ser muito valiosas, nos obrigando a continuar buscando lá fora o que falta dentro de nós.

O oposto da Mentalidade de Escassez é a Mentalidade de Fartura. Trata-se de uma forma de enxergar o mundo como um lugar repleto de coisas valiosas e úteis – ideias, insights, ferramentas, colaborações, oportunidades. A Mentalidade de Fartura nos diz que existe uma quantidade infinita de conhecimentos incrivelmente poderosos para onde quer que olhemos – no conteúdo que consumimos, nas redes sociais, no nosso corpo, nas nossas intuições e na nossa mente. Também nos diz que não precisamos consumir ou entender tudo – aliás, nem precisamos de muito. Bastam algumas sementes de sabedoria, e aquelas de que mais precisamos sempre dão um jeito de nos encontrar. Você não precisa ir atrás dos insights. Basta ouvir o que a vida está tentando lhe dizer. A vida tende a trazer à tona exatamente o que precisamos saber, gostemos ou não. Tal qual uma professora piedosa mas inflexível, a realidade não se curva à nossa vontade. Ela nos mostra com paciência onde nosso pensamento é impreciso, e essas lições costumam aparecer repetidamente ao longo de nossa vida.

Fazer a mudança para a Mentalidade de Fartura é abrir mão de tudo aquilo que acreditávamos que precisávamos ter para sobreviver, mas que na verdade não nos serve mais. É desistir de um trabalho de baixo valor que nos dá uma falsa sensação de segurança, mas que não desperta nosso eu superior. É abrir mão de informações de baixo valor que parecem importantes, mas não nos tornam pessoas melhores. É derrubar o escudo do medo que diz que precisamos nos proteger das opiniões das pessoas, porque esse mesmo escudo nos impede de receber os presentes que elas querem nos dar.

A mudança da obrigação para a solicitude

Uma segunda mudança ocorre quando você começa a usar seu Segundo Cérebro não só para lembrar, mas para se conectar e criar: você para de fazer as coisas por obrigação ou pressão e passa a fazer com solicitude.

Acredito que a maioria das pessoas tem um desejo natural de servir ao próximo. Elas querem ensinar, orientar, ajudar, contribuir. O desejo de retribuir é parte fundamental do que nos torna humanos.

Também percebo que muitas pessoas colocam esse desejo em segundo plano. Estão esperando por um momento futuro em que terão tempo, capacidade, experiência ou recursos "suficientes". Mas esse dia vai sendo adiado à medida que elas conseguem novos empregos, iniciam novas carreiras, têm filhos e simplesmente tentam acompanhar as demandas da vida.

Você não tem obrigação de ajudar os outros. Às vezes só consegue cuidar de si mesmo. Ainda assim, tenho notado um fenômeno que acontece quando as pessoas acumulam conhecimento no Segundo Cérebro. Esse desejo interior de servir ao próximo vem à tona lentamente. Diante das evidências de tudo que elas já sabem, de repente sentem que não existe mais nenhuma razão para esperar.

O objetivo do conhecimento é ser compartilhado. De que adianta saber algo se isso não impacta positivamente ninguém, nem mesmo você? Aprender não significa acumular conhecimento, tal como se fossem moedas de ouro. Ele é o único recurso que fica melhor e mais valioso à medida que se multiplica. Se eu compartilhar uma nova maneira de pensar sobre saúde, finanças, negócios ou espiritualidade, esse conhecimento não será menos valioso para mim – será mais valioso! Agora nós podemos falar a mesma língua, coordenar nossos esforços e compartilhar nosso progresso na hora de aplicar o conhecimento. Ele se torna mais poderoso à medida que se espalha.

No mundo, existem problemas que só você pode resolver com as ferramentas únicas que possui. Problemas sociais como pobreza, injustiça e criminalidade. Problemas econômicos como desigualdade, déficits educacionais e direitos dos trabalhadores. Problemas organizacionais como retenção de talentos, cultura e crescimento. Problemas na vida das pessoas ao redor que seus produtos, serviços ou experiências podem resolver, ajudando-as a se comunicar, aprender ou trabalhar com mais eficiência. Como diz Ryder Carroll em *O método bullet journal*, "sua perspectiva única pode consertar um pequeno buraco no vasto tecido esfarrapado da humanidade".

Existem pessoas que só você pode alcançar. Pessoas que não conhecem ninguém que oferece o tipo de conhecimento que você tem, que não sabem onde procurar soluções para problemas que talvez nem saibam que têm. Você pode ser essa pessoa para elas. Pode retribuir parte do imenso cuidado que recebeu a vida inteira de pais, professores e mentores. Apenas com palavras, você pode abrir portas para horizontes inimagináveis para as pessoas a seu redor.

Seu Segundo Cérebro começa como um sistema para apoiar você e seus objetivos, mas também pode ser facilmente usado para ajudar outras pessoas e contribuir para os sonhos delas. Você tem tudo de que precisa para retribuir e fazer coisas boas pelo mundo. Tudo começa com conhecimento, e você tem muito a oferecer.

A mudança do consumo para a criação

Construir um Segundo Cérebro significa mais do que capturar fatos, teorias e opiniões de outras pessoas. Sua verdadeira função é cultivar a autoconsciência e o autoconhecimento. Quando você encontra uma ideia que repercute, é porque essa ideia reflete algo que já está no seu interior. Cada ideia externa é como um espelho, trazendo à tona, de dentro de nós, as verdades e as histórias que querem ser contadas.

Em *A dimensão tácita*, livro de 1966, o filósofo anglo-húngaro Michael Polanyi fez uma observação que desde então ficou conhecida como "Paradoxo de Polanyi". Resumidamente, significa: "Sabemos mais do que podemos dizer."

Segundo Polanyi, não somos capazes de explicar plenamente muitas tarefas que podemos realizar com facilidade – por exemplo, dirigir um carro ou reconhecer um rosto. Podemos tentar descrever como fazemos essas coisas, mas as explicações nunca são completas. Isso porque contamos com *conhecimento tácito*, impossível de ser descrito em detalhes exatos. Temos esse conhecimento, mas ele reside no nosso subconsciente e na memória muscular, que a linguagem não alcança.

Esse problema – conhecido como "autoignorância" – tem sido um grande obstáculo no desenvolvimento da inteligência artificial e de outros sistemas de computador. Tendo em vista que não somos capazes de descrever como sabemos o que sabemos, não podemos transpor esse conhecimento para um software.

A maldição dos cientistas da computação é a nossa bênção, porque esse conhecimento tácito representa a fronteira final em que os humanos superam as máquinas. Os trabalhos e empreendimentos que dependem do conhecimento tácito serão os últimos a serem automatizados.

Ao criar seu Segundo Cérebro, você coletará muitos fatos e números, mas eles são apenas um meio para um fim: descobrir o conhecimento tácito que vive dentro de você. E ele está aí dentro, mas você precisa de ganchos externos para puxá-lo para a consciência. Se sabemos mais do que podemos dizer, então precisamos de um sistema para descarregar continuamente o vasto conhecimento que adquirimos com as experiências da vida real.

Você sabe coisas sobre o funcionamento do mundo que não consegue colocar em palavras. Entende a natureza humana num nível intuitivo profundo. Enxerga padrões e conexões na sua área de atuação que nenhuma máquina e nenhum outro ser humano é capaz de identificar. A vida lhe deu um conjunto de experiências que fornecem uma visão única do mundo. Através dessa lente, você é capaz de perceber verdades que podem ter um impacto profundamente positivo em si mesmo e nos outros.

Vivem nos dizendo que devemos ser fiéis a nós mesmos e tentar realizar nossos desejos mais profundos, mas e se você não sabe quais são seus objetivos e desejos? E se não tem ideia de qual é ou deveria ser seu "propósito de vida"? É impossível descobrir como direcionar sua vida sem autoconhecimento. Como você pode saber o que quer se não sabe quem é?

O processo de conhecer a si mesmo pode parecer misterioso, mas a meu ver é algo extremamente prático. Comece percebendo o que repercute em você. Preste atenção naquilo que o atrai no mundo exterior, o que lhe proporciona a sensação de déjà-vu. Existe um universo de pensamentos, ideias e emoções dentro de você. Com o tempo, você pode descobrir novas camadas de si mesmo e novas facetas da sua identidade. Você procura fora de si para procurar dentro de si, tendo a certeza de que tudo que encontrar sempre fez parte de você.

Nossa necessidade fundamental de autoexpressão

No Capítulo 1 contei a história da minha condição médica inexplicável e de como ela me levou a organizar as informações no mundo digital.

Durante alguns anos dessa jornada, estive no fundo do poço. Aparentemente havia esgotado todos os caminhos que a medicina moderna podia me oferecer. Os médicos estavam sugerindo que era tudo coisa da minha cabeça, porque não encontraram nada de errado nos diagnósticos. Minha dor estava mais forte do que nunca e eu acordava com uma tensão tão grande no pescoço que a sensação era de que havia um torno pressionando minha garganta.

Comecei a me afastar dos meus amigos e círculos sociais porque a dor me consumia. Minha atenção estava tão focada na dor que eu tinha dificuldade para manter uma conversa. Comecei a passar cada vez mais tempo sozinho, na internet, onde podia me comunicar e me conectar com outras pessoas sem ter que falar. Minha visão da vida foi piorando conforme fui entrando lentamente numa espiral de depressão e desespero. Durante um tempo senti que não tinha futuro. Como conseguiria namorar ou fazer amigos sem falar? Que tipo de trabalho eu poderia manter com uma dor crônica imprevisível? Como seria o meu futuro se meus sintomas só pioravam e não havia tratamento ou mesmo diagnóstico no horizonte?

Foi nessa época que fiz duas descobertas que mudaram, e salvaram, minha vida. A primeira foi a meditação e a atenção plena. Comecei a meditar e descobri todo um reino de espiritualidade e introspecção que nunca soube que existia. Para meu espanto, aprendi que não sou meus pensamentos, que podia escolher se "acreditava" neles ou não. A meditação me proporcionou mais alívio dos sintomas do que qualquer coisa que os médicos pudessem prescrever. Minha dor se tornou minha professora, me mostrando o que precisava de minha atenção.

Quando comecei a ter experiências profundas e emocionantes por meio da meditação, quis compartilhar o que estava aprendendo com outras pessoas. Isso me levou à minha segunda grande descoberta: escrever em público.* Criei um blog, e meu primeiro post foi sobre minha experiência num retiro de meditação Vipassana no norte da Califórnia. Eu ainda tinha dificuldade para falar, então encontrei refúgio na escrita. No blog eu podia compartilhar o que quisesse com o nível de detalhes que quisesse. Eu estava no controle – não havia limites para minha capacidade de me expressar.

Essa experiência me ensinou uma coisa: a autoexpressão é uma necessidade humana fundamental. É tão vital para nossa sobrevivência quanto comida e abrigo. Devemos ser capazes de compartilhar nossas histórias, desde os momentos sem importância até nossas teorias mais elaboradas sobre o sentido da vida.

Agora é a sua vez: a coragem de compartilhar

Conversei com muitas pessoas sobre suas histórias e a todo momento percebi que grande parte delas tem coisas lindas, comoventes e poderosas para compartilhar. São experiências únicas que lhes revelaram uma sabedoria profunda, mas elas quase sempre subestimam essas histórias e experiências. Acreditam que talvez um dia consigam compartilhá-las. Estou aqui para dizer que não há por que esperar. O mundo está desesperado para ouvir o que você tem a dizer. Compartilhar com as pessoas pode mudar vidas.

---

* Comecei a valorizar o incrível poder de escrever em público durante minha parceria com David Perell, que ensina as pessoas a fazer exatamente isso em sua escola de escrita on-line Write of Passage, sobre a qual você pode aprender mais em writeofpassage. school (conteúdo em inglês).

É preciso ter coragem e se colocar em posição de vulnerabilidade para ficar de pé e transmitir sua mensagem. É preciso ir contra a corrente, não se calar e não se esconder diante do medo. Encontrar sua voz e falar a sua verdade é um ato radical de autoestima: quem é você para falar? Quem disse que você tem algo a oferecer? Quem é você para exigir a atenção das pessoas e tomar o tempo delas?

A única maneira de descobrir a resposta para essas perguntas é falando e vendo o que acontece. Talvez algumas coisas que você diz não repercutam em outras pessoas ou agreguem valor a elas, mas, de vez em quando, você se depara com algo – um ponto de vista, uma perspectiva, uma história – que impressiona as pessoas e transforma visivelmente a maneira como elas enxergam o mundo. Pode ser alguém com quem você está tomando café, um cliente ou seus seguidores nas redes sociais. Nesses momentos, o vasto abismo que nos separa como humanos deixa de existir. Por um breve momento, você sente que estamos todos juntos. Somos todos parte do vasto tecido esfarrapado da humanidade, e sua maior vocação é simplesmente desempenhar seu papel nela.

Com o poder de um Segundo Cérebro para auxiliá-lo, você pode fazer e ser o que quiser. Você é um mestre das informações, capaz de fazê-las fluir e moldá-las para qualquer futuro que deseje.

Considerações finais: você é capaz

Não existe uma única maneira correta de construir um Segundo Cérebro. Seu sistema pode parecer um caos para os outros, mas, se ele lhe proporciona progresso e prazer, então é o certo.

Você pode começar com um projeto e passar lentamente para outros mais ambiciosos ou complexos à medida que suas habilidades se desenvolvem. Ou pode usar o Segundo Cérebro de maneiras completamente inesperadas, que não havia imaginado.

Conforme suas necessidades mudam, dê a si mesmo a liberdade de descartar as partes que não deseja mais ou aceitar apenas as que são úteis para você. Não estamos falando de uma ideologia do tipo "oito ou oitenta", em que você deve aceitar tudo ou nada. Se uma parte não faz sentido ou não repercute em você, deixe-a de lado. Misture e combine as ferramentas e técnicas que aprendeu neste livro para atender às suas necessidades. É assim que você garante que seu Segundo Cérebro estará a seu lado em todos os momentos da sua vida.

Qualquer que seja o estágio em que se encontre neste momento – dando os primeiros passos para aprender a criar notas de forma consistente, encontrando formas de organizar seus pensamentos ou fazê-los ressurgir com mais eficiência, ou gerando um trabalho mais original e impactante –, você sempre pode recorrer às quatro etapas do Método CODE:

- Guarde o que repercute em você (Capturar)
- Guarde para ter acionabilidade (Organizar)
- Encontre a essência (Destilar)
- Compartilhe seu trabalho (Expressar)

Se em algum momento você se sentir sobrecarregado, dê um passo para trás e se concentre no que é necessário agora: seus projetos e maiores prioridades. Concentre-se apenas nas notas necessárias a essas prioridades. Em vez de tentar arquitetar todo o seu sistema de Segundo Cérebro do começo ao fim, concentre-se em progredir em um projeto de cada vez, desde a etapa de captura até a de expressão. Com isso você descobrirá na prática que as etapas são muito mais fáceis e flexíveis do que imaginava.

Você também pode simplificar, focando apenas em um estágio da criação do seu Segundo Cérebro. Reflita sobre o ponto em que você se encontra agora e o ponto no qual quer estar no futuro próximo:

- Você deseja se lembrar de mais coisas? Concentre-se em desenvolver a captura e a organização das notas de acordo com seus projetos, compromissos e interesses usando o sistema PARA.
- Você quer conectar ideias e desenvolver a capacidade de planejar, influenciar e crescer na vida pessoal e na vida profissional? Experimente destilar e refinar suas notas de forma consistente usando a Sumarização Progressiva e revise-as semanalmente.
- Você está empenhado em produzir mais e melhor com menos frustração e estresse? Concentre-se em criar um PI por vez e procure oportunidades para compartilhá-los de maneiras cada vez mais ousadas.

A seguir, listo doze passos práticos que você pode começar a seguir agora mesmo para iniciar sua jornada na construção do Segundo Cérebro. Cada passo é um ponto de partida para começar a estabelecer os hábitos de GCP em sua vida:

1. **Decida o que deseja capturar.** Pense no seu Segundo Cérebro como um diário íntimo ou um livro de lugar-comum. O que você mais deseja capturar, aprender, explorar ou compartilhar? Para começar, identifique dois ou três tipos de conteúdo que você valoriza atualmente.
2. **Escolha seu aplicativo de notas.** Se você não usa um aplicativo de notas, instale um agora. Consulte o Capítulo 3 e use o guia gratuito em buildingasecondbrain.com/resources (conteúdo em inglês) para comparações e recomendações atualizadas.
3. **Escolha uma ferramenta de captura.** Recomendo começar com um aplicativo de leitura posterior para passar a guardar qualquer artigo ou outro conteúdo on-line de seu interesse para acessar mais tarde. Acredite: este passo mudará para sempre a maneira como você enxerga o consumo desse tipo de conteúdo.
4. **Configure o sistema PARA.** Configure as quatro pastas do sistema PARA (Projetos, Áreas, Recursos e Arquivos) e, com foco na acionabilidade, crie uma pasta (ou tag) para cada projeto ativo. Concentre-se em capturar notas relacionadas a esses projetos a partir de então.
5. **Inspire-se identificando seus doze problemas favoritos.** Elabore uma lista de alguns dos seus problemas favoritos, salve-a como uma nota e revise-a sempre que precisar de ideias sobre o que capturar. Use essas perguntas abertas como um filtro para decidir qual conteúdo vale a pena manter.
6. **Capture automaticamente os trechos destacados do e-book que estiver lendo.** Instale e configure um aplicativo gratuito integrado ao seu leitor de e-book para enviar automaticamente trechos destacados dos seus aplicativos de leitura (pode ser o aplicativo de leitura posterior ou o do próprio e-book) para suas notas digitais (consulte minhas recomendações em buildingasecondbrain.com/resources – conteúdo em inglês).

7. **Pratique a Sumarização Progressiva.** Crie um resumo de um grupo de notas relacionadas a um projeto no qual você tem trabalhado usando várias camadas de destaque para ver como isso afeta sua interação com as notas.
8. **Faça experimentos com apenas um Pacote Intermediário.** Escolha um projeto que seja vago, complicado ou simplesmente difícil e escolha apenas uma parte dele para trabalhar – um PI. Pode ser uma proposta profissional, um gráfico, uma apresentação num evento ou uma lista de tópicos importantes para uma reunião com seu chefe. Divida o projeto em partes menores, crie um PI de uma das partes e compartilhe-o com pelo menos uma pessoa para receber feedback.
9. **Faça progresso em uma tarefa.** Escolha uma tarefa de um projeto sob sua responsabilidade e, usando técnicas de expressão – o Arquipélago de Ideias, a Ponte de Hemingway e a Redução de Escopo –, tente fazer um grande progresso usando apenas as notas salvas no seu Segundo Cérebro.
10. **Agende uma Revisão Semanal.** Marque na sua agenda uma reunião toda semana consigo mesmo para começar a criar o hábito de fazer uma Revisão Semanal. De início, limpe a caixa de entrada do aplicativo de notas e decida quais são suas prioridades para a semana. Mais tarde, à medida que sua confiança aumentar, você poderá acrescentar outras etapas.
11. **Avalie sua proficiência na criação de notas.** Avalie sua capacidade atual de criar notas e descubra as áreas onde precisa melhorar. Para isso, acesse nossa ferramenta de avaliação gratuita: buildingasecondbrain.com/quiz (conteúdo em inglês).
12. **Junte-se à nossa comunidade.** Nas suas redes sociais, siga os grandes nomes da GCP e participe das comunidades que estão criando conteúdo relacionado ao tema. Compartilhe as principais lições que tirou da leitura deste livro ou qualquer outra coisa que tenha percebido ou descoberto. Se você quer adotar novos comportamentos, não existe nada mais eficaz do que se cercar de pessoas que já os têm.

Embora a construção de um Segundo Cérebro seja um projeto – ou seja, algo com que você pode se comprometer e que pode alcançar dentro de um período razoável –, o *uso* do Segundo Cérebro é uma prática para toda a vida. Recomendo que você releia este livro em vários momentos ao longo do tempo. Garanto que perceberá coisas que perdeu na primeira leitura.

Seja se concentrando na implementação de apenas um aspecto do Método CODE, cumprindo todo o processo ou um meio-termo, você está assumindo um novo relacionamento com as informações em sua vida. Está desenvolvendo um novo relacionamento com sua atenção e sua energia. Está se comprometendo com uma nova identidade na qual é responsável pelas informações ao seu redor, mesmo que nem sempre saiba o que elas significam.

Ao embarcar no caminho vitalício da GCP, lembre-se que você já alcançou o sucesso antes. Existem práticas das quais nunca tinha ouvido falar e que agora fazem parte da sua vida. Existem hábitos e habilidades que pareciam impossíveis de dominar, sem os quais agora você não se imagina vivendo. Existem novas tecnologias que você jurou que nunca adotaria e que agora usa todos os dias. Aqui é a mesma coisa: o que parece desconhecido e estranho acabará parecendo completamente natural.

Um último conselho: corra atrás daquilo que o estimule, que faça seus olhos brilharem. Quando você se sentir cativado e obcecado por uma história, ideia ou nova possibilidade, não deixe esse momento passar como se não tivesse qualquer importância. Esses são os momentos verdadeiramente preciosos e que nenhuma tecnologia pode lhe oferecer. Não desista de suas paixões e não deixe que nada o atrapalhe.

Só não se esqueça de fazer anotações ao longo do caminho.

Capítulo 11

Bônus: Como criar um sistema de tags que funcione

"Quando as ações se tornarem infrutíferas, reúna informações. Quando as informações se tornarem infrutíferas, vá dormir."
– Ursula K. Le Guin, autora de fantasia e ficção científica

Durante milênios, filósofos e estudiosos foram obcecados pela ideia de encontrar uma forma universal de organizar o conhecimento da humanidade.

No século IV a.C., Aristóteles tentou classificar todo o conhecimento em dez grandes temas. No século XVI, o filósofo inglês Francis Bacon argumentou que todo o conhecimento humano podia ser classificado em apenas três categorias: memória, razão e imaginação. No século XX, o bibliotecário indiano Shiyali Ramamrita Ranganathan propôs classificar o conhecimento em cinco categorias fundamentais: personalidade, matéria, energia, espaço e tempo.

O objetivo de todos esses esforços era criar um sistema de classificação – conhecido como "taxonomia" – no qual cada conhecimento pudesse ser categorizado. Mas nos últimos duzentos anos, à medida que nosso conhecimento cresceu vertiginosamente em volume e complexidade, a possibilidade de usar uma taxonomia universal sumiu. Ficou evidente que qualquer categoria tão abrangente seria ampla demais para ter utilidade ou restrita demais para ser universal. O sonho de uma taxonomia universal para o conhecimento da humanidade morreu.

O problema das tags

Apesar da dificuldade de criar taxonomias funcionais, muitos aplicativos de notas modernos contam com o recurso das tags, que permitem rotular ou classificar as notas de acordo com tópicos, temas ou categorias. Ao colocar uma tag numa nota, você pode ver como ela se relaciona com outras, independentemente de onde estejam localizadas.

Essa possibilidade tentadora leva muitas pessoas a gastar horas e horas tentando criar uma taxonomia abrangente de tags que se aplicará a qualquer conteúdo futuro que capturarem. Mas, na minha experiência, esse exercício é inútil. É pouco provável que alcancemos o sucesso onde muitos dos maiores pensadores da história falharam. Não existe uma taxonomia universal do conhecimento e qualquer esforço nesse sentido só levará à frustração.

Embora as tags pareçam úteis à primeira vista, a forma como a maioria das pessoas as usa – etiquetando cada nota com todos os tópicos com os quais ela pode se relacionar – tem falhas graves. Por exemplo, uma nota sobre planejamento urbano pode receber as tags "design", "arquitetura", "transporte público", "segurança do bairro", "política local", etc. À primeira vista, talvez pareça uma forma eficaz de revelar todas as conexões entre as notas, mas é exatamente o oposto do que recomendo. O problema dessa abordagem é que ela exige que você gaste muita energia tomando uma série de decisões mentalmente desgastantes antes mesmo de saber se e como a nota será de fato usada no futuro. Com isso você fica tão ansioso para tomar as decisões certas que pode acabar abandonando completamente a prática de criar notas.

Tradicionalmente, as tags eram usadas para facilitar a pesquisa e a recuperação numa época em que os computadores não tinham a capacidade que têm hoje. A tecnologia de busca avançou tanto que hoje cada palavra de uma nota é uma palavra-chave. Podemos pesquisar o conteúdo completo das nossas notas com a mesma facilidade com que pesquisamos quaisquer tags que adicionamos.

Em última análise, as tags devem facilitar a ação efetiva, não apenas o pensamento abstrato. Seu tempo e sua energia são muito mais bem gastos pensando em como suas anotações podem ser usadas em seus projetos e objetivos.

Assim, proponho um uso totalmente diferente para tags no trabalho com conhecimento atualmente: acompanhar o *progresso* das suas notas. Seguindo o mesmo princípio de acionabilidade que usamos como norte ao longo do livro, podemos mudar o propósito das tags, da *classificação* para a *ação*, proporcionando grandes benefícios para nossa produtividade e criatividade.

O uso de tags é uma técnica avançada

Antes de propor três maneiras concretas de tornar as tags acionáveis, devo salientar que o uso delas deve ser considerado uma técnica avançada. Assim como a Caixa de Pandora, quando começamos a usar tags, podemos nos sentir incrivelmente tentados a rotular cada nota, sem considerar se o esforço é válido. Precisamos entender como estamos tentando usar as notas para evitar a armadilha de "etiquetar só por etiquetar".

Por esse motivo, recomendo esperar até que você capture centenas de notas e as use para concluir vários projetos antes de tentar usar as tags. Sugiro que comece com pouco, mantenha-se o máximo que puder nas pastas do sistema PARA, que é mais simples, e concentre-se em transformar as notas que capturou em resultados concretos.

Três abordagens acionáveis para o uso de tags

Existem três abordagens práticas para o uso de tags que você pode usar à medida que seu Segundo Cérebro cresce e amadurece. Cada uma segue o princípio da acionabilidade e responde a uma pergunta importante sobre o propósito de determinada nota:

1. Crie tags personalizadas para os usos que você pretende dar às notas. (Como minhas notas serão usadas?)

2. Use as tags para acompanhar o progresso das notas. (Como minhas notas estão sendo usadas atualmente?)
3. Etiquete as notas retroativamente e apenas quando necessário. (Como minhas notas foram usadas?)

Você pode usar quantas dessas técnicas quiser ou usá-las apenas para projetos ou áreas específicos que exijam um nível de rigor mais alto. Cada tag criada deve responder a uma pergunta sobre o status passado, presente ou futuro de uma nota, para que você sempre saiba onde ela esteve e para onde vai.

Vamos analisar cada abordagem mais de perto.

1. Crie tags personalizadas para os usos que você pretende dar às notas

Para áreas ou profissões específicas, as taxonomias continuam sendo não apenas úteis, mas essenciais.

Os químicos usam a tabela periódica para colocar todos os elementos num único sistema, o que os ajuda a entender as diferenças entre os elementos. Os biólogos usam um sistema padronizado de reinos, filos, classes, etc. para colocar cada espécie num galho da árvore da vida. Os críticos de arte não teriam como discutir tendências artísticas se não tivessem termos iguais usados por todos do ramo para denominar e explicar as escolas e os períodos artísticos. Toda profissão depende de uma taxonomia para categorizar as informações de uma forma que faça sentido para seus membros.

Da mesma forma, se você já sabe como suas notas provavelmente serão usadas – por exemplo, como citações num artigo [Fonte], como provas em um julgamento [Evidência] ou como slides em uma apresentação [Slides] –, talvez valha a pena marcar as notas de acordo com o uso. Isso garante que, sempre que precisar de uma citação, evidência ou slide, você possa pesquisar esse tipo de conteúdo em suas notas e encontrar diversas opções de imediato.

Eis um exemplo de um aluno meu que criou um conjunto personalizado de tags para auxiliar seu trabalho como roteirista de filmes. Ele cria notas sobre as ideias que encontra em suas leituras e no dia a dia e adiciona uma das seguintes tags, caso seja apropriado:

- P = descrição de um Personagem que poderia ser usado numa história.
- L = Locação interessante ou visualmente interessante.
- O = Objeto curioso ou evocativo.
- S = Situação carregada ou reveladora.
- A = Ação incomum ou reveladora.
- T = qualquer Tema intrigante.

Ele já sabe como provavelmente usará as informações que captura, justificando o esforço inicial para rotulá-las de acordo com o uso mais provável. Quando se concentra para trabalhar, ele pode fazer uma pesquisa simples e revisar todas as notas em qualquer uma dessas seis categorias. Em suas palavras: "Vejo todas essas notas lado a lado e, se alguma combinação particular de elementos chamar minha atenção, tenho o início de uma ideia para história."

Pergunte a si mesmo: "Como costumo usar o conteúdo que capturo?" Eis alguns exemplos comuns:

- Etiquetagem de acordo com o **produto final** em que a nota será usada: [Apresentação], [Ensaio], [Relatório], [Site], [Plano de projeto], [Pauta de reunião] ou [Orçamento].
- Etiquetagem de acordo com o **tipo de informação** que a nota contém: [Argumentos], [Teorias], [Estruturas], [Evidências], [Alegações], [Contrapontos] ou [Perguntas].

É preciso refletir um pouco para escolher tags que atendam às necessidades de sua profissão e sua vida. Na verdade, é provável que esse processo seja contínuo, então não se surpreenda caso se depare com alguns becos sem saída até encontrar o conjunto de tags que funcione para você – simples o suficiente para ser usado de forma consistente e útil o suficiente para valer o esforço de usá-las.

A boa notícia é que você tem liberdade total para criar tags específicas para suas necessidades pessoais, já que ninguém mais precisa aprovar ou mesmo entender as tags que você usa. E, quando você encontra o conjunto de tags certo para si mesmo, a simplicidade e a utilidade delas podem ser verdadeiramente libertadoras.

2. Use as tags para acompanhar o progresso das notas

Quando você começar a capturar ideias, insights e observações do dia a dia, perceberá que muitas delas percorrem um caminho longo e sinuoso até serem usadas ou compartilhadas. Enquanto algumas notas estão diretamente relacionadas a um projeto específico, outras são muito mais ambíguas e abertas. Talvez precisem de um tempo para permear seu Segundo Cérebro.

À medida que sua coleção de conhecimentos se expande, é possível que em algum momento você sinta a necessidade de acompanhar o progresso deles em direção aos resultados que está tentando alcançar em sua vida. Não é preciso lembrar o status de cada nota – você também pode transportar essas informações para seu Segundo Cérebro!

Eis alguns exemplos de como vi pessoas usarem tags com sucesso para acompanhar o progresso de suas notas:

- Etiquetagem de acordo com **o papel dentro de um projeto**: [Notas da reunião], [Cronograma], [Orçamento], [Decisão], [Ação], [Ideia] ou [Objetivo].
- Etiquetagem de acordo com o **estágio atual** do fluxo de trabalho: [Planejado], [Em processo], [Aguardando aprovação], [Revisado], [Aprovado], [Em espera] ou [Concluído].

Esses tipos de tag não são sobre o *conteúdo* da nota, mas sobre seu *contexto* – mais especificamente, sobre o contexto em que ela está sendo usada. Como as informações sobre o status atual de uma nota geralmente não estão contidas na nota em si, pode valer a pena adicioná-las na forma de uma tag.

Ao usar o Segundo Cérebro para acompanhar o progresso do seu pensamento, você pode retornar mais facilmente ao estado de espírito em que estava da última vez que interagiu com determinada nota. Essas pequenas pistas contextuais podem ajudá-lo a continuar exatamente de onde parou dias, semanas ou até meses atrás, para que você nunca perca nenhum progresso feito no passado.

3. Etiquete as notas retroativamente e apenas quando necessário

Às vezes, a verdadeira natureza de uma ideia só fica evidente depois de colocada em prática, como uma forma de vida primitiva emergindo da sopa primordial do seu pensamento. As informações digitais são incrivelmente maleáveis e muitas vezes é mais fácil organizar suas notas retroativamente do que tentar adivinhar de antemão todos os projetos, áreas e recursos em que você pode precisar delas.

Certa vez, trabalhei com uma consultora freelancer para organizar suas ideias e elucidar o conhecimento que ela oferecia a seus clientes. Ela ajudava empresas a incrementar seu processo de contratação, então reunia dezenas de notas sobre o tema. Tinha certeza de que contava com uma enorme quantidade de conhecimento valioso na ponta dos dedos, mas se sentia sobrecarregada com a perspectiva de organizá-lo num formato produtivo.

O primeiro passo foi identificar cada uma das etapas do processo de contratação que ela costumava ver em seus projetos de consultoria: redigir descrições de cargos, analisar currículos, avaliar candidatos, checar referências, etc. Poderíamos ter criado pastas PARA de cada uma dessas etapas, mas elas não são exatamente projetos. Em vez disso, representam as etapas de seu processo e a maneira como a profissional aborda o complexo tema da contratação.

Não queríamos tirar as notas que ela já havia criado de suas respectivas pastas PARA, mas queríamos poder ver todas as notas relacionadas a "redigir descrições de cargos" ou "analisar currículos" em um só lugar com uma pesquisa rápida. Esta é a situação perfeita para tags: quando você quer uma forma diferente de "visualizar" as notas sem precisar reorganizar o sistema inteiro. Assim, as tags fornecem uma lente alternativa através da qual você pode visualizar seu conhecimento e sua experiência. Permitem que você veja um corte transversal de suas notas a partir de uma perspectiva diferente das categorias do sistema PARA.

Embora o assunto "contratação" seja extenso e tenha muitas facetas, ao focar nos casos de uso do negócio dessa consultora – projetos de consultoria em parceria com empresas –, de repente a tarefa de organizar o conhecimento se tornou bem mais fácil. Criamos tags para cada uma das dez etapas do processo de contratação e começamos a usá-las para rotular as notas. Seria de imaginar que a tarefa de estruturar as notas após a criação de todas elas seria mais difícil, mas na verdade é mais fácil. Em vez de tentar prever suas necessidades futuras, você pode simplesmente olhar para o que já tem e agrupá-las da forma que parecer mais orgânica.

Em vez de aplicar tags nas notas no momento em que captura o conteúdo, recomendo aplicá-las na hora de usar o conteúdo de fato. Muitas vezes, o momento ideal é durante os preparativos para iniciar um novo projeto. Quando você já sabe como usará determinada informação, criar tags concretas e acionáveis se torna muito mais fácil. Com isso, você se sentirá motivado a adicioná-las, devido às necessidades imediatas do projeto que está iniciando.

Os benefícios das tags acionáveis

Quando você cria tags acionáveis, passa a ter acesso a diversas vantagens poderosas para sua produtividade, seu aprendizado e até mesmo sua tranquilidade.

Ao fazer isso, você se torna capaz de entrar em novos projetos muito mais rápido. Em vez de gastar sua preciosa energia se preparando num momento de empolgação, você pode mergulhar direto no cerne do assunto, capturando todas as notas que pareçam importantes e sabendo que pode classificá-las mais tarde. Assim, você garante que passará o maior tempo possível se envolvendo diretamente com o tema de seu aprendizado em vez de perder tempo tentando criar o sistema "perfeito" de antemão.

E o melhor de tudo é que você pode parar de usá-las dessa forma sem nenhum problema. Como as tags não são sua principal forma de organização, suas ideias não vão se perder caso você não tenha tempo ou disposição para aplicar tags nas notas. Isso elimina a experiência frustrante de tentar criar uma tag para uma nota e não conseguir pensar em nada, porque você teme que, se não etiquetá-la, ela se perderá para sempre. Mesmo sem nenhuma tag, a nota sempre estará na pasta onde você a deixou.

Usar tags com uma mentalidade acionável preserva não só a sua energia, mas também seu entusiasmo. Quando organizamos as notas de forma a aproximá-las o máximo possível do problema que pretendem resolver, garantimos que todo o esforço que fizermos será útil e necessário. A meta final é ter o menor número possível de tags (ou nenhuma tag) e que elas sejam objetivas e consistentes, mesmo que não sejam "perfeitas" ou totalmente abrangentes.

A grande magia das informações digitais é que, após a captura, é fácil alterá-las. A partir do momento em que você encontra um método com o qual se dá bem, fica muito mais fácil navegar no seu Segundo Cérebro – não importa se você está usando as pastas do sistema PARA ou um conjunto de tags simples e úteis.

Recursos e diretrizes adicionais

O ambiente tecnológico está sempre mudando e as melhores práticas evoluem à medida que surgem novas plataformas. Criei o Second Brain Resource Guide [Guia de Recursos do Segundo Cérebro] para que seja um recurso público com recomendações sempre atualizadas dos melhores aplicativos de notas, ferramentas de captura e outros aplicativos úteis, além de uma seção com respostas para perguntas frequentes e outros conselhos e diretrizes para ajudar você a ter sucesso na GCP. Acesse o guia em buildingasecondbrain.com/resources (conteúdo em inglês).

Agradecimentos

Estou aqui, sentado onde costumo escrever, semanas após o prazo-limite de entrega do manuscrito final. Adiei a escrita destes agradecimentos o máximo possível porque essa tarefa me parece quase impossível. O número de pessoas que contribuíram para este livro ao longo do caminho é impressionante. A profunda gratidão que sinto por todo o amor, energia e inteligência que elas me deram é difícil de expressar em palavras. Mas vou tentar.

Obrigado a Stephanie Hitchcock e à equipe da Atria por acreditar numa ideia inovadora e num autor iniciante. Este livro só existe porque vocês enxergaram seu potencial e se comprometeram a vê-lo concluído. Sou extremamente grato à minha editora, Janet Goldstein, por transformar minhas palavras (e às vezes até a minha pessoa!) numa mensagem muito mais clara e refinada do que qualquer coisa que eu poderia ter escrito sozinho. Minha agente, Lisa DiMona, me guiou cuidadosamente ao longo de todas as etapas da jornada editorial desde os primeiros dias do projeto. Quero trabalhar com você por muitos anos.

Obrigado à equipe da Forte Labs – Betheny Swinehart, Will Mannon, Monica Rysavy, Marc Koenig, Steven Zen, Becca Olason e Julia Saxena. Vocês trabalharam nos bastidores em cada etapa do processo para fazer o negócio funcionar, superando desafios e criando novas formas de compartilhar essas ideias com o mundo. Fico sempre impressionado com a forma como vocês se dedicam a alcançar a excelência e com seu enorme compromisso em criar mudanças positivas e duradouras na vida das pessoas. Estou ansioso por tudo que realizaremos juntos.

Sou eternamente grato a Billy Broas, por me ajudar a encontrar maneiras mais poderosas de comunicar minha verdade para fora do meu círculo íntimo. A Maya P. Lim, por elaborar a identidade visual que levará nossos ensinamentos a todos os cantos do planeta. E sou grato à equipe Pen Name, por firmar parceria comigo e compartilhar o trabalho da minha vida com o mundo.

Meu negócio (e minha vida) só funciona com a ajuda de meu "truste do cérebro". O trabalho que faço não seria tão importante ou interessante sem o apoio inabalável dessas pessoas. David, construir um negócio com você e desenvolver nossas ideias lado a lado tem sido um dos empreendimentos mais significativos da minha carreira. Joel, você é como uma rocha num mar revolto. Já perdi a conta de quantos jantares na sua casa me deram força quando tudo parecia que iria desmoronar. Raphael, você criou o nome do curso – e agora deu a ideia do livro. As risadas que trouxe para minha vida foram como um farol de alegria toda vez que comecei a me levar muito a sério. Derick, toda essa jornada começou basicamente quando éramos adolescentes e passávamos as noites conversando sobre a tecnologia e o futuro – o nosso e o da humanidade. Obrigado por considerar e encorajar essas ideias absurdas, algumas das quais, depois de todos esses anos, vieram parar neste livro.

Tive uma série de mentores e conselheiros que mudaram minha trajetória de maneiras quase inacreditáveis. Agradeço a Venkatesh Rao por me introduzir no mundo on-line das ideias. Suas breves palavras de apoio público e incentivo me motivaram por anos. Obrigado a David Allen por ser um pioneiro na área da produtividade pessoal e por nos apresentar a possibilidade de melhorar proativamente a forma como trabalhamos e gerimos as informações. Fui profundamente influenciado e ajudado por suas ideias.

Agradeço a Kathy Phelan não só por acreditar que eu estava no caminho certo, mas por me patrocinar e me aconselhar a levar meu trabalho para as empresas. Na época, você acreditava mais em mim que eu mesmo, e mesmo anos depois seus conselhos e lições continuam sendo importantes para mim. Agradeço a James Clear por me dedicar tão generosamente seu tempo e me guiar na escrita deste livro, evitando diversas armadilhas e pontos cegos. Num momento em que o mundo inteiro queria sua atenção, você optou por dá-la a um escritor iniciante que não tinha muito a oferecer em troca. Agradeço a Joe Hudson, que entrou na minha vida como amigo e mentor num momento crucial em que eu precisava aprender a lidar com as emoções do novo nível de autoexpressão que estava assumindo. Agradeço também a Srini Rao, por apostar em meu trabalho e colocar sua reputação em jogo.

Obrigado aos seguidores, assinantes, clientes e alunos da Forte Labs. Vocês são o combustível que alimenta toda a captura, organização, destilação e expressão que tornam a comunidade *Criando um Segundo Cérebro* tão vibrante. Este livro é uma destilação tanto das histórias, estratégias e técnicas que aprendi com vocês ao longo dos anos quanto das minhas próprias ideias. Vocês são a autoridade máxima sobre o que funciona e o que não funciona. Ao fazer meus cursos, ler meus textos e me dar feedback sobre tudo, desde postagens em redes sociais a resumos de livros, vocês abriram a porta para um futuro em que o Segundo Cérebro estará disponível para pessoas de qualquer lugar. Nunca imaginei que tanta gente acreditaria no que eu estava fazendo. Cada dia que posso contar com o apoio e a atenção de vocês é um milagre.

Por último, mas não menos importante, tudo que sou vem da minha família, meu solo e minha rocha, de onde brotam o sentido e a alegria da minha vida. Agradeço aos meus pais, Wayne Forte e Valeria Vassão Forte, por me proporcionarem uma educação que me fez conhecer inúmeras experiências, culturas, lugares e pessoas enriquecedores. Pai, você é meu modelo do que significa me expressar com sinceridade e bom gosto implacáveis ao mesmo tempo que cumpro minhas responsabilidades como pai, marido e cidadão. Mãe, você me deu o dom de equilibrar força de vontade e língua afiada – paciência, generosidade, graciosidade e autoconsciência. Vocês dois dedicaram suas vidas a me tornar o tipo de pessoa que compartilha sua fartura com os outros. Muitos dos ensinamentos deste livro têm origem nas lições simples e práticas que vocês me ensinaram e me mostraram durante a minha infância. Agradeço também aos meus irmãos e sogros, Lucas, Paloma, Marco, Kaitlyn e Grant. Vocês são meus melhores amigos, meus confidentes e meus companheiros para a vida toda. Sempre que começo a perder de vista quem sou de verdade e o que é importante para mim, vocês me trazem de volta ao solo de onde vim. Amo cada minuto que passamos juntos.

E, do fundo do meu coração, agradeço a vocês, Lauren e Caio, por fazerem tudo isso valer a pena. Lauren, você teve todos os papéis que uma pessoa pode desempenhar em minha vida – parceira, amante, cofundadora, coach, conselheira e, agora, esposa e mãe. Você se tornou quem precisava se tornar, adquiriu todas as habilidades exigidas e se aventurou em um novo território após outro, tudo para me ajudar a alcançar meus sonhos. Não existe nada mais gratificante na minha vida do que ver você crescer e evoluir, se tornando a pessoa mais inspiradora, genuína e bondosa que já conheci. Meu maior privilégio é poder caminhar a seu lado e ver você se tornar essa pessoa grandiosa. Caio, você acabou de chegar, mas já não sei viver sem você. Você torna a minha vida muito mais colorida e divertida. Meu amor por você me estimula a me tornar a melhor versão possível de mim mesmo. Minha maior esperança para este livro é que ele torne o mundo um lugar mais seguro, humano e interessante para você.

Notas

Se cometi um erro em algum lugar – seja ao atribuir uma ideia à pessoa errada ou ao não dar o devido crédito a alguém –, por favor envie um e-mail para hello@fortelabs.co, para que eu possa corrigir o problema o mais rápido possível. Caso houver atualizações ou correções nas notas a seguir, você poderá conferi-las em buildingasecondbrain.com/endnotes (conteúdo em inglês).

1. Onde tudo começou

1   Erik Brynjolfsson e Andrew McAfee. *The Second Machine Age: Work, Progress, and Prosperity in a Time of Brilliant Technologies*. Nova York: W. W. Norton & Company, 2014, localização no Amazon Kindle: 1990 de 5689.

2. O que é um Segundo Cérebro?

1   Nick Bilton. "Part of the Daily American Diet, 34 Gigabytes of Data". *The New York Times*, 9 dez. 2009, https://www.nytimes.com/2009/12/10/technology/10data.html.
2   Daniel J. Levitin. "Hit the Reset Button in Your Brain". *The New York Times*, 9 ago. 2014, https://www.nytimes.com/2014/08/10/opinion/sunday/hit-the-reset-button--in-your-brain.html?smprod=nytcore-iphone&smid=nytcore-iphone-share.

3   Microsoft. *The Innovator's Guide to Modern Note Taking: How Businesses Can Harness the Digital Revolution*, https://info.microsoft.com/rs/157-GQE-382/images/EN-US%2017034_MSFT_WWSurfaceModernNoteTaking_ebookRefresh_R2.pdf.
4   IDC Corporate USA. *The Knowledge Quotient: Unlocking the Hidden Value of Information Using Search and Content Analytics*, http://pages.coveo.com/rs/coveo/images/IDC-Coveo-white-paper-248821.pdf.
5   Robert Darnton. *A questão dos livros: passado, presente e futuro*. São Paulo: Companhia das Letras, 2010.
6   Craig Mod. "Post-Artifact Books and Publishing", craigmod.com, jun. 2011, https://craigmod.com/journal/post_artifact.
7   Incluindo inovadores como Paul Otlet, Vannevar Bush, Doug Engelbart, Ted Nelson e Alan Kay, entre muitos outros.

3. Como funciona o Segundo Cérebro

1   Wikipédia. "Molecular Structure of Nucleic Acids: A Structure for Deoxyribose Nucleic Acid". Acessado em: 13 out. 2021, https://en.wikipedia.org/wiki/Molecular_Structure_of_Nucleic_Acids:_A_Structure_for_Deoxyribose_Nucleic_Acid.
2   Deborah Chambers e Daniel Reisberg. "Can Mental Images Be Ambiguous?". *Journal of Experimental Psychology: Human Perception and Performance*, v. 11, n. 3, 1985, pp. 317-28, https://doi.org/10.1037/0096-1523.11.3.317.
3   Nancy C. Andreasen. "Secrets of the Creative Brain". Jul.-ago. 2014, https://www.theatlantic.com/magazine/archive/2014/07/secrets-of-the-creative-brain/372299/.
4   Wikipédia. "Recency Bias". Acessado em: 13 out. 2021, https://en.wikipedia.org/wiki/Recency_bias.
5   Robert J. Shiller. "What to Learn in College to Stay One Step Ahead of Computers". *The New York Times*, 22 maio 2015, https://www.nytimes.com/2015/05/24/upshot/what-to-learn-in-college-to-stay-one-step-ahead-of-computers.html?smprod=nytcore-iphone&smid=nytcore-iphone-share.
6   Para uma visão fascinante de como persuasão e vendas estão se tornando uma parte fundamental do trabalho de quase todo mundo, ver Daniel Pink. *Vender é humano: a surpreendente verdade sobre a arte da persuasão*. Rio de Janeiro: Sextante, 2019.
7   Tim Ferriss. *Ferramentas dos titãs: As estratégias, hábitos e rotinas de bilionários, celebridades e atletas de elite*. Rio de Janeiro: Intrínseca, 2018.
8   Todas as histórias são reais, mas mudei os nomes para manter o anonimato das pessoas.
9   Erwin Raphael McManus. *A alma artesã: esculpindo a sua vida em uma obra de arte*. Brasília: Chara, 2022.

4. Capturar: guarde o que repercute em você

1 Wikipédia. "Taylor Swift". Acessado em: 13 out. 2021, https://pt.wikipedia.org/wiki/Taylor_Swift.
2 Swiftstyles II. "Taylor Swift Being a Songwriting Genius for 13 Minutes". 27 jul. 2020, YouTube, 13m52s, https://www.youtube.com/watch?v=bLHQatwwyWA.
3 NME. "Taylor Swift – How I Wrote My Massive Hit 'Blank Space'". NME.com, 9 out. 2015, YouTube, 3m58s, https://www.youtube.com/watch?v=8bYUDY4lmls.
4 Gian-Carlo Rota. *Indiscrete Thoughts*. Boston: Birkhäuser Boston, 1997, p. 202.
5 James Gleick. *Genius: The Life and Science of Richard Feynman*. Nova York: Open Road Media, 2011, p. 226.
6 Raymond S. Nickerson. "Confirmation Bias: A Ubiquitous Phenomenon in Many Guises". *Review of General Psychology*, v. 2, n. 2, jun. 1998, pp. 175-220, https://journals.sagepub.com/doi/10.1037/1089-2680.2.2.175.
7 Marianne Freiberger. "Information Is Surprise". *Plus Magazine*, 24 mar. 2015, https://plus.maths.org/content/information-surprise.
8 Dacher Keltner e Paul Ekman. "The Science of 'Inside Out'". *The New York Times*, 3 jul. 2015, https://www.nytimes.com/2015/07/05/opinion/sunday/the-science-of-inside-out.html.
9 Stephen Wendel. *Designing for Behavior Change: Applying Psychology and Behavioral Economics*. Sebastopol, CA: O'Reilly Media, 2013.
10 Zachary A. Rosner et al. "The Generation Effect: Activating Broad Neural Circuits During Memory Encoding". *Cortex*, v. 49, n. 7, jul.-ago. 2013, pp. 1901-9, https://doi.org/10.1016/j.cortex.2012.09.009.
11 James W. Pennebaker. "Writing about Emotional Experiences as a Therapeutic Process". *Psychological Science*, v. 8, n. 3, maio 1997, pp. 162-6.

5. Organizar: guarde para ter acionabilidade

1 Twyla Tharp. *The Creative Habit: Learn It and Use It for Life*. Nova York: Simon & Schuster, 2003, p. 80.
2 Joan Meyers-Levy e Rui Zhu. "The Influence of Ceiling Height: The Effect of Priming on the Type of Processing That People Use". *Journal of Consumer Research*, v. 34, n. 2, 2007, pp. 174-86, https://doi.org/10.1086/519146.
3 Adam Davidson. "What Hollywood Can Teach Us About the Future of Work". *The New York Times Magazine*, 5 maio 2015.

6. Destilar: encontre a essência

1. "Inside Francis Ford Coppola's *Godfather* Notebook", https://www.hollywoodreporter.com/news/general-news/inside-francis-ford-coppolas-godfather-notebook-never-before-seen-photos-handwritten-notes-9473-947312/.
2. AFI's 100 Years... 100 Movies – 10th Anniversary Edition, Television Academy. AFI, https://www.afi.com/afis-100-years-100-movies-10th-anniversary-edition.
3. *Francis Coppola's Notebook*, imdb.com, 2001, https://www.imdb.com/title/tt0881915/.
4. Jess Wise. "How the Brain Stops Time". *Psychology Today*, 13 mar. 2010, https://www.psychologytoday.com/us/blog/extreme-fear/201003/how-the-brain-stops-time.
5. Meghan Telpner. *Academy of Culinary Nutrition*, Academy of Culinary Nutrition (blog), https://www.culinarynutrition.com/blog/.
6. Artyfactory. Animals in Art – Pablo Picasso. Retirado em 27 jan. 2022 de https://www.artyfactory.com/art_appreciation/animals_in_art/pablo_picasso.htm.

7. Expressar: compartilhe seu trabalho

1. Octavia E. Butler. *Filhos de sangue e outras histórias*. São Paulo: Morro Branco, 2020.
2. Lynell George. *A Handful of Earth, A Handful of Sky: The World of Octavia Butler*. Santa Monica, CA: Angel City Press, 2020.
3. Dan Sheehan. "Octavia Butler Has Finally Made the *New York Times* Best Seller List". LitHub.com, 3 set. 2020, https://lithub.com/octavia-butler-has-finally-made-the-new-york-times-best-seller-list.
4. O arquivo de Butler está disponível para pesquisadores e acadêmicos desde 2010.
5. Deborah Barreau e Bonnie A. Nardi. "Finding and Reminding: File Organization from the Desktop". *ACM SIGCHI Bulletin*, v. 27, n. 3, 1995, pp. 39-43, https://doi.org/10.1145/221296.221307. Joseph A. Maxwell. "Book Review: Bergman, M. M. (org.). 2008. "Advances in Mixed Method Research". Thousand Oaks, CA: Sage", *Journal of Mixed Methods Research*, v. 3, n. 4, 2009, pp. 411-3, https://doi.org/10.1177/1558689809339316.
6. William P. Jones e Susan T. Dumais. "The Spatial Metaphor for User Interfaces: Experimental Tests of Reference by Location Versus Name". *ACM Digital Library*, v. 4, n. 1, 1986, https://doi.org/10.1145/5401.5405.
7. Adam Savage. "Inside Adam Savage's Cave: Model Making for Movies". Adam Savage's Tested, YouTube, 20min26s, https://www.youtube.com/watch?v=vKRG6amACEE.

8. A arte da execução criativa

1 Danny Choo. "DIY: How to Write a Book". boingboing, 27 jan. 2009, https://boingboing.net/2009/01/27/diy-how-to-write-a-b.html.
2 George Plimpton, "Ernest Hemingway, The Art of Fiction No. 21". *The Paris Review*, no. 18 (primavera de 1958), https://www.theparisreview.org/interviews/4825/the-art-of-fiction-no-21-ernest-hemingway.

9. Os hábitos essenciais dos organizadores digitais

1 Dan Charnas. *Work Clean: The Life-Changing Power of Mise-en-Place to Organize Your Life, Work, and Mind*. Emmaus, PA: Rodale Books, 2016.

10. O caminho da autoexpressão

1 Lynne Twist. *The Soul of Money*. Nova York: W. W. Norton & Company, 2017, p. 43.

CONHEÇA ALGUNS DESTAQUES DE NOSSO CATÁLOGO

- Augusto Cury: Você é insubstituível (2,8 milhões de livros vendidos), Nunca desista de seus sonhos (2,7 milhões de livros vendidos) e O médico da emoção
- Dale Carnegie: Como fazer amigos e influenciar pessoas (16 milhões de livros vendidos) e Como evitar preocupações e começar a viver
- Brené Brown: A coragem de ser imperfeito – Como aceitar a própria vulnerabilidade e vencer a vergonha (600 mil livros vendidos)
- T. Harv Eker: Os segredos da mente milionária (2 milhões de livros vendidos)
- Gustavo Cerbasi: Casais inteligentes enriquecem juntos (1,2 milhão de livros vendidos) e Como organizar sua vida financeira
- Greg McKeown: Essencialismo – A disciplinada busca por menos (400 mil livros vendidos) e Sem esforço – Torne mais fácil o que é mais importante
- Haemin Sunim: As coisas que você só vê quando desacelera (450 mil livros vendidos) e Amor pelas coisas imperfeitas
- Ana Claudia Quintana Arantes: A morte é um dia que vale a pena viver (400 mil livros vendidos) e Pra vida toda valer a pena viver
- Ichiro Kishimi e Fumitake Koga: A coragem de não agradar – Como se libertar da opinião dos outros (200 mil livros vendidos)
- Simon Sinek: Comece pelo porquê (200 mil livros vendidos) e O jogo infinito
- Robert B. Cialdini: As armas da persuasão (350 mil livros vendidos)
- Eckhart Tolle: O poder do agora (1,2 milhão de livros vendidos)
- Edith Eva Eger: A bailarina de Auschwitz (600 mil livros vendidos)
- Cristina Núñez Pereira e Rafael R. Valcárcel: Emocionário – Um guia lúdico para lidar com as emoções (800 mil livros vendidos)
- Nizan Guanaes e Arthur Guerra: Você aguenta ser feliz? – Como cuidar da saúde mental e física para ter qualidade de vida
- Suhas Kshirsagar: Mude seus horários, mude sua vida – Como usar o relógio biológico para perder peso, reduzir o estresse e ter mais saúde e energia

sextante.com.br